帛书老子注读

秦复观 著

人民东方出版传媒
People's Oriental Publishing & Media
東方出版社
The Oriental Press

图书在版编目（CIP）数据

帛书老子注读 / 秦复观 著 . — 北京：东方出版社，2023.5
ISBN 978-7-5207-3406-6

Ⅰ.①帛… Ⅱ.①秦… Ⅲ.①《道德经》—注释 Ⅳ.① B223.12

中国国家版本馆 CIP 数据核字（2023）第 065111 号

帛书老子注读
（BOSHU LAOZI ZHUDU）

作　　者：秦复观
策　　划：张永俊
责任编辑：李　森
责任审校：金学勇
出　　版：东方出版社
发　　行：人民东方出版传媒有限公司
地　　址：北京市东城区朝阳门内大街 166 号
邮　　编：100010
印　　刷：北京文昌阁彩色印刷有限责任公司
版　　次：2023 年 5 月第 1 版
印　　次：2023 年 5 月第 1 次印刷
开　　本：660 毫米 ×960 毫米　1/16
印　　张：21.5
字　　数：270 千字
书　　号：ISBN 978-7-5207-3406-6
定　　价：87.00 元
发行电话：（010）85924663　85924644　85924641

序言

/ 范理宏
主任医师、医学博士、博士生导师
同济大学附属第十人民医院党委书记

《道德经》（又称《老子》）是中国历史上最伟大的名著之一，对传统哲学、科学、政治、宗教等产生了深刻影响，目前已被翻译成数十种文字，流传于世界各地。据联合国教科文组织统计，《道德经》是除《圣经》以外被译成外国文字发行量最多的世界文化名著。

《道德经》含有丰富的辩证思想，在“百家争鸣”时期，堪称诸子百家的学术领袖，曾一度“黄老独盛，压倒百家”，对后来的中国文化产生了深远的影响。鲁迅曾言中国文化的根基全在“道教”；黑格尔也曾评论老子才是中国文化的真正代表。2011 年，德国著名汉学家沃尔夫冈·顾彬（Wolfgang Kubin）受邀在国内高校演讲时说，在德国，老子的《道德经》已经先后被 104 人译成德文。习近平总书记也曾在接受金砖国家媒体联合采访时，引用了《道德经》中“治大国若烹小鲜”的古语，向世界阐述我国治国理政理念。可见，古往今来，《道德经》作为集大成的智慧，在治家、治国、治天下中发挥着积极的作用。

2022年3月“大上海保卫战”拉开序幕，医护人员连续三个月英勇奋战抗击新冠疫情，在迎接胜利的6月，医护人员都觉得身心疲惫。为了给医护人员滋养心灵和蓄能鼓劲，我邀请了秦波先生给大家导读《道德经》。经过长达7个多月的学习交流，我仿佛进入了《道德经》的玄妙之门，《道德经》打开了更高维度的视角，让人懂得道的运行规律和机制。

我来谈谈更高维度看世间的初浅认识，可能会给读者带来些许启发：

“上德不德，是以有德”，老子所尊崇的德不是儒家所表达的德，孔子倡导大家进入有德的范式，并加以宣传和表彰，以老子的视角看这是人为的德。老子认为我们本性就应该这么善良，本性就应该这么有德，德是人的天性，不用宣传、不用表扬，老子主张最高的嘉奖是没有褒奖！这是多么美妙的无声胜有声的境界啊。

同样，《道德经》中的“生而弗有，长而弗宰”，告诉大家引领者不能主宰或占有被教导者，我们如何做到生而不占为己有，长而不主宰他人，这需要很好地把握“度”。这个观点远远超出了常人的认知，《道德经》让常人有机会立即抛弃低维度行为。

再者“同于德者，道亦德之”，很多资深专家听了《道德经》以后豁然开朗，以前很揪心的事情都被踏在了脚下，都能放下了，因为《道德经》带来的更高维度正能量可与更大的目标同频共振。意识能量一旦提升，人的境界瞬间升维，可以瞬间摆脱以前的狭隘、偏执等诸多低维度状态，让我们与高维能量共振，向着更高的目标前行。

“有用”与“无用”，以“一杯水”作比喻，对喝水者来说杯子里的水是“有用”的，这个“杯子”可以认为是“无用”的；但水喝完了就没有了，而杯子则是可以永远用下去的。常人都以有用为珍贵，殊不知“无用之用”方为大用，《道德经》将常人的意识维度不断地提升，教育常人从正反两面来观事物。

《道德经》让我们明白道的运行机制，其中的“无为”与“有为”，“至柔”与“至坚”，“不争”与“处下”，“反者道之动”与“不为天下先”等，人生的至理都隐藏其中，等待读者不断地挖掘与解读。

《道德经》中最为精彩的是“道纪”，“执今之道”来解决今天的问题。就像以马克思主义基本原理同中国具体实际相结合、与中华优秀传统文化相结合，来解决中国当今的问题一样，这种动态的与时俱进是《道德经》历久弥新的源泉。

一直有人问学习《道德经》的理由，我认为“既以为人己愈有”这句话能够很好地阐释。“既以为人”这句话的实践价值就是不断地利他，然后自然得到“己愈有”的结果。换一句话说，爱心在流转后，爱心又会回到自己身上，而且是指数级地回来。如某人得到健康的身体、和睦的家庭和聪慧的孩子这个结果，那是他尊道贵德在先。同样，一个单位的发展高度与这个单位的人是否尊道贵德息息相关，国运昌盛与每个国人尊道贵德亦是紧密相连的。道整体把握了我们的前程，如果有更多的人尊道崇道，必将为建设社会主义现代化强国注入更多的精神动力，这就是组织更多人学习《道德经》的目的所在。

“圣人不行而知，不见而明，弗为而成”，这是圣人的境界，也是锻炼我们的内在圆满，即我们如何本自具足，如何奉献利他。“用其光，复归其明”，如果我们能将正能量传递给周围人，带动周围人一起照亮他人，这就是我们既自己尊道贵德，又给别人做好了示范。

“天道无亲，恒与善人”，只要我们尊道贵德，我们想做的事情就会有天来帮助。将《道德经》不断内化为自己的行为准则，通过不断学习、不断实现心灵的净化，我们就可能达到独立于世俗的理想境界，从而不断显现人性的光辉，达到精神的丰富，做到精神和物质的共同富足。

为了方便初学者入门，方便大家领悟，秦波先生在此书中运用新颖的方法对《道德经》进行归类阐释，这是秦先生将《道德经》反复提炼后的成果，反映了秦先生的道心以及利益大家的高贵修养。

2023年3月8日

（范理宏，主任医师、医学博士、博士生导师，同济大学附属第十人民医院党委书记。上海市医师协会整合医学分会会长，“一带一路”国际联合实验室主任，同济大学整合医学发展研究院院长，上海交通大学能量代谢与健康研究所所长，上合组织健康生活方式理事会副主席、示范研究中心主任，世界针灸学会联合会中医针灸传承上海基地名誉主任。曾获上海市科学技术普及奖一等奖、“中华医学科技奖”、“中国医院科技创新奖”、中国“五洲女子科技奖”、上海“医学科技奖”、全国巾帼建功标兵等荣誉。）

前言

1973 年，长沙马王堆汉墓出土了一批古书，其中就包括我们的“万经之王”——《老子》，分甲、乙两个版本。经整理复原后发现，帛书版本与当下流行的传世版本《道德经》存在一些差异。这些差异大多在只字片语之间，但意义却有千差万别之远。

比如传世版中的“非常道”，帛书版为“非恒道”。此前常有注本把“非常道”理解为“非同一般的道”“不同寻常的道”，而帛书版一出，这种解读便站不住脚了。“常”实为“恒常”之“常”，而非“寻常”之“常”。

再比如传世版中的“执古之道”，帛书版为“执今之道”。部分学者认为《道德经》宣扬复古之说，并且比儒家复周朝之礼更彻底，直接要复古到原始社会。这种荒谬言论的根源，即在于此句。司马谈在《论六家要旨》中评价道家“与时迁移，应物变化，立俗施事，无所不宜”，若道家真的拘泥于“执古之道”，又该如何与时迁移，应物变化？更遑论无所不宜了。

同样的脚，踩出来的脚印却没有一个是相同的，因为踩到的地方不一样。拿踩在泥地里的脚印作为准则去对标沙地，这不是自取其辱吗？所以才要“执今之道”来“御今之有”。时过境迁，则法术也要随之而变，用一成不变的古法治国，非道家之道。

又比如传世版中的“大器晚成”，帛书版为“大器免成”。此前我们常用“大器晚成”来励志进取，而帛书版一出，才知完全错会了老子之意。通过切磋、琢磨而成器，越精细越晚成，可所成终也只是人为之器，人力有时穷。天成之器方为大器，而此等大器都不是人力能造就的。那么，如何才能接受“天”的成就，如何才能承接“道”之伟力的塑造，道家总结出两个字——自然。

又比如传世版“上善似水”篇中的“与善仁”，帛书版是“予善天”。传世版改“天”为“仁”，改“天道”为“人道”，其中意味，不言自明。

尚有更多差异，这些差异对我们学习与践行《道德经》的影响不可谓不大，故撰写本书，一一进行对比解读。从对比结果来看，帛书版《道德经》明显体系更加圆融，脉络更加清晰，更具有现实意义，也更能适用于当下。

因为一些个人经历，我是先知有“道”，后知有《道德经》。心中先存了对“道”的直观认知，去契合《道德经》经文，而不是在经文中追寻“道”，所以受文字的束缚较少。在各版本之中，与我对“道”的认知契合度最高的，便是帛书版《老子》。在我看来，帛书版《老子》所陈述的内容，明显要比其他版本更接近“道”的真相。老子原文或未可知，但就论“道”而言，当以帛书版《老子》为真。

读经首先要正本，我们要读的是更贴近原本的老子著《道德经》，而不是经过篡改涂抹的编撰版《道德经》。经过我十多年的研究，以马王堆出土帛书《老子》甲、乙本为底本，重点参考高明教授整理出来的帛书版本，对照王弼通行本、河上公注本等传世版本，结合北京大学藏西汉竹简《老子》、郭店楚简《老子》等相关出土文献，运用自己的理解进行断句、修正，整理出理论体系圆融的帛书版本，并做详细解读。

帛书版《老子》之所以目前不得彰显，主要是知道的人不多，注本又太少，解读深度也多有不足。正值国学复兴之际，希望本书可以为弘扬中华优秀传统文化贡献绵薄之力。

本书于 2022 年 1 月由浙江出版集团数字传媒有限公司出版发行电子版，此次在原有内容基础上进行修订，修改、扩充内容超过原版 50%。

自 2022 年初推出本书电子版以来，至 2023 年初已有超过七千位喜爱帛书《老子》的书友追寻而至，大家组成十数个学习社群，一起探讨帛书《老子》精髓，共同领悟“道”的奥妙。幸甚至哉！大道同行。

注读说明

“注”，指读书时有疑问、有感悟，即在旁做出说明，写出自己的体会与解释。

“读”，指把书的内容读懂，同时还要进行逻辑整理，以通畅的文字书写出来。

边“注”边“读”，遂成此书。本书主要包括以下内容：

1. 帛书《老子》原文对比传世版《道德经》原文。

本书所用帛书《老子》原文，是以帛书整理小组校勘的《马王堆汉墓帛书老子》（文物出版社 1976 年版）为底本，参考高明《帛书老子校注》（中华书局 1996 年版）校勘的帛书甲、乙本，参考裘锡圭主编《长沙马王堆汉墓简帛集成》（中华书局 2014 年版）校勘的帛书甲、乙本，重新进行断句与文字修正而成的版本。

本书所用传世版《道德经》原文，是楼宇烈《老子道德经注校释》（中华书局 2008 年版）校订的王弼通行本（以下简称通行本）。

本书所引用的部分北京大学藏西汉竹简《老子》原文，来源于北京大学出土文献研究所编《北京大学藏西汉竹书》（上海古籍出版社 2012 年版）。

本书所引用的部分郭店楚简《老子》原文，来源于荆门市博物馆编《郭店楚墓竹简》（文物出版社 1998 年版）。

帛书甲、乙本均不分章，为便于与通行本对照查阅，本书按帛书篇次，《德经》在前、《道经》在后，依今本章节进行分段。部分位置错乱的章节如第二十四、四十、四十一、八十、八十一等章，以帛书经文次序为准。正文所引《道德经》原文，采用帛书版内容，配通行本章节序号。

2. 帛书《老子》与传世版《道德经》版本差异注释。

本书着重列出帛书与通行本多达 140 处重大差异，以数字序号"①②③……"的形式在帛书原文中进行标注，同时在"版本重大差异"项中做详细阐释。无重大差异的章节，在"版本重大差异"项中统一标注"无"。

3. 帛书《老子》白话文直译。

本书 81 章内容，每一章均有"直译"项，力求用直白易懂的语言精准翻译帛书原文。字句对应的同时，做到通顺流畅，逻辑清晰。

4. 帛书《老子》字句注译、解读。

本书 81 章内容，每一章均有"解读"项，对帛书原文逐句详解。重要、疑难的字词，单独注释，结合字形、字义、全文关系等，进行深入、透彻的解析。

目录

‖ 德经注读 ‖

|| 道经注读 ||

德经注读

一、德是这样沦丧的（今38章）

帛书版：

上德不德，是以有德。下德不失德，是以无德。上德无为，而无以为也。[①]上仁为之，而无以为也。上义为之，而有以为也。上礼为之，而莫之应也，则攘臂而扔之。故失道而后德，失德而后仁，失仁而后义，失义而后礼。夫礼者，忠信之薄也，而乱之首也。前识者，道之华也，而愚之首也。是以大丈夫居其厚，而不居其薄，居其实，而不居其华。故去彼取此。

传世版：

上德不德，是以有德；下德不失德，是以无德。上德无为而无以为，下德为之而有以为。上仁为之而无以为，上义为之而有以为，上礼为之而莫之应，则攘臂而扔之。故失道而后德，失德而后仁，失仁而后义，失义而后礼。夫礼者，忠信之薄而乱之首。前识者，道之华而愚之始。是以大丈夫处其厚，不居其薄；处其实，不居其华。故去彼取此。

版本重大差异：

①上德无为，而无以为也：传世版在此句之后添了一句“下德为之而有以为”，其实是误解。本章中“上德”对应的“下德”，是一个统称，“仁、义、礼”都包括在内，而不是单独有一个“下德”。“下德”的共同特性便是“不失德”，都是以立“德”为目的而为之，如此反而失去了真正的“德”。

直译：

最上乘的德，不以施行德为目的，所以才具备了真正的德。下乘的德，处处以施行德为目的，反而不具备真正的德。最上乘的德，以无为来行事，顺从本性而为之。最上乘的仁，以施行仁德来行事，顺从本性而为之。最上乘的义，以施行义举来行事，强制自己而为之。最上乘的礼，以施行礼制来行事，得不到回应，就举起胳膊强迫他人遵从。所以，大道失去了，德开始得到推崇；德失去了，仁开始得到推崇；仁失去了，义开始得到推崇；义失去了，礼开始得到推崇。礼是忠信缺失的表现，推行它就是祸乱的开始。先行确立的规范制度，不过是大道的浮华，追随它就是愚昧的开端。所以，大丈夫选择内里的敦厚，而不居于外表的浅薄；选择本质的朴实，而不居于肤浅的浮华。因此，取其厚实，而弃其薄华。

解读：

“**上德不德，是以有德**。”这里的“上”字和第八章“上善似水”的“上”同义，都表示高品质的、上乘的。不过“上善”侧重于行为表现，而“上德”侧重于品性内涵，“上德”之人有所行动，表现出来即为“上善”。

最上乘的德，不以施行德为目的，或者说意识不到自己的行为是有德，因此才具备了真正的德。“**下德不失德，是以无德**”，下乘的德，处处不离开德，时时想着要建树德，反而不具备真正的德。

“德”，古字形是“行走”与“正直”的组合，即依正道而行。在古人看来，行事符合正道就是有德。而对于“正”，在道家的理解是与道的法则相匹配，在常人则更多体现为内心的正直、真诚，因此后来“德”又演化出异体字“悳”。遵从正直、坦荡、真诚之心自然而行，即为有德。

举个最简单的例子，两个小学生扶老太太过马路。其中一个啥也没想，看到老太太需要帮助就自然上前去帮忙；另一个是想着小学老师的教导，要多做好人好事，扶老太太过马路就是做好人好事，所以上前去帮忙。那么，这两个人，哪一个具备真正的德呢？

无所图求，出于真心而自然想去做的，才是发于内在的德性。而且这样无意识地去做事，事后往往也不会认为自己是做了好事，有功劳。正因为这样，才具备了真正的德。

“**上德无为，而无以为也**。”“无为”指“不施为”，不以自己的主观意志施加于人而为。“无以为”是指“不出于什么目的而为”，在这里表示“不自我强迫而为之”。“无为”是不施加意志于他人；“无以为”是不施加意志于自身。

“**上仁为之，而无以为也**。”拥有上仁的人，以施行仁德来行事，出于主观意志而为，但也是乐意为之，并非强迫自己而为之。

关于“仁”和“慈”的区别，“慈”表现出来是“不伤害”，而“仁”表现出来是“有亲爱”，所以“仁”是一定要施以行为的，但“慈”不需要。比如我们说一个人有仁有义，就需要有相应的行为来体现，而说一个人很慈祥，并不需要他做什么。“慈”属于上德，因为无所施为；而“仁”属于下德，因为有所施为。把自己的意志施加于人，哪怕自认为是“爱”，也仍然下落了一个层级。

因此，第十七章说“太上，下知有之。其次，亲誉之”，太上无为，其次有为。无为的关键不在于做了什么，而在于不做什么。比如第三章说“不上贤”“不贵难得之货”“不见可欲”，不做这些偏离于道的事情，“弗为而已”，最终达到“无不治矣”。

“**上义为之，而有以为也**。”拥有上义的人，以施行义举来行事，是出于主观的考量而为之。

“义”的行为，《中庸》解释为“义者，宜也”，适宜的意思，行为是否适宜，就需要进行考量。而《墨子》的解释为“义，利也”，行为是否对群体有利，对天下有利，就更需要考量了。考量的结果，哪怕有违自身的意愿，也仍然会强迫自己为之，所以“义”往往带有牺牲自我的含义，所谓“舍生而取义”。

“**上礼为之，而莫之应也，则攘臂而扔之**。”最上乘的礼，以施行礼法来行事，没有得到回应，就举起胳膊强迫他人遵从。“攘臂”是指挽起袖子，伸出胳膊；“扔”是指强力牵引、扯、拽；合在一起意思是“挽起袖子伸出胳膊去强拽别人”。

为何只说“上仁”“上义”“上礼”，而不再列举“下仁”“下义”“下礼”？因为老子对属于“下德”的仁、义、礼并非持认可的态度。我们说一个人不行，往往会说他最高也就那样，最多不过如此，以上限来评定他。这里的“上仁”“上义”“上礼”，便是说最好也不过是这样，至于更差的，就不值一提了。

“**故失道而后德，失德而后仁，失仁而后义，失义而后礼**。”所以，当天下有道的时候，人人保有真德，真德反而不被人们所认知。只有当天下有道的状态消失后，有了不符合真德的行为，真德才能得以显现出来，进而被人们所认知，这就是“失道而后德”。

保有真德的状态，是一种不知不觉的质朴状态。当人们认知到德的可贵并开始到处宣扬的时候，那些拥有真德而不自知的人，也会从“无知”被教化成“有知”。当他们意识到自己的行为是“德”的时候，不知不觉的自然状态就消失了，于是从“不德”之“上德”，变成了“不失德”之“下德”，从“无为”变成“有为”，从“无以为”变成“有以为”，质朴破散而真德化为乌有。

这也是为什么老子会斥责孔子宣扬仁义，说他的行为就好像敲锣打鼓追逐逃跑的人一样，只会让追逐的对象越逃越远，因为拂乱了众人纯朴无染的心性。（见《庄子·天道》：“夫子亦放德而行，循道而趋，已至矣。又何偈偈乎揭仁义，若击鼓而求亡子焉？意，夫子乱人之性也！”）

因此，在仁义教化大行其道的环境下，质朴最终必然消散，而真德最终必然消失，变成“不失德”之“下德”。大家口口声声不离开德，实际上都不具备真正的德。

“失德而后仁”，有意为之的“德”，也就是“仁”。“仁”表现出来是有亲有爱，但是有爱必有偏私。《中庸》说：“仁者，人也，亲亲为大。”亲近亲族才是最大的仁，这就是明显的偏私之爱。有偏私，而有差别；有差别，而互相割裂。最终导致大家开始抱团结群，只在各自的小圈子里发扬“爱”，这就变成了“义”。

“义”，维护的是自己这个小圈子的利益，这就需要自己为他人、为集体牺牲自我，本质是要对自我进行制约。但很多人制约不了自己的内心，而只能做到制约外在，于是就变成了“礼”。所谓“失仁而后义，失义而后礼”。当大家都开始推行礼，人人都只看重外在表现的时候，也就说明整个社会忠信差失，内在真情严重不足了。

“**夫礼者，忠信之薄也，而乱之首也**。”“薄”，读“博”音，轻微、不足的意思。“礼”这个东西，代表的是忠信不足，德行缺失，强制推行的话，只会带来祸乱。后世有“礼教吃人”的说法，其实在老子生活的时代，因礼法而生祸乱的也不在少数。比如孔子主导的“堕三都”，因为城墙的建设不合礼制要强行拆除，但却引发了国家动乱。

“**前识者，道之华也，而愚之首也**。”关于“前识”，韩非子的解释是类似占卜预测一类的先知先见，陈鼓应的解释是预设的种种礼仪规范。从道、德、仁、义、礼直接跳到占卜，跨度过大，与文义不合；但解释为“预设的礼仪规范”，只是针对“礼”而言，范围又小了些。

“前”,《说文》:“不行而进谓之前。”这里指先行存在并一直流传至今的东西。“识”,认知、辨识,知道的道理。“前识”,即先行存在并厘定的认知,如流传的知识、总结的规律,也包括前人确立的规范制度,比如礼仪、祖宗之法、圣人之言等。

因此,当孔子向老子问礼时,老子对孔子说:“子所言者,其人与骨皆已朽矣,独其言在耳。”而庄子借轮扁之口说,先前的圣人流传下来的书籍,都只是失去了精华的糟粕,真正的精华是不可言传的,都已经随着圣人的死去而消亡了(见《庄子·天道》“轮扁斫轮”)。如果把圣人留下的言说当成不容置疑的真理,把古人制定的规范当成不容变更的天理,那就是愚昧的开始。故老子在第一章说:“道可道也,非恒道也。”

“**是以大丈夫居其厚,而不居其薄,居其实,而不居其华。故去彼取此**。”所以大丈夫选择内里的敦厚,而不居于外表的浅薄;选择本质的朴实,而不居于肤浅的浮华。因此要知取舍,取其厚实而舍其薄华。

二、无人赞赏，才是最大的赞赏（今 39 章）

帛书版：

昔之得一者，天得一以清，地得一以宁，神得一以灵，谷得一以盈，[①]侯王得一而以为天下正。其致之也，谓天毋已清，将恐裂。谓地毋已宁，将恐发。谓神毋已灵，将恐歇。谓谷毋已盈，将恐竭。[②]谓侯王毋已贵以高，将恐蹶。故必贵而以贱为本，必高矣而以下为基。夫是以侯王自谓孤、寡、不谷，此其贱之本与！非也？故致数誉无誉。是故不欲禄禄若玉，硌硌若石。

传世版：

昔之得一者，天得一以清，地得一以宁，神得一以灵，谷得一以盈，万物得一以生，侯王得一以为天下贞。其致之。天无以清将恐裂，地无以宁将恐发，神无以灵将恐歇，谷无以盈将恐竭，万物无以生将恐灭，侯王无以贵高将恐蹶。故贵以贱为本，高以下为基。是以侯王自谓孤寡不谷。此非以贱为本邪？非乎？故致数舆无舆。不欲琭琭如玉，珞珞如石。

版本重大差异：

①［万物得一以生］：这句话帛书版中没有，传世版加入。开篇讲“天得一以清，地得一以宁”，天地与万物，其实同属。万物包括天地，单独一个“生”字不足以描述万物。

②［万物无以生将恐灭］：这句话也同样是传世版窜入，当删。

直译：

以往得到“一”的，天得“一”而清明，地得“一”而安宁，神得“一”而灵动，谷得“一”而充盈，侯王得“一”而成为天下依从的范式。推而言之，天再也不能清明，恐怕将要崩裂；地再也不能安宁，恐怕将要塌陷；神再也不能灵动，恐怕将要停歇；谷再也不能充盈，恐怕将要竭尽；侯王再也不能贵高，恐怕将要颠仆。故而必定得以尊贵，是以贱作为根本；必定得以崇高，是以下作为基础。侯王以“孤”“寡”“不谷”作为自己的称呼，这正是以贱作为根本啊！不是吗？所以，招来太多的赞赏，就等于不是赞赏。因此，不愿做尊贵的玉石，而愿做坚实的石头。

解读：

“昔之得一者”，“昔”，过去、从前，表示已然、既有。“一”在这里指万物各自所得之“道”。恒道独立不改，可是着落在万物身上，表现就各不相同了，万物各得其一。正如第三十二章所说，“譬道之在天下也，犹小谷之与江海也”。“道”好比江海，落于万物好比分出支流，支流情貌各异，源于“一”（道）而又各自为“一”（独立）。

“天得一以清，地得一以宁，神得一以灵，谷得一以盈，侯王得一而以为天下正。”天遵从于道获得的状态是“清”，地遵从于道获得的状态是“宁”，神遵从于道获得的状态是“灵”，谷遵从于道获得的状态是“盈”，侯王遵从于道获得的状态是“天下正”。

“天下正”，即天下得以保持中正常态（正态）的根本，如同“定海神针”一般的存在。有他在，就能维持天下的中正，万民纷纷来归。来归，也就意味着遵从于他，服从于他，因此他是贵而高的。

天清，地宁，才可以蕴养万物，天地如果动荡而不能得到清宁，那么万物将不得安生。神的运转永不停歇，才能称之为灵，正所谓“谷神不死”。有充盈的空间，才能称之为谷，谷一定是空虚的，被填实也就不复为谷了。

人，有健康状态，有疾病状态。健康的状态是谓正态，可以长久保持，可以维持生命。之所以能保持中正常态，是因为我们的生活起居遵从于道，谓之“得一”。而如果失去了这个“一”，就会失去中正常态，转化为病态。病态如果无法恢复常态，人将失去生命。

“其致之也，谓天毋已清，将恐裂。谓地毋已宁，将恐发。谓神毋已灵，将恐歇。谓谷毋已盈，将恐竭。谓侯王毋已贵以高，将恐蹶。”“致”，招引、达到；“致之”，导致的状况，可想而知的结果，推而言之的意思。“毋已”，“已”指完成，达到某个状态；“毋已”指不再、不能，再也不能达到；“发”，表示物体向上或向前迅速运动，本义为“射出”，也有向上“起”之意。大地不再安宁而是往上往前迅速运动，便是火山、地震之类的天灾了。

可想而知，天如果再也不能清明，恐怕将要崩裂；地如果再也不能安宁，恐怕将要塌陷；神如果再也不能灵动，恐怕将要停歇；谷如果再也不能空间充盈，恐怕将要竭尽；侯王如果再也不能尊贵崇高，恐怕将要颠仆。

“故必贵而以贱为本，必高矣而以下为基。夫是以侯王自谓孤、寡、不谷，此其贱之本与！非也？”侯王既贵又高，但贵高的前提是得到众人的拥护与推戴，如果行为失道不能服众，也会被下面的人所颠覆。所以贵的根本在于贱，高的根本在于下，侯王的根本在于下贱之民。因此，为了表示不忘本，侯王会自称“孤、寡、不谷”，这都是最低贱的称呼了。

“孤”指单独，侯王警醒自己本孤独无依，是有了众人拥戴才居于尊贵的地位；“寡”指缺少，侯王警醒自己本单薄无助，是有了众人相助才成就伟大的功业；“不谷”指不得其养，侯王警醒自己本无人相养，是有了众人税赋的供养才得以衣食丰足。所以，侯王自称“孤”“寡”“不谷”，以此来提醒自己不要忘本。

“不谷”是先秦诸侯谦称，常在引咎自责时使用，故也有人解释为“不善”。“不谷”的“谷”字，并非《道德经》中“谷神不死”“上德如谷”“谷得一以盈”之“谷”。在帛书中，意指山谷、水流的“谷”字统一作“浴”，而此处的“不谷”原为“不穀”。“穀”是庄稼和粮食的总称，后简化为“谷”，所以“不谷”指得不到五谷粮食相养。用以自称，是警醒自己勿要失去民众的哺养，而以人民为根，以“低下”“卑贱”为本，是因为低下卑贱的民众养活了自己。

另外，本句“此其贱之本与！非也？”，如果不断句的话，倒也有可能是一种特殊的句式。“此（是）其贱之本与非（不是）”，类似我们诘问对方“是与不是”。《战国策·齐宣王见颜斶》引用了本章原文“是以侯王称孤、寡，是其贱必本与非”，正是颜斶在用质问的方式表达肯定。

“**故致数誉无誉**。”所以任何事物，招来了太多的赞赏，那就不算赞赏了，因为脱离了自己的根本。比如美玉和石头，石头到处都是，造福天下人，却没有谁赞美它。而美玉极为稀少，只有极少部分人可以得到，却人人称颂。称颂的人多，是因为得到的人少，人人都能得到的好处，也就不会觉得有多可贵了。

空气、水、食物、阳光，人人都能从中得到好处，所以没什么人去赞美它，但这种不赞美本身就是最大的赞美。因为它们才是真正做到与下、贱同德，和敛其光，玄同于尘，而非高高在上，脱离根本。因此，第四十一章说“道褒无名”。

“**是故不欲禄禄若玉，硌硌若石**。”“禄”指“福运”，在这里表示稀少而尊贵；“硌”指“坚实、有棱角”，在这里表示众多而低下。因此，不愿做尊贵的玉石，而愿做坚实的石头。

三、大道无名，因人高下而有差（今 41 章）

帛书版：

上士闻道，堇能行之①。中士闻道，若存若亡。下士闻道，大笑之。弗笑，不足以为道。是以建言有之曰：明道如昧，进道如退，夷道如纇。上德如谷，大白如辱，广德如不足。建德如偷，质真如渝。大方无隅，大器免成②，大音希声，大象无形，道褒无名③。夫唯道，善始且善成④。

传世版：

上士闻道，勤而行之；中士闻道，若存若亡；下士闻道，大笑之，不笑不足以为道。故建言有之：明道若昧，进道若退，夷道若纇。上德若谷，大白若辱，广德若不足，建德若偷，质真若渝。大方无隅，大器晚成，大音希声，大象无形。道隐无名，夫唯道善贷且成。

版本重大差异：

①堇能行之：此处帛书甲本残缺，乙本为“堇能行之”，北京大学藏西汉竹简《老子》（以下简称“北大汉简本”）为“堇能行”，郭店楚简《老子》（以下简称“郭店楚简本”）为“堇能行于其中”。今人多认为“堇”与“勤”相通，解作“勤勉”。其实通行本“勤而行之”，应该是把“堇能”二字用“勤”来代替，并非通假。“堇”指“少、不够”，“堇”与“饣”合则为“馑”，指食物不够、灾荒；“堇”与“力”合则为“勤”，指力量用尽、做事尽力。所以，“堇能”应指能力用尽、尽其所能的意思。

②大器免成：传世版为“大器晚成”。“大方无隅，大器免成，大音

希声，大象无形，道褒无名”，无、希、免都是“没有”的意思，“晚”用在这里不伦不类，应为“大器免成”。北大汉简本为“大器勉成”，“勉”通“免”；郭店楚简本为“大器曼成”，“曼”亦为“没有”的意思，通“无”。“大器免成”，最大的器，是不会塑造完成的。因为“成”也就意味着完结，就此固定下来，失去了更进一步的可能，便不能称之为大了，和“大成若缺”是一个道理。所以，最大的方正不会有边角，显现出边角，也就意味着到了边缘，不能更大了。最大的音律不会以声相和（天籁无声），最大的象没有形状，对道最大的褒扬是无名无誉，因为任何名、誉都不足以加之。

③道褒无名：传世版为“道隐无名”，表示隐藏起来连名字都没有，与“道褒无名”刚好完全相反。对道最大的褒扬便是无名无誉，正如第三十九章所说，“故致数誉无誉。是故不欲禄禄若玉，硌硌若石”。像石头一样没有人称赞，才是最大的称赞，因为天地万物无不沐浴其福泽之中。这才是最大的显扬，又怎么能说是“道隐”呢！北大汉简本为“道殷无名”，“殷”为盛大，和“褒”广大之义相同。

④善始且善成：传世版为“善贷且成”，“贷”是“施、予”的意思，本义为无偿给予。在周朝以前的“借贷”，只是一种救济行为；到西周，开始出现计息取利；到春秋战国，高利放贷已成为王公贵族重要的敛财手段。“始”是滋生、孕育生长的意思，放贷也算是在帮助成长，但最大的区别在于，道对万物的助长不求回报，而借贷却往往要高利收回。这里把“贷”与“始”等义，正名了高利放贷的行为，而曲解了真正的德行。第七十九章说“圣人执右契，而不以责于人”；第八十一章说“圣人无积，既以为人，己愈有。既以予人矣，己愈多”，这才能称得上是“善始”，“善始”方能“善成”。

直译：

上乘之人听闻了道，会尽其所能遵行它；中乘之人听闻了道，有时候放在心上，有时候就遗忘了；下乘之人听闻了道，哈哈大笑。如果他不嘲笑，那道就不足以为道了。所以有古语是这样说的：显明之道好像是暗昧，进取之道好像是后退，平顺之道好像诸多阻碍。最崇高的德，好像空谷一般低下；最纯净的洁白，好像遭到玷污；最宽广的德，好像还有不足；最具建树的德，好像偷偷摸摸；最纯真的品质，好像混浊蒙昧。最大的方正没有边角，最大的器物不会塑造完成，最大的音律听不到它的声调，最大的形象没有形状，最宽广的大道低微无名。唯有道，善于滋生万物，且善于成就万物。

解读：

“上士闻道，堇能行之。中士闻道，若存若亡。下士闻道，大笑之。”“士”是对人的美称，在这里老子用“上士”“中士”“下士”来区分人闻道后的不同反应。“闻”指听闻，有个词叫“听而不闻”，不但听之入耳，还听之入心，方才叫“闻”。上士、中士、下士闻道，各自反应不同，因为体会各不相同。“行”，实行，从事；第二十三章“从事而道者同于道”，即“行道”之意。

上乘之人听闻了道，会尽其所能遵行它，因为已经完全接收并笃信无疑。中乘之人听闻了道，有的时候放在心上，实行一下，有的时候就遗忘了，抛诸脑后，因为只接收了自己认可的部分而将信将疑。下乘之人听闻了道，哈哈大笑，因为完全无法接收而认为是胡言乱语。

“堇能”是尽其所能的意思，严格来讲，与“勤”有区别。“勤”指不断地做，乃至力量用尽；而“堇能”强调的是使用最大的能力，功率全开，全力投入，有笃信奉行的意思。

“**弗笑，不足以为道**。”如果他不嘲笑，那道就不足以为道了。这也是为什么老子在第二十章说“我欲独异于人”，“俗人昭昭，我独若昏呵。俗人察察，我独闷闷呵”。因为在俗人眼中，有道者才是异类，才是可笑的。

“**是以建言有之曰：明道如昧，进道如退，夷道如纇**。”“建言”的“建”与下文中“建德”的“建”都是树立、建树的意思，创建并保持，如第五十四章说“善建者不拔”。“建言”指“立言”，表示已经存在的言语。“纇”指“丝上的疙瘩”，丝本是很顺滑的，有了疙瘩就不再平顺。

这里的三个“道”，分别指“显明之道”“进取之道”“平顺之道”。早就有古语是这样说的：显明之道好像是暗昧，进取之道好像是后退，平顺之道好像诸多阻碍。

“**上德如谷，大白如辱，广德如不足。建德如偷，质真如渝**。”“上德”，形容德之崇高；“广德”，形容德之宽广；“建德”，形容德之建树。最崇高的德，好像空谷一般空虚低下；最大的洁白，好像满是污垢；最宽广的德，好像还有不足；最具建树的德，好像偷偷摸摸；最纯真的品质，好像混浊蒙昧。

“渝”，《说文》解为“水变污”，形容水变混浊的样子；第十五章说“浑呵其若浊”，便是形容其质真未分的纯朴之状。

“上德”为何如空谷？因为“上德不德”，好像未有建树；“上德无为”，好像无所作为。一事无成而又不图上进，正如空谷一般空虚低下。

“大白”为何如污辱？因为最纯净的洁白是不曾被漂洗、不曾被矫饰的素朴状态，看起来反而像是沾染了污垢，然而这正是它未曾被污染的本色。纯素自然，是谓“大白”。

“广德”为何如不足？因为大成若缺，大盈若盅，德广大而不能至其边界，故状若不足。

“建德”为何如偷摸？因为“成功而弗居”，故行德不见其贤，功成不得名显，好像偷摸行事。

“质真”为何如混浊？因为质真为朴，朴是万物最初始的状态，低微原始，混沌未分，若浊。

“**大方无隅，大器免成，大音希声，大象无形，道褒无名**。”“隅”，指墙角、角落。方形以边角为界限，边角之外就是它到达不了的地方，而真正的大方是无处不至的，因此不能有边角，也就是“大方无隅”。“褒”，指宽大、广大，称其宽广有赞扬之意，所以这里说“道褒无名”把“褒”与“无名”相对。“大象”，在帛书乙本、北大汉简本、郭店楚简本中都是“天象”。古人在“大”字上加一横表示“至高无上”，至高无上之象指的正是“道”，故而由“天象无形”引出“道褒无名”，由“形”而至“名”。“大”如果表示“无以复加”之义，“天象”与“大象”并没有实质区别，而且后文中也有“执大象”之说，为避免混乱，故此处仍取“大象无形”。

最大的方正没有边角，因为如果看到它的边角，也就意味着它的边界已经到达，边界之外就是比它更大的，它又如何能算是大呢？

最大的器物不会被塑造完成，因为完成也就意味着终结，就此固定下来而失去更进一步的可能，便不能称之为大了。所以天下为何被称为“神器”，因为天地一直都处于演化之中，从来都不曾完结，故而又说“大成若缺”。

“大器免成”用之于人，指“真正能成大器的都不是人为培养塑造出来的”。比如，我们现在倾全球之力，可以再培养一个爱因斯坦出来吗？很多家长热衷于把孩子塑造成器，但是人力有时穷，他们的人力之所成，又怎么能比得上自然伟力永不停息的造化所成就？孩子时时刻刻都在被人力雕琢，又哪里还有“道”发挥的余地呢！因此，“大器免成”，免的是人之拙力所成，而承接道之宏大伟力，如此方可成真正的“大器”。

最大的音律听不到它的声调，因为音是声相和而起，声如果固定下来有了阶调，音也就同时有了局限，不能称之为大。真正的大音，是天籁之音，而天籁无声。

最大的形象没有形状，因为有了形状也就有了界限，被限定了界限的形象，不能称之为大。

宽广的大道却表现得非常低微，低微到无名无誉，然而没有名誉才是最大的赞誉，意味着万物皆得其恩泽，无所遗漏。人人都能得到的东西，就像那地上的石头一样，又有什么好赞扬的呢？

其实，老子并不推崇“隐”，所谓“无名”“无功”，才是最大的显扬，因为任何功劳名誉都不足以加之；加以功名赞誉，反而是一种局限，让无量变成了有限，让至大变成了渺小。

“**夫唯道，善始且善成**。”“始”是滋生的意思，“成”是成就的意思。唯有道，善于滋生万物，且善于成就万物。从无到有为“生”，从有到落定为“成”，万事万物都遵循这一过程，要顺利完成这一过程，需要有道。第一章讲：“无名，万物之始也。有名，万物之母也。”“始”即开始、滋生；“母”即产生、生成，“有名”“无名”同出于道，故道“善始且善成”。

四、天下之物生于有，有生于无（今40章）

帛书版：

反也者，道之动也。弱也者，道之用也。天下之物生于有，有生于无。

传世版：

反者，道之动；弱者，道之用。天下万物生于有，有生于无。

版本重大差异：

无。

直译：

事物呈现出相反的形态，是道在发动；事物呈现出柔弱的形态，是道在显用。天下的万物生于有形有质，有形有质生于无形无质。

解读：

"反也者，道之动也。"这里的"反"，是"相反、对立"的意思，指的正是第四十一章所描述的众多离奇现象：为什么明道如昧、进道如退、夷道如颣，为什么上德如谷、大白如辱、广德如不足、建德如偷、质真如渝，为什么大方无隅、大器免成、大音希声、大象无形、道褒无名。

明与昧，进与退，夷与颣，是"反"。上与谷，白与辱，广与不足，建与偷，真与渝，是"反"。方与无隅，器与免成，音与希声，象与无形，褒与无名，同样是"反"。为什么事物发展到极致会呈现出相反的形态，正是因为“道之动”。

“动”指“发动、发作”，是道在发动，造就了这些与事物本来面貌相反的现象。为什么道会发动，是因为事物的不断发展突破了自有的界限，进而触及了新的领域。不同的领域，匹配的规则也不同，而天下规则，统归于道。因此，规则变换，也就意味着道在发动。

我们可以举一个物理学的例子，最初牛顿力学独步天下，但随着科学对万物的研究越来越微观，到了量子层面，本来适用于万物的牛顿力学就不再起作用了，而需要更换一套新的量子力学。那如果继续研究下去，触及了更深的“无”的层面，是不是量子力学又会不再适用了呢？

所以说，当形象大到一定的程度，我们用来衡量形象大小的老眼光就需要换一换，不然呈现出来的会是完全相反的形态，因为触及了新的领域，原来那套旧标准已经不再适用了。因此，用道来明析事理，而俗人只会认为是暗昧；用道来前行进取，而俗人只会认为是后退；用道来平顺处事，而俗人只会觉得磕磕绊绊。以俗人之能力，理解不了大道之明。

所以，崇高之德，在俗人眼中是低下；大的清白，在俗人眼中是污辱；宽广之德，在俗人看来只是不足；建树之德，在俗人看来是偷偷摸摸；纯真的品质，俗人却认为是污浊。按照俗人的思维，用边角来限定方正，大方就不会呈现出边角；用成就来塑造器物，大器就不会被成就；用声调来和成音律，大音就不会有声调；用形状来限定形象，大象就不会有形状；用名声来表达褒扬，道就不会有名声。

“弱也者，道之用也。”“弱”指柔弱，“弱之胜强”的弱。事物呈现出“弱”的状态，是道在发挥作用。因为道为天下之母，而“母”的形态为“弱”，为“下”，为“静”，处在这样的形态，就能发挥道的作用。换言之，万物守于“弱”时，可以最大程度地得到道的扶持，也就是“用”

道。故而“柔弱微细生之徒也”，得以“生”，正是道在发挥作用。

柔弱，是具有生命力的象征，如婴儿“骨弱筋柔而握固”，“万物草木之生也柔脆”，“人之生也柔弱”等。“柔之胜刚，弱之胜强”，柔弱之所以能战胜刚强，是因为得到了“道”的扶持，故能无往而不胜。以“道之大”来胜“物之强”，完全是降维打击，跨层级的碾压。俗人理解不了柔弱胜强，只是因为思维还没有触及道的层面。

“**天下之物生于有，有生于无**。”这里的“有”和“无”并非特指具体事物，而是对状态的描述。“无”是无形、无声、无质的（没有最小组成单位，故而不可分割）；“有”是或有形，或有声，或有质的（具有最小组成单位，故而可以分割）。天下万物都由“有”生成，而“有”源于“无”。正如《庄子·知北游》所说，“昭昭生于冥冥，有伦生于无形”。

为什么“大象无形，大方无隅，大器免成，大音希声”，因为真正的大，是大到突破了“有”的局限，来到了本源——“无”的位置，往上跃迁了一个层级。

五、万物负阴而抱阳（今42章）

帛书版：

道生一，一生二，二生三，三生万物。万物负阴而抱阳，中气以为和①。人之所恶，唯孤、寡、不谷，而王公以自名也。物或损之而益，益之而损。故人之所教，亦议而教人。故强梁者不得其死，我将以为学父。

传世版：

道生一，一生二，二生三，三生万物。万物负阴而抱阳，冲气以为和。人之所恶，唯孤寡不谷，而王公以为称。故物，或损之而益，或益之而损。人之所教，我亦教之。强梁者不得其死，吾将以为教父。

版本重大差异：

①中气以为和：北大汉简本也为“中气以为和”，传世版是“冲气以为和”。注家多把“万物负阴而抱阳”理解为阴阳二气相交，把“冲气”理解为阴阳二气冲涌激荡而至和谐，导致不能理解此句与下文中的“人之所恶，唯孤、寡、不谷，而王公以自名也”有何关联，而误认为是他章错简。其实，这里的“阴阳”并非后世认知的阴阳二气，如果真是“一阴一阳之谓道”，当不至于整本《道德经》提到阴阳仅此一处，且没有其他相关联的内容。倒是吕惠卿在《道德真经传》中指出的“凡幽而不测者，阴也。明而可见者，阳也”，文中多有对应。如第二十章“俗人昭昭，我独若昏呵。俗人察察，我独闷闷呵”；第二十八章“知其白，守其黑，为天下式”；第五十八章“其政闷闷，其民惇惇。其政察察，其

邦夬夬”，都是说暗昧闷闷的状态更接近于道，而昭明察察的状态与道背离，但世人喜之。所以，“负阴而抱阳”实为“背于幽而不测之阴，向于明而可见之阳”。“中气以为和”，指的是在背阴向阳的过程中，通过“中气”来保持生命之“和”，持虚守中的意思。王公自名孤、寡、不谷，便是在持虚；“物或损之”，也是在持虚。

直译：

道生浑然不可分之无形，无形生有形，有形与无形结合而造生万物。万物背于幽暗之阴，向于昭明之阳，持虚守中以致淳和。人们所厌恶的，就是“孤”“寡”“不谷”，但王公却用来自称。万物损已致虚，反而能得益；益己强横，反而会受损。故而人们得到教导，也会选择适宜的去教导别人。所以，强横的人不得寿终正寝，将是从我这里传下来的一个道理。

解读：

“**道生一，一生二，二生三，三生万物**。”这里的“一”，指的便是第四十章中“有生于无”的“无”。之所以把“无”称为“一”，是因为它不可被分割为“二”，浑然一体而已。

天下万物，只要有形有质，就可被一分为二，拆分出前后、高下、大小、长短等对立的“二”来，但唯有“无”不可被分割为“二”。我们不能把无形分割成大小两块无形，也不能把无声拆分成高下两种无声，因此“无”是不可分的，只能归属为“一”。

“一”，直接上承于道，由道而生。《庄子·知北游》说“昭昭生于冥冥，有伦生于无形，精神生于道”。我们的精神便是“一”，它无形、无声、无质而不可分割，却又真实存在，时刻运转不停。

"二"，即为"有"，有形也好，有质也好，有声也好，只要是"有"，便可以分割为"二"。

"三"，为"一"和"二"的结合，《庄子·齐物论》说"二与一为三"，二加上一即为"三"。如第十一章"凿户牖，当其无，有室之用也"，便是"有"和"无"相结合。屋子的产生，正是空间（"无"）和墙壁（"有"）的共同结合。它们的结合方式，便是"玄之又玄"，如同两根绳索绞合为一，互相缠绕但彼此又不发生任何实质交融。天地万物，莫不如此。

直接上承于道的"一"，除了《庄子》提到的"精神"，《道德经》提到的"无"，应该还有第三十二章所说的"始制"，万物生而遵循的规制。"譬道之在天下也，犹小谷之与江海也"，这些规制直接由道分流而出，所以"天得一以清，地得一以宁，神得一以灵，谷得一以盈，侯王得一而以为天下正"，天地万物都能从道中各得其"一"。

"**万物负阴而抱阳，中气以为和**。"宋朝吕惠卿在《道德真经传》中说："凡幽而不测者，阴也。明而可见者，阳也。有生者，莫不背于幽而不测之阴，而向于明而可见之阳，故曰万物负阴而抱阳。负则背之，抱则向之也。"万物向往光明，莫不如飞蛾扑火一般热烈，比如远古神话"夸父逐日"，便有此情结。

而无论是老子还是庄子，所形容的"道"都是幽暗难明的，深湛不可知的，渊博无边的。由此可见，"道生一，一生二，二生三，三生万物"本身就是一个"负阴而抱阳"的过程，从"一"之昏昧幽暗，奔向"二"之是非、高下、长短分明，再奔向"三"之形实俱存，多彩纷呈，万物得以成。

万物生来便有背道而驰的倾向，所以《庄子·知北游》才说"今已为物也，欲复归根，不亦难乎！其易也，其唯大人乎"；第六十五章才说

“玄德深矣，远矣，与物反矣，乃至大顺”。

比如，我们恨不能天天都是光明，每日都可以清醒，不用入睡一直活动，这正是背道而驰。如果是这样，我们如何能保存自己，活到天赋的寿数呢？“中气以为和。”

“中气”是指“以气守中”。《庄子》说“气也者，虚而待物者也，唯道集虚”。气，看不见摸不着，具有“虚”的属性，但又运作不息。“中气”即“中虚”，虚而守中的意思。“和”指“和顺”，第五十五章说婴儿“终日号而不嗄，和之至也”，指的便是婴儿的和顺状态。道，只会聚集于空虚，万物只有“中虚”，道才能进入流通，万物才能致“和”，得以恢复并保养自身。

“**人之所恶，唯孤、寡、不谷，而王公以自名也**。”人们所厌恶的，就是“孤”“寡”“不谷”，但是王公却用来自称，这正是“虚中”的表现，不骄不矜，虚怀处下。唯“虚中”可保养自身，可得以长久。

“**物或损之而益，益之而损**。”万物损己致虚，反而能得益，故“洼则盈，敝则新，少则得”。如果追求益己强横，反而会受损，故“物壮而老，是谓之不道，不道早已”。这也是老子庄子都不提倡“益生”“刚强”的原因。

“**故人之所教，亦议而教人。故强梁者不得其死，我将以为学父**。”“议”，本义是指“适宜的意见、言论”。任何道理与知识，都要契合当下的时代，所以我们学到的东西想要教给别人，就需要进行选择与加工。学习，是充盈自身，是“益”；教人，是给予他人，是“损”。“损”而能得“益”，所以，人们得到了教导，也会选择适宜的去教导别人。故而强横的人不得寿终正寝，将是从我这里传下来的一个道理。

为何“强梁者不得其死”？梁，本义指桥梁，引申为房梁，泛指横向的长条形承重构件。在建筑学中，有“强柱弱梁”的说法，即梁不能过于刚强，不然会影响房子的抗震效果。地震时，会有很强的动能作用在房子上，如果作用到柱子上，柱子毁了，房子也就塌了。如果作用在梁上，梁先于柱屈服，则房破而不塌，保证了房屋中人的安全。

所以房梁要“弱”，屈服性好的梁，才是可用之材。《墨子·鲁问》：“其子强梁不材，故其父笞之。”“强梁”则“不材”，因为强横不屈、刚愎固执而不能为用，故“强梁”又作“彊梁”。

六、不言之教，更胜言传身教（今 43 章）

帛书版：

天下之至柔，驰骋于天下之至坚。无有入于无间，吾是以知无为之有益也。不言之教，无为之益，天下希能及之矣。

传世版：

天下之至柔，驰骋天下之至坚，无有入无间，吾是以知无为之有益。不言之教，无为之益，天下希及之。

版本重大差异：

无。

直译：

天下最柔弱的事物，在天下最坚强的事物上纵横自如。无形的事物可以进入没有空隙的地方，我因此知道无为的有益。不言的教化，无为的益处，天下很少有人能达到的。

解读：

“**天下之至柔，驰骋于天下之至坚**。”“驰骋”，陈鼓应解释为“驾御”，以柔弱驾御坚强。不过从下文“无有入于无间”来看，应该是“纵横自如”的意思。就像庖丁手中的割牛刀，在牛的骨架间隙中自由出入，毫无阻碍。

割牛刀的锋刃很薄，很脆弱，牛的骨头和筋络很硬，但是锋刃在其中游走，却不会受到任何阻碍。正如山间流水，飞泻直下，在悬崖峭壁上纵横来去，不会受到山石的阻碍，也不会受到锋锐的伤害。这便是天下最柔弱的东西，在天下最坚强的东西上驰骋自如。

“**无有入于无间，吾是以知无为之有益也**。”“无有”，可以理解成“没有形体”，如《庄子·养生主》中庖丁对文惠君所说：“彼节者有间而刀刃者无厚，以无厚入有间，恢恢乎其于游刃必有余地矣。”不过这里更进一步，“以无有入于无间”：就算没有间隙的地方，也挡不住没有形体的“无有”。比如从小溪中捡块石头砸开，会感觉润润的，这正是水化身为无形，连石头内部都可以侵入。

所以，我便知道“无为”的好处了，再坚实的阻碍，再严密的封堵，也阻挡不了“无为”的通达。因此以无为之道行走天下，不会遇到任何艰难险阻，没有什么事情是做不成的，这便是“无为而无不为”。

“**不言之教，无为之益，天下希能及之矣**。”“不言之教”，正是“无为”的行事方法之一。我们常说“言传身教”，但言传和身教的范围都很有限，总会有语言传达不了的意思，总会有身教到达不了的地方，面对这样的阻碍，又该如何去施教呢？

教化要想通行无阻，就不能局限于语言，甚至说，不用语言。只要使用语言，就会有突破不了的阻碍，因为语言本身是有局限的。但是天下间的草木，又何须我一一浇灌、一一扶持才能存活？天地间的众人，又何须我一一照料、一一培养才能成长？它们自然而然就有生发的能力和趋向，天地也自然而然会为它们提供成长所需。

人天性便有智慧的种子，生来便有思考的能力，只要营造出合适的环境，种子自然会生根，发芽，成长。因此不要一味用言语去灌输，去教化，而是让他们可以实现思维独立，自我思考，这样才有机会接收到来自天地万物的启迪，得到无处不在的“道”的教化与滋养。

人力有时穷，总会遇到无法突破的阻碍，主观强行为之，失败不说，还会让自身遭受折损。正如庖丁所说，“良庖岁更刀，割也；族庖月更刀，折也。今臣之刀十九年矣，所解数千牛矣，而刀刃若新发于硎”。好厨师一年换一把刀，一般的厨师一个月就要换一把刀，而庖丁一把刀用了十九年，还像崭新的一样，刀身刀刃不曾遭到半点损伤，这就是“无为”行事的益处。

故而只有不强行作为，虚其心至无有；只有顺应客观而为，弱其志至无为，才能无所不为，无所不成。但是谁又愿意放下自己的主观有为、滔滔雄辩，而让位于道之“希言自然”呢？因此“天下希能及之矣”，能达到“无为”的人实在太少了。

七、知足不辱，知止不殆（今 44 章）

帛书版：

名与身孰亲？身与货孰多？得与亡孰病？甚爱必大费，多藏必厚亡。故知足不辱，知止不殆，可以长久。

传世版：

名与身孰亲？身与货孰多？得与亡孰病？是故甚爱必大费，多藏必厚亡。知足不辱，知止不殆，可以长久。

版本重大差异：

无。

直译：

名声与身体，哪一个与你更亲近？身体和财货，哪一个对你更重要？得到和失去，哪一个让你更困扰？过分地喜爱，必然会遭到重大的耗费；过多地收藏，必然会受到重大的损失。知道满足，也就不会受到折辱；知道停止，也就不会遭遇危难，这样才能长远恒久。

解读：

“**名与身孰亲？**”名声与身体，哪一个与你更亲近？从生到死，唯一能一直陪着我们走完这段旅程的，就是自己的身体了，所以它才是和我们最亲近的。但是有很多人，为了外在的名声，而舍弃自己的身体，因末而离本，因疏而离亲，这不是很愚蠢吗？

所以，《庄子·盗跖》中把世人称颂的六大名士统统骂了个遍，说他们重视名声而不顾惜生命，就和那流亡丧生的猪狗一般。

“世之所谓贤士，伯夷、叔齐。伯夷、叔齐辞孤竹之君，而饿死于首阳之山，骨肉不葬。鲍焦饰行非世，抱木而死。申徒狄谏而不听，负石自投于河，为鱼鳖所食。介子推至忠也，自割其股以食文公。文公后背之，子推怒而去，抱木而燔死。尾生与女子期于梁下，女子不来，水至不去，抱梁柱而死。此六子者，无异于磔犬流豕、操瓢而乞者，皆离名轻死，不念本养寿命者也。”

伯夷、叔齐是孤竹国君之子，为了推让王位一起逃离孤竹国。路遇周武王伐纣，兄弟二人谏阻无果，在武王灭商建立周朝后，他们耻食周粟，采薇而食，最终饿死于首阳山。

鲍焦是东周时期的贤者，厌弃世俗，自守高洁，不妻不子，不臣天子，不友诸侯，靠捡取野果和野菜为生。结果被子贡几句讽刺之言拿捏，愧而抱木自尽。

申徒狄是殷商时代的隐士，因进谏不被采纳，便抱石投河而死，成为鱼鳖的食物。

介子推是春秋时期晋国人，追随公子重耳四处流亡。君臣半路绝粮，介子推割自己的大腿肉供重耳充饥。重耳返晋成为晋文公后，大肆封赏但遗漏了介子推，介子推便与母亲一起隐居山林。晋文公后来封赏介子推并派人进山找寻他。找寻者想通过烧山的办法来逼迫介子推出山，介子推宁死不出，最后抱着大树被烧死。

尾生是春秋时期的一位男子，与女子约定在桥下相会，久候女子不到，河水上涨，于是抱桥柱而淹死。

与我们亲密无间，对我们言听计从，从来没有自己的私心，一心一意地奉献自己，它就是我们的身体。倘若连自己的身体你都要伤害，都要背弃，那又还有谁敢追随你、听从你、无条件地信任你呢？你又如何能够成为天下的君王，得到人们的尊崇呢？

“**身与货孰多？**”这里的“多”不是指数量上的“多”，而是“厚重”的意思，与“轻薄”相对。“多”本义是重复、众多，经过不断地重复，反复地沉淀，可成就深厚、厚重。所以，重复既可以达成数量上的“众多”，也可以达成程度上的“深重”。

身体和财货，哪一个对你更重要？很明显是身体更重要，性命没有了，拥有再多财货也是空。故第三十八章讲“居其厚，而不居其薄，居其实，而不居其华”。但在现实生活中，为财货而丧命的人，从古至今都源源不断。

“**得与亡孰病？**”“病”，忧虑、困扰。得到和失去，哪一个更让你困扰？有很多东西我们可能一生都不会得到，因为没有得到，我们并不会为之忧心。但是得到又失去，就足以让我们痛彻心扉。这是因为认定其属于自己，投注了感情在其中，有了喜爱与珍视之心。

心理学上有一个“厌恶损失”效应，即人们在同时面对相同数量的收益和损失时，同量的损失带来的负效用，是同量收益带来的正效用的2—2.5倍。比如，你丢失500元的痛苦，跟得到1000元的快乐是相当的。因此，很多赌客，赢钱离开比较容易，但输钱离开就会很难。

“**甚爱必大费，多藏必厚亡。**”过分地喜爱，必然会遭到重大的耗费；过多地收藏，必然会受到重大的损失。我们其实并不能真正拥有任何东西，都只是短暂地保管而已，所以收藏得越多，可失去的也就越多；喜爱的程度越深，失去的时候就会越痛苦。

“**故知足不辱，知止不殆，可以长久。**”所以要学会知足、知止。如果一个人自己不知道满足，那么欲望就会无休止地出现，必然有满足不了的时候，有不能达成的状态，这时就会遭到折辱。如果一个人自己不知道适可而止，无底线地放纵情感与欲望，那必然会对自己造成损害。因此，知道满足，也就不会受到折辱；知道停止，也就不会遭遇危难，这样才能恒远长久。

八、清静可以为天下正（今 45 章）

帛书版：

大成若缺，其用不敝。大盈若盅，其用不穷。大直如屈，大巧如拙，大赢如绌①。躁胜寒，静胜热，清静可以为天下正。

传世版：

大成若缺，其用不弊。大盈若冲，其用不穷。大直若屈，大巧若拙，大辩若讷。躁胜寒，静胜热。清静为天下正。

版本重大差异：

①大赢如绌：传世版是“大辩若讷”。帛书版全文都没有提到“辩”字，包括“善者不辩，辩者不善”也是传世版窜入，帛书版是“善者不多，多者不善”。高明认为“大赢”与“大辩”，二者必有一归属原文，一为后人篡改。又易顺鼎曾云：“《道德指归论·大成若缺篇》‘大巧若拙’下又云‘是以赢而若诎’，疑所据本有‘大赢若诎’一句，无‘大辩若讷’一句。”高明称赞其见解独到，颇有见地。此处帛书甲本为“大赢如炳”，乙本只余一个“绌”字，应为“大赢如绌”。“赢”作有余、超出讲，反义即为亏损、不足，而“绌”正是指不足、不够。另外，“赢绌”二字自古就有合用的范例，指“有余和不足”，如《荀子·非相篇》“缓急嬴（赢）绌”。古“出”“内”二字读音相同，“炳”字或通“绌”字。北大汉简本为“大盛如绌”，“盛”是丰足、盛满的意思，与“赢”义同。

直译：

最大的成就好像有所欠缺，因此它的作用不会衰竭。最大的盈满好像空虚，因此它的作用不会穷尽。最大的伸展好像是在屈伏，最大的灵巧好像仍显笨拙，最大的盈余好像还有不足。躁动可以祛除寒凉，而清静可以制服燥热，所以清静才是天下保持正态的根本。

解读：

“**大成若缺，其用不敝**。”“敝”是困乏、衰败的意思。最大的成就好像有所欠缺，因此它的作用不会衰竭。

为何说“大成若缺”？因为如果不缺，也就意味着满了，没有更新的空间了。第五章说“天地之间，其犹橐籥与！虚而不屈，动而愈出”，指的便是时时更新，不断产出。如果失去了更新产出的空间，它的作用就很有限了，总会有用完的一天。

在球王贝利创造1000个进球纪录后，有人问他：“您哪个球踢得最好？”贝利总是意味深长地说：“是下一个。”已经进了1000个球，但还没有达到最佳，也正是因为这种“欠缺”，为贝利留出了更进一步的空间，让人对他新的进球充满期待。

“**大盈若盅，其用不穷**。”“盅”是空虚的意思，最大的盈满好像是空虚的，因此它的作用不会穷尽。也是同样的道理，如果空间全部被填满，便不能再容纳新的东西进来，它的作用也就穷尽了。“天道忌满，人道忌全”，要留一个缺儿，这样才有变化更新的空间。

“**大直如屈，大巧如拙，大赢如绌**。”“赢”，本义指获利，引申为超出。“绌”，不足、不够。最大的伸展好像是在屈伏，最大的灵巧好像仍显笨拙，最大的盈余好像还有不足。

这“大直”“大巧”“大赢”，都可称之为“大成”“大盈”。“大盈”

不能封顶，“大成”需要留缺，留出更新发展的空间，居中而左右皆有余地。所以，最大的伸展，是看上去还能再伸展一下；最大的灵巧，是看上去还能更灵巧一点；最大的盈余，是看上去还能再多出一些。

“躁胜寒，静胜热，清静可以为天下正。”“胜”指克制、制服、战胜的意思。躁动可以克制寒凉，比如我们冬天总喜欢动一动，让自己暖和起来。而清静可以制服燥热，比如我们烦躁的时候，清静可以让人恢复理智。那为何说“清静可以为天下正”呢？

第二十六章讲“重为轻根，静为躁君”。“根”与“君”，具有主掌、控制的作用，即“生杀予夺”，可令其生，亦可使其灭。“重为轻根”，则重可生轻（有辎重则居住轻松），也可制轻（稳重则消除轻浮）。“静为躁君”，则静可生动（静养则生机萌动），也可制动（清静则消除躁动）。

“清静”既能通过生“动”来祛除寒凉，又能通过制“动”来消除燥热，自然也就可以把天下调和至适中的正态，所以说清静才是天下保持正态的根本。故“清静可以为天下正”。

九、真正的富足，在于心态（今46章）

帛书版：

天下有道，却走马以粪。天下无道，戎马生于郊。罪莫大于可欲①，祸莫大于不知足，咎莫憯于欲得。故知足之足，恒足矣。

传世版：

天下有道，却走马以粪；天下无道，戎马生于郊。祸莫大于不知足，咎莫大于欲得，故知足之足，常足矣。

版本重大差异：

①罪莫大于可欲：这句话不见于传世版。“可欲”为何有罪过？第三章说：“不见可欲，使民不乱。”民众之所以会作乱，是因为统治者穷奢极欲，贵富而显耀人前，引得民众萌生贪欲，这便是最大的罪过。统治者应该“见素抱朴”，呈现出朴素来，而不是将奢华显露于外，把大家都想要的东西挂在身上招摇。

直译：

天下治理有道，良马都会被返还用于耕作。天下治理无道，战马都会在郊野产子。最大的罪过，是显露可以引发欲望的东西。最大的灾祸，是不知道满足。最惨痛的过错，是贪得无厌。所以，自己知道满足的富足，才是真正的富足。

解读：

“**天下有道，却走马以粪**。”“却”是“返还”“退回”的意思。“走马”，善于长途行进的马。古人打仗的时候马是有分工的，运载物资有驮马，跋涉行军有走马，冲锋作战有战马。天下治理有道，走马都会被返还给农夫用于耕作，因为部队不再需要征战行军，用不上走马。

“**天下无道，戎马生于郊**。”“戎马”，用于作战的军马。郭注《周礼》曰：“马八尺以上为戎”，是非常珍贵的宝马，也称“龙马”，常用于天子仪仗。天下治理无道，则战乱频发，军队疲于奔命，就连珍贵的戎马都得不到照料，在郊野产下小马驹。

“**罪莫大于可欲**。”最大的罪过，是把众人都想得到东西显露在外。有句话叫“匹夫无罪，怀璧其罪”。《庄子·山木》说：“夫丰狐文豹，栖于山林，伏于岩穴，静也；夜行昼居，戒也；虽饥渴隐约，犹且胥疏于江湖之上而求食焉，定也。然且不免于罔罗机辟之患，是何罪之有哉？其皮为之灾也。”

皮毛丰厚的大狐和带有斑斓花纹的豹子，哪怕能像最智慧的人一样，做到戒、定、静，如此的小心翼翼，也仍然免不了被猎杀的祸患，因为它们的皮毛实在太诱人了。

“山木，自寇也；膏火，自煎也。桂可食，故伐之；漆可用，故割之。”这些名贵的木头为什么会遭遇斧砍刀割之祸，因为人人皆欲得之，故而名贵呈现于外而不知收敛于中，这就是罪过了。

所以第七十七章才会说“不欲见贤”，不想显露自己的贤才；所以圣人才会“被褐而怀玉”，外面穿得破破烂烂，而把最珍贵的东西收藏于内；所以第三十六章才会说“鱼不可脱于渊，邦利器不可以示人”，鱼要潜藏深渊才能得到成长，国家的利器不要外显才能蓄养力量。

“**祸莫大于不知足，咎莫憯于欲得**。”“憯”，悲痛、惨痛。没有比“不知满足”更重大的灾祸了，没有比“贪得无厌”更惨痛的过错了。不知满足，就会贪得无厌；贪得无厌，就会自取灭亡。

“**故知足之足，恒足矣**。”所以，自己知道满足的富足，才是真正的富足。因为欲望是无穷无尽的，不可能获得最终满足，如果自己不知道满足，总是欲求无度，总想着往外求，那么内心始终处于欠缺的状态，又怎能称得上“富足”呢?

很多人认为欲望是人类发展的动力，其实并非如此。比如新中国刚成立的时候，大家没有被物质享受所洗礼，欲望比我们现在要低得多，但发展的劲头势不可当，精气神是蓬勃而丰满的。因为欲望的生发，源于求之而不得的心态，说到底是一种精神外驰的状态，会造成内在的空虚。而内在有所欠缺，精神有所不足，必然会影响做事的成效。所以，真正能够把事情做成、做大、做强的，都是全副精神的投入，是一种心无旁骛的状态，容不得私心杂念的干扰，容不得精神的外逸分散。故而只有知足，才能得享精神的圆满无缺，才能获得真正的富足。

十、不出户，为何能知天下（今 47 章）

帛书版：

不出于户，以知天下。不窥于牖，以知天道。其出也弥远，其知弥少。是以圣人不行而知，不见而明①，弗为而成。

传世版：

不出户，知天下；不窥牖，见天道。其出弥远，其知弥少。是以圣人不行而知，不见而名，不为而成。

版本重大差异：

①不见而明：传世版是“不见而名”。“名”和“明”，古时虽有通用的情况，但二者在《道德经》中意义差别很大。“名”表示对事物进行定义、命名，而“明”代表得道的通达状态，如“见小曰明”“自知者，明也”“用其光，复归其明”“不自见，故明”等。此处帛书甲本残缺，乙本为“名”，但高明认为应以“不见而明”补甲本，因为韩非子《喻老》篇“而名”二字写作“自明”，谓“不见自明”；且蒋锡昌说：“‘名’‘明’古虽通用，然《老子》作‘明’不作‘名’。二十二章‘不自见故明’，五十二章‘见小曰明’，皆‘见’‘明’连言，均其证也。”以上“见”字与“明”字合用的情况不止一次出现，本处也应为“不见而明”。

直译：

不走出门户，而知道天下的状况。不向窗外窥探，而知晓天道。向外行走得越远，对道的认知就会越少。所以圣人不用亲身经历，就能得知天下运作的状态；不用亲眼观察，就能明知天道；不用亲力亲为，就能功成事遂。

解读：

“**不出于户，以知天下**。”此句中的“以”字是文言连词，与“而”字用法相同。不走出门户，而知道天下的状况。听起来有些匪夷所思，但在第五十四章指出了方法：“以身观身，以家观家，以乡观乡，以邦观邦，以天下观天下。吾何以知天下之然哉？以此。”

只要掌握了道，着眼点在身，就能察知身的运作状态；着眼点在家，就能察知家的运作状态；着眼点在乡，就能察知乡的运作状态；着眼点在邦，就能察知邦的运作状态；着眼点在天下，就能察知天下的运作状态。道是一以贯之的，只看我们欲观向哪里，而不是身处哪里，因此说不出户而知天下。

“**不窥于牖，以知天道**。”不向窗户外面窥探，而知晓天道。以耳目视听接收到的信息，皆是万物外显之象而已，非道。如果贸然走入广阔的天下，入目繁多，多则易惑，反而更容易迷失在外象之中，与道也就越发远离。因此才会“多闻数穷，不若守于中”。

这里“不出于户”“不窥于牖”的状态，其实在第五十二章也有讲到：“塞其兑，闭其门。”“兑”是视听的孔窍，“塞其兑”是不往外视听，即“不窥于牖”。“闭其门”，关闭往外行走的门户，即“不出于户”。那是在阻止什么东西往外行走呢？我们的精神。

精神往外行走，即精神耗散于外的状态，对应的正是第五十二章中的“启其兑，济其事，终身不救”。“济其事”，耗费精神用来处理繁扰的事务，即精神“出于户”的状态。如《庄子》所说“富者苦身疾作，多积财”，“贵者夜以继日，思虑善否”，求富求贵的人，把精神都耗费在身外之事物上，而疏于养护自身，道又怎么会跟随他呢?

“其出也弥远，其知弥少。”所以，越被声色外象所吸引，向外行走得越远，对道的认知就越少。心神分散于外，而失守于中，导致“数穷”，从而失去对道的把握。

“知”这个字，最常用以表达“知道、明白”的意思，明白了才能掌握，由此又引申出“掌控、把握”的义项，如“知府”“知州”。在《道德经》中出现的“知”，有的偏向于“知道”，如“知足不辱，知止不殆”；有的偏向于“执掌”，如“知常容，容乃公”。知道与达到，有时并无明确界限，有一种状态叫“所见即所得”。

《庄子》说:“若一志，无听之以耳而听之以心，无听之以心而听之以气。”从“耳”到“心”再到“气”，正是把心神从外往回收的过程。只有这样，才能达到“一志”的状态，心神专注如一，而不是分散竞逐于外。心神过于分散，就会陷入杂乱迷茫，不能见道。

所以,《道德经》说“知者不博，博者不知”，通过追求见闻广博来求道，只是在背道而驰。况且万物生生不息，无穷无尽，一物便有一知识，寄希望于增长见闻知识来明知天道，终其一生也不可能成功。《庄子》说“吾生也有涯，而知也无涯，以有涯随无涯，殆已!”便是这个道理。

不出于户，不窥于牖，塞其兑，闭其门，内守于中。如此，才能不断接近那个最本源的道。

“是以圣人不行而知，不见而明，弗为而成。”“行”，经历，即“出于户”的状态。“见”，看到、观察，即“窥于牖”的状态。“为”，做、干，即“济其事”的状态。所以圣人不用亲身经历，就能得知天下运作的状态；不用亲眼见到，就能明知天道；不用亲力施为，就能功成事遂。因为圣人之知，不依赖于经验知识；圣人之明，不依赖于耳目聪敏；圣人之成，不依赖于济事有为。

十一、无为，方能无所不为（今48章）

帛书版：

为学者日益[①]，闻道者日损[②]。损之又损，以至于无为，无为而无不为。圣人之取天下也，恒无事。及其有事也，不足以取天下。

传世版：

为学日益，为道日损。损之又损，以至于无为，无为而无不为。取天下常以无事，及其有事，不足以取天下。

版本重大差异：

①为学者日益：传世版是“为学日益”，少的这个“者”字，既可以是无意义的助词，也可以是有所指的名词。结合下文，“为学者”当指“为学”的群体，而非“治学、学习”的行为，故“者”字不宜删除。

②闻道者日损：传世版是“为道日损”，把“闻道者”的群体变成了“为道”的行为，显然是为了配合前文的“为学日益”。但如果只是去掉“者”字的话，“闻道日损”显然语义不通，故而被改成“为道日损”。

直译：

修治学问的人，掌握的知识会随着时间的推移越来越多；追寻大道的人，主观的成见会随着时间的推移越来越少。减损再减损，以至于到了“无为”的状态，无为便没有什么事是做不成的。圣人主掌天下，从来都不会妄为生事，如果妄为生事，也便不能够主掌天下了。

解读：

“**为学者日益，闻道者日损**。”“为学者”，指的是学习知识、修治学问之人；“闻道者”，指的是体察明道、追寻大道之人。“闻”指听闻，有个词叫“听而不闻”，可见听与闻有区别。《说文》：“闻，知声也。”听只是入耳，走心方为闻，所以“闻道”是指把道听进去并有所体会的意思。因为各自体会不同，故而有“上士”“下士”之分。

关于“为学者”群体，《庄子·外物》中也专门提及，“夫尊古而卑今，学者之流也”。搞学问的一般都是“尊古而卑今”，因为他们学的是前人的东西，必定要抬高前人的地位，这叫“尊古”。为了让前人的认知通行于现世，必定要贬低和排斥当下新生的认知，这叫“卑今”。《庄子》用了大量笔墨来说明，古人能用文字流传下来的东西都只是糟粕，真正的精华是不可言传的，让人不要过分法古而拒绝进步更新。

追求学问的人，心神是向外竞逐的，因为需要从外界得到知识。但是知识积累得越多，心神就外驰得越远，就会越分散。而追寻大道的人，心神是向内收敛的，他需要从外界收回，持守清虚。因此，距离大道越近，内心就会越发完备，精神就会越发凝聚，越发独立而回守于中。

追求学问的人，掌握的知识会越来越多，相应地，成见也会越来越深。而追寻大道的人，随着心神越来越回守于中，主观成见会越来越少，而渐至于“混沌”。如第二十章所说“愚人之心”“沌沌呵”“若昏呵”“闷闷呵”，呈现的就是无成见、无偏执的通达为一。

“**损之又损，以至于无为，无为而无不为**。”不断地减损再减损，以至于损无可损，此时便是“无为”的状态。

主观成见越少，便越能接近于“洞明”。如第二十二章所说“不自见，故明”，不使用自己的成见去认知，因而真相得以显明。洞明而又通达，便可以做到“无为”。无为，是因为通达而不固执；无为，是因为内守而不外施；无为，是因为和光同尘混而为一，不露、不耀、不割、不刺。

这种心神高度凝聚的状态，便是《庄子》所讲的“神全”。神全者，心神无漏而圆润无缺，精神专注如一，做事就能发挥最大的效率，乃至于通神。《庄子》中记载了一个叫“庆”的木工做乐器，进入这种状态以后连自己的形体四肢都忘记了，眼中看到木头，就知道它做成乐器之后的样子，这就叫“通神”，所以能“无不为”。

“无为”与“有为”相对。“有为”发于主观之心，“为学者”所学越多，会的东西越多，想要有所施展、有所作为的主观之心就会越强。而“无为”因为“损之又损”，主观之心减损至极弱，因而不会有外施的欲望，更不会强行作为。

不强行作为，就不会被主观心所干扰，而能不执不偏，以一个相对客观、无自我评价、无时间感、无悲也无喜的自然状态行事，顺而不逆寡，应而不雄成。用这样的状态去做事，就没有什么事情是做不成的。

《庄子·大宗师》说：“古之真人，不逆寡，不雄成，不谟士。若然者，过而弗悔，当而不自得也。”“不逆寡”，顺应形势，不做那悖逆大道的独夫贼。“不雄成”，应物变化，不做那蛮横硬来的强行者。“不谟士”，自然而成，不做那机关算尽的聪明人。这样去行事，就算有什么过错也不会后悔，处事恰当也不会自鸣得意，这便是“无为”的境界。

“**圣人之取天下也，恒无事**。”第二十九章说：“将欲取天下而为之，吾见其弗得已。”第五十七章说：“以无事取天下。”这里的“取天下”，都是指“主持、主掌天下”。

《道德经》第六十四章“其安也，易持也”，正与“以无事取天下”相对应。一个安稳无事的天下，才是可以“持”的，天下如果动荡起来，就像大鱼在手上拼命挣扎一样，没有谁能掌握得了它。要“取天下”，就必须要让天下安稳无事，因此圣人主掌天下，从来都不会妄为生事。

“**及其有事也，不足以取天下**。”如果任凭自己的主观意志妄为生事，那么天下将被搅乱，一个混乱的天下，是谁也没办法掌握的。唯“无事”，方能安稳，方可以“取天下”。而让天下“无事”，唯“无为”可以做到。

十二、恒德，不会因人而异（今 49 章）

帛书版：

圣人恒无心[1]，以百姓之心为心。善者善之，不善者亦善之，德善也。信者信之，不信者亦信之，德信也。圣人之在天下也，歙歙焉，为天下浑心。百姓皆属耳目焉[2]，圣人皆咳[3]之。

传世版：

圣人无常心，以百姓心为心。善者，吾善之；不善者，吾亦善之，德善。信者，吾信之；不信者，吾亦信之，德信。圣人在天下歙歙，为天下浑其心。百姓皆注其耳目，圣人皆孩之。

版本重大差异：

①圣人恒无心："无心"与"有意"相对，表示没有自己的主观意志，而是以百姓的意志为意志，体现的是顺应客观的无为。但传世版变成了"圣人无常心"，"无常"与"恒无"差别很大，一个是指变化不定，一个是指恒定虚无。变化不定意味着无中无正，而恒定虚无则是以清虚为中正。空虚能容万物，清静可正万物，故取"恒无心"。

②百姓皆属耳目焉：传世版是"百姓皆注其耳目"。"属""注"如果理解成"集中、专注"，二字相通，但历来注家解释各有不同。王弼把"耳目"解为"聪明"，"注其耳目"为"各用其聪明"，但这样就与第六十五章"为道者非以明民也，将以愚之也"相悖了。河上公把"注"解为"用"，"注其耳目"为"用其耳目为圣人视听"；还有解为"注意使用耳目体察世情""注意力集中到圣人身上""封闭其耳目不用智巧"的，

不一而足。从版本来看，帛书甲本为“属”，乙本为“注”，二字应当相通，“属”为“集中、专注”的意思，读“瞩”音。“属耳目”即“把听力与视力都集中起来”，集中注意力、专注的意思，在《左传》与《国语》中都有相应的用法。《左传·成公二年》：“师有功，国人喜以逆人，先入，必属耳目焉。”《国语·晋语五》：“若先，则恐国人之属耳目于我也。”韦昭注：“属，犹注也。”

③圣人皆咳之：通行本为“孩之”，“孩”同“咳”，《说文》：“咳，小儿笑也。”如果把“孩”理解成本义“小儿笑”，则二字没有任何差别。但王弼本与河上公本，解读出来都是“圣人把百姓当作婴儿一样对待”，恰好颠倒。上文讲圣人的状态是“恒无心”“德善”“德信”“歙歙焉”“浑其心”，这都是老子所说“复归于婴儿”而具备的德行。因此，并不是圣人把百姓当成婴儿对待，而是圣人就好像婴儿（笑着）一样对待百姓，无私，无欲，不别，不害。王弼认为是圣人令百姓“和而无欲，如婴儿也”，但首句讲“圣人恒无心，以百姓之心为心”，百姓是有心的，而圣人是无心的，所以如婴儿的是圣人，而不是百姓。北大汉简本中“咳”字为“晐”，指日光普照，表示兼备、包容之义，正与本章文义相合。

直译：

圣人从来都没有自己的主观意志，而以百姓的意志为自己的意志。对于善为道之人，我用“善”的方式对待他；对于不善为道之人，我也同样用“善”的方式对待他，这叫出自德的“善”。对于有信之人，我用“信”的方式来对待他；对于无信之人，我也同样用“信”的方式对待他，这叫出自德的“信”。圣人审察天下，会收敛自己的主观意志与成见；治理天下，会保持一颗混沌之心。百姓都得以专注视听，而圣人就像婴儿（笑着）一样对待百姓。

解读：

“**圣人恒无心，以百姓之心为心**。”圣人从来都没有自己的主观意志，而以百姓的意志为自己的意志。“损之又损，以至于无为”，随着主观知见越损越少，相应的主观意志也会越减越弱。只有这样，才不会以自己的成见去认知，不会以自己的主观意志去施为。

圣人为何要“恒无心”？第二十九章说：“物或行或随，或嘘或吹，或强或羸，或培或堕。”天下万物有的喜欢在前行走，有的喜欢在后跟随；有的性情温和，有的性情冷漠；有的心志强盛，有的心志软弱；有的善于培育，有的善于毁坏。正因为天下万物各自的性情、习惯、行为方式都不相同，无法统一为之，所以只能“恒无心，以百姓之心为心”，不把自己的主观意志强行施加于他们，而是“居无为之事，行不言之教”。这样“我无为而民自化”，万物就能各因其性、各得其所了。

“**善者善之，不善者亦善之，德善也**。”“善者”，指的是善为道之人、有道者，对于这样的人，我用符合道的方式待之；而对于不明道之人，我也同样用符合道的方式待之，这叫“德善”。这里的“德”字，有人说通“得”，“得到”之义，但理解成“出于德之善”，则更加合适。

德是一种常态，代表不会随意改变的性质。比如说一个人有“慈”之德，那么他的慈是不会因人而异的，对谁都表现出“慈”，才能叫“德之慈”。如果对地位尊贵的人是一种表现，对地位低贱的人又是一种表现，那就只是权变之术，而不足以称为“德”了。所以，“德善”是深入德性之善，是不易不变之善。

“**信者信之，不信者亦信之，德信也**。”对于有信之人，我用信来对待他；而对于无信之人，我也同样用信来对待他。不因人而异的信，才是深入德性的信。

“**圣人之在天下也，歙歙焉，为天下浑心**。”“在”，本义指存在、停留或保持于某个状态，而要保持这个状态就需要不断地审视、观察，以及时纠正而防止偏离。所以，“在天下”，是指审察天下，以保持天下原有的自然状态。老子也多处言及审察天下的意思，如“吾何以知天下之然哉？以此”，“不出于户，以知天下”等。“歙”，收敛；“歙歙”，无偏执的样子。因为收敛了自己的主观认知，因而呈现出来是无偏执的样子。

圣人审察天下，会收敛自己的主观意志与成见；治理天下，会保持一颗混沌之心。用混沌之心来对待百姓是什么表现呢？不别贤愚美丑，不辨贵贱高下。圣人之德不会因人而异区别对待，又何须去辨识区分？

“**百姓皆属耳目焉，圣人皆咳之**。”圣人之德不变不易，坦然而有信，所以百姓都不会把心神分散在圣人身上，不用去揣摩圣人的意图，更不用去钻营投其所好。圣人不搅扰百姓，百姓因而得以“属耳目”，把视听注意力集中至一处，专注其所好，回归于自我。这便是“太上，下知有之”，百姓只是知道圣人的存在，却不会过多关注，而圣人就像婴儿（笑着）一样对待百姓。

“咳”，《说文》：“咳，小儿笑也。”为何说圣人像婴儿一样，因为圣人“以百姓之心为心”，没有自己的主观知见，如同婴儿；收敛自己的主观意志，如同婴儿；不在人群中分别贤愚、美丑、高下，如同婴儿。所以百姓自作自化，各行其是，而圣人就像婴儿笑着一样对待他们。

十三、保养生命，首要保全心神（今50章）

帛书版：

出生入死。生之徒十有三，死之徒十有三，而民生生[①]，动皆之死地之十有三。夫何故也？以其生生也。盖闻善摄生者，陵行不避兕虎[②]，入军不被甲兵。兕无所投其角，虎无所措其爪，兵无所容其刃。夫何故也？以其无死地焉。

传世版：

出生入死。生之徒十有三，死之徒十有三。人之生动之死地，亦十有三。夫何故？以其生生之厚。盖闻善摄生者，陆行不遇兕虎，入军不被甲兵，兕无所投其角，虎无所措其爪，兵无所容其刃。夫何故？以其无死地。

版本重大差异：

①而民生生：传世版为“人之生”，把“民”改成了“人”，还丢了一个“生”字。“生生”指“荣发厚养生命”，改成“人之生”，就失去了这个意思。因此后文又在“生生”之后加上“之厚”二字，其实是语义重复，“生生”本就有“厚养生命”的意思。

②陵行不避兕虎：传世版是“陆行不遇兕虎”。首先，“兕虎”大都出现在山陵，陆行当然不容易遇到；其次，“避”和“遇”字义相反。“不避”和“不遇”，一个是没想着避让，表示遇到了也不为所动；一个是小心不要遇到，遇到就有危险，二者完全是两种语境、两个境界。

直译：

从出生到死去，一生平安自然死亡的人有十分之三，中途夭折意外死亡的人有十分之三，过分地厚养生命，而妄动致死的人，也有十分之三。是什么缘故？因为奉养过度了。听说善于养护生命的人，在山陵中行走不用避让犀牛老虎，在战场上不用穿戴盔甲装备兵器。犀牛用不上它的角，老虎用不上它的爪，兵器用不上它的锋刃。是什么缘故？因为他没有给死亡留余地。

解读：

“**出生入死**。”出为生，入为死。《庄子·至乐》和《列子·天瑞》都说“万物皆出于机，皆入于机”，出为生，入为死。《道德经》第六章说“谷神不死，是谓玄牝。玄牝之门，是谓天地之根”，万物皆由玄牝之门出入，出为生，入为死。

“**生之徒十有三，死之徒十有三**。”“徒”，类属，“生之徒”是指归属于“生”这一类的人。这类人一生平安，没有遭遇意外身亡，最终得以寿终正寝，大约有十分之三。而归属于“死”这一类的人，中途遭遇各种意外夭折的，也大约有十分之三。

“**而民生生，动皆之死地之十有三**。”“生生”，第一个“生”指“生发”，第二个“生”指“生命”，生发生命，即让生命绽放荣华，沐浴富贵。而正是此欲望太过强烈，才导致妄动致死。所以这一类人，是过分地厚养生命，迷恋享受，忧惧死亡，惊惶宠辱，结果因妄动而致死的，也大约有十分之三。第七十五章“夫唯无以生为者，是贤贵生”，说的正是只有不过分地厚养生命，才是真正善于保重生命。

“**夫何故也？以其生生也**。”“生生”，第二个“生”代表“生命”，是我们应该重视养护的东西，因为它才是根本。加上一个“生”字，表示通过各种方式来荣养生命，比如恩宠、荣华、富贵等，却忽略了这些都只是依附于生命的东西。“而民生生”，表示人们更看重的是荣养生命的东西，而不是生命本身，本末倒置了，就很容易因妄动而损害生命本身。

那还有十分之一是什么人？正是“善摄生者”，善于养护生命的人。这样的人哪怕处身山陵，猛兽环伺，哪怕身处战场，血雨腥风，出入各种危险之所仍能安然存活，这类人大约有十分之一。

“**盖闻善摄生者，陵行不避兕虎，入军不被甲兵**。”听说这类非常善于养护生命的人，在山陵中行走不用躲避犀牛和老虎，在战场上不用穿戴盔甲，装备兵器。穿盔甲，是为了防御伤害，而他根本没有想着会受到伤害，又何须防御？拿兵器是为了抵御来犯，而他根本没想着会被人侵犯，又何须兵器？因此他在山陵中行走，从未想着要避让犀牛、老虎。

“**兕无所投其角，虎无所措其爪，兵无所容其刃**。”面对他，犀牛没有地方投撞它的角，老虎不知道哪里可以安放它的爪，兵器也找不到地方使用它的锋刃。想象一下这个场景，好像所有危险都绕着他走，连刀枪箭矢都长了眼睛似的，主动避开他。其实并不是危险在躲避他，而是他心中从来没有给危险留位置。

“**夫何故也？以其无死地焉**。”这是什么缘故呢？因为他的心神圆润无缺，危险不能得其门而入，根本找不到可以置他于死地的地方。但是这类人的表现，反而好像不重视养护生命一般，进入山陵也不想着避让犀牛老虎，上了战场也不想着披甲执兵，武装到牙齿。但这样的人往往碰不到危险，反而是处处忧虑自己安危宠辱，贪生惧死之人，危险总是第一个找上他。

听起来不可思议，可事实如此。《庄子·达生》说：“夫醉者之坠车，虽疾不死，骨节与人同，而犯害与人异，其神全也。乘也不知也，醉也不知也，死生惊惧不入乎胸中。是故逆物而不慴。彼得权御酒，而犹若是，而况得全于天乎！圣人藏于天，故莫之能伤也。”

醉酒的人从车上掉下来，受到的伤害会比清醒的人轻很多，这是因为醉酒的人心神专注，意志凝聚而不分散，所以面对生死不会惊惧，危险降临也不会惶恐。心神不失守，身体受到的伤害也会减轻。利用醉酒获得暂时的心神保全尚且有此效果，又何况是一直处于神全状态的人呢！这样的人连上天都会庇护着他，没有什么能够伤害到他。

心神圆润无缺如“赤子”，则忧怒惊惧等负面情绪不能进入，即使面对危险，心神也不会被摄夺而失去方寸，这便是《庄子》所说的“神全”。有句俗语叫“苍蝇不叮无缝的蛋”，神全之人，心神完整无损，如封似闭，伤害是找不到缺口来入侵的。同时营魄抱一不离，身心始终如一，则身体也能远离外物侵害。而那些惧怕生死、忧虑安危的“生生”之徒，心神首先就被自己打开了缺口，危险又怎么会不跟随而至呢？

十四、万物最好的状态，是自然（今 51 章）

帛书版：

道生之而德畜之[1]，物形之而器成之[2]，是以万物尊道而贵德。道之尊，德之贵也，夫莫之爵，而恒自然也。道生之、畜之[3]、长之、育之、亭之、毒之、养之、覆之。生而弗有也，为而弗恃也，长而弗宰也，此之谓玄德。

传世版：

道生之，德畜之，物形之，势成之。是以万物莫不尊道而贵德。道之尊，德之贵，夫莫之命而常自然。故道生之，德畜之。长之、育之、亭之、毒之、养之、覆之。生而不有，为而不恃，长而不宰，是谓玄德。

版本重大差异：

①道生之而德畜之：传世版为"道生之，德畜之"，看上去只是把一句话分成了两小句，其实不然。"道生之而德畜之"，可理解为"道生万物而以德来畜养它们"，表示"德"从属于"道"。"道"的特性是"生"，生成万物，进而用"德"来畜养它们，让它们也各自有"德"。如"天得一以清，地得一以宁"，天清地宁即为天地之德。而传世版改为"道生之，德畜之"，"道"与"德"就成了并列关系，对语义影响很大。

②物形之而器成之：传世版为"物形之，势成之"。"物形之而器成之"，表示"器"从属于"物"。"物"的特性是"形"，因此"物"对万物的做法是"形之"，用形来约束、管制它们，进而用"器"来成就它们，让它们也各自成为器物。至于传世版修改的"势成之"，冯友兰认为

是周围环境的培养和限制，让万物最终得以成。张岱年说："物由道而生，由德而育，由已有之物而受形，由环境之情势而铸成。"可既然物经"道生""德畜""物形""势成"最终得成，又为何只尊道贵德，而不尊物贵势？所以此处"势成之"是有问题的。北大汉简本为"热成之"，"热"本字为"爇"，指用火加热与土相关的物体，制作器物之义，因此当为"器成之"。

③道生之、畜之：传世版为"道生之，德畜之"，还是把道、德并列，造成后文"长之、育之、亭之、毒之、养之、覆之"主语模糊，不知道是道还是德。其实主语是道，无论生之还是畜之、长之、育之、亭之、毒之、养之、覆之，都只是道在发挥作用。北大汉简本也为"道生之、畜之"。

直译：

道生成万物，而用德来畜养它们；物塑造万物，而用器来成就它们，所以万物尊崇道而看重德。道的崇高和德的贵重，并不是因为被授予了尊贵的爵位，而是因为从来都让万物得以自然。道生成万物，畜养万物，成长万物，培育万物，安定万物，繁盛万物，保养万物，庇护万物。生成万物而不占有它们，成就万物而不依赖它们，统领万物而不主宰它们，这就是最深远的德。

解读：

"**道生之而德畜之**。"道生成万物，而用德来畜养它们。万物生成，各自从道"得一"而成就其德，所谓"天得一以清，地得一以宁，神得一以灵，谷得一以盈，侯王得一而以为天下正"，这得来的"一"，即为万物之德。为何万物"唯道是从"而有德？因为道以德畜养万物，故万物得之。北大汉简本也为“道生之、畜之”。

“**物形之而器成之**。”“形”，成形、塑形，使成为某种形象。对事物塑形，就需要使用外在的局限，如模具，如刀、斧、锉、锯等，素材经过这些工具的加工，就成了器物。这句话是说，物塑造万物，而用“器”来成就它们。

“物”的特性是“形”，因此“物”对万物的做法是“形之”，用形来约束、塑造它们，进而用“器”来成就它们，让它们也各自成为器物。而“成器”在《道德经》中是不符合自然的，如“朴散则为器”“大器免成”等。

“**是以万物尊道而贵德**。”因此，万物尊崇“道”而看重“德”。为什么不尊崇“物”而看重“器”？因为没有谁愿意被捆扎束缚，被刀劈斧削做成器物，丧失自己的本真之朴。

“**道之尊，德之贵也，夫莫之爵，而恒自然也**。”“爵”本义为“酒器”，因为使用者通常地位很高，故“爵”被借作爵位，表示尊贵。道为什么被尊崇，德为什么被看重，并不是因为被授予了什么尊贵的爵位，而是道从来都让万物得以自然。

“**道生之、畜之、长之、育之、亭之、毒之、养之、覆之**。”“亭”字本义是“供休息用的建筑物”，《说文》：“亭，民所安定也。”人在亭中得以休息，故可使之安定。“亭之”即“使万物安定”。“毒”是“厚、多”的意思，“毒之”即“使万物丰厚、繁多”。“覆”是“覆盖、庇护”的意思。这句话是说，道生成万物，畜养万物，成长万物，培育万物，安定万物，繁盛万物，保养万物，庇护万物。

“**生而弗有也，为而弗恃也，长而弗宰也，此之谓玄德**。”“恃”是“依赖、依靠”的意思，“为而弗恃”通常被理解为“不自恃有能耐”，其实不妥。“弗有”“弗宰”，都是客观描述，唯独“弗恃”变成了主观心理活动，并不妥当，“弗恃”应作“不依赖”讲。“为”是“成就、造就”的意思，第八十一章“圣人无积，既以为人，己愈有”，“为人”是指成就人。成就了万物但是不依赖它们，不依靠它们。也就是说，哪怕我成就了你，你也仍然是独立而自由的，并不对我负有还报恩情的责任。

生成万物而不占有它们，成就万物而不依赖它们，统领万物而不主宰它们，这就是最深远的德。

十五、掌握了道，也就掌握了万物（今 52 章）

帛书版：

天下有始，以为天下母。既得其母，以知其子。既知其子，复守其母，没身不殆。塞其兑，闭其门，终身不堇[①]。启其兑，济其事，终身不救。见小曰明，守柔曰强。用其光，复归其明。毋遗身殃，是谓袭常。

传世版：

天下有始，以为天下母。既得其母，以知其子；既知其子，复守其母，没身不殆。塞其兑，闭其门，终身不勤。开其兑，济其事，终身不救。见小曰明，守柔曰强。用其光，复归其明，无遗身殃，是为习常。

版本重大差异：

①终身不堇：此处帛书甲、乙本均为“终身不堇”。传世版为“终身不勤”，王弼解为“无事永逸”，指终身无事打扰，所以“不勤”。但第四十一章有“上士闻道，堇能行之”的说法，上士是要尽其所能奉行道的，因此下文指出“用其光，复归其明”，表明“塞其兑，闭其门”是为了得其光而用之，并不是为了求无事之安逸。故此处仍取“堇”字“少、不够”之义，“终身不堇”即终身都不会缺少，不会不够用。而“启其兑”“济其事”，是精神外泄逸散的行为，会对自己造成莫大的损耗，所以“终身不救”。

直译：

天下万物都有一个共同的本源，它是造生天下万物的母体。把握了这个本源，就能知道天下万物运作的状态。知道了天下万物的运作状态，再持守住它们的本源，这样终身都不会有危险。塞住那向外视听的孔窍，关闭那向外行走的门户，终身都不会有不足。开启那视听的孔窍，处理那外来的事务，终身都不得救治。能够察见细微的本源，就叫“明”。能持守住这个柔弱的本源，就叫“强”。运用那本源之光，辅助万物复归其明，就不会给自己留下灾殃，是遵循了道的做法。

解读：

“**天下有始，以为天下母**。”天下万物都有一个共同的本源，它是造生天下万物的母体。这个本源，就是“道”。第一章“无名，万物之始也”，第二十五章“有物混成，先天地生。寂呵寥呵，独立而不改，可以为天地母”，说的便是这个“以为天下母”的“道”。

“**既得其母，以知其子**。”“其”，指示代词，相当于“这个、那个”。得到了这个“道”，就能知道天下万物运作的状态。所以第四十七章说“不出于户，以知天下”。何以知天下？“以天下观天下”。不过观天下的前提是“有道”，即“得其母”。

“**既知其子，复守其母，没身不殆**。”知道了天下万物的运作状态，再持守住它们的本源，这样终身都不会有危险。“知其子，守其母”，在第二十八章中得到了最直观的呈现：“知其雄，守其雌”“知其荣，守其辱”“知其白，守其黑”，都是在讲知子守母的道理。为何知子要守母？因为母生子，想要把握子的走向，就必须守住它们的母。

“**塞其兑，闭其门，终身不堇**。”“兑”本义为“交换”，这里指孔窍，如眼、耳、口、鼻，我们通过这些孔窍向外视听，与外界进行信息交换。

“门”为“门户”，我们通过门户外出，“闭其门”，即“不出”而守中之意。“堇”指“不足、不够”。塞住向外视听的孔窍，关闭向外行走的门户，说的正是第四十七章“不出于户”“不窥于牖”，只有这样才可以内守于中，不离于道，故而精神得以保全完满，终身都不会不足。

“启其兑，济其事，终身不救。”“济”指“有益、发挥作用”，“济其事”指对事情有作用，即发挥自己的能力，消耗自己的精神处事、理事之意。开启视听的孔窍而向外追逐，消耗自己的精神而处理事务，那么终身都没有救了。因为精神一直处于耗散的状态，怎么补救都救不回来。

第四十七章说“圣人不行而知，不见而明，弗为而成”。如果要亲身经历才能知道天下的运作，如果要亲眼见到才能明“道”，如果要亲力亲为才能成事，那么终身与“道”无缘。天下领域广阔而不可尽至，天下万物繁多而不可尽知，唯有“无为”才可以无所不能为。

“见小曰明，守柔曰强。”“小”是“细微”的意思，第六十三章说“天下之大作于细”。能从大中见小，从当下查知到本源，叫作“明”。能持守住这个本源，叫作“强”。万事万物初始的本源状态，是“柔”，所以“守柔曰强”。

“用其光，复归其明。”第四十一章说“弱也者，道之用也”，持守柔弱即为用道。运用大道之光，普照万物为“明”，即匡扶万物复归于自然。正如第六十四章所说“辅万物之自然，而弗敢为”，守柔，便是“弗敢为”之道。

“毋遗身殃，是谓袭常。”“常”指规则、规律，“有道”的呈现。“袭”字本义为“重复、重合”，这里指“照样做、承袭”。“袭常”，按照道的规则去做。如此，则不会给自己带来灾殃，因为行为遵循了“道”。

十六、不走正道而得，是谓盗（今53章）

帛书版：

使我挈有知①，行于大道，唯迤是畏②。大道甚夷，民甚好径。朝甚除，田甚芜，仓甚虚。服文采，带利剑，厌食而资财有余。是谓盗竽！非道也哉。

传世版：

使我介然有知，行于大道，唯施是畏。大道甚夷，而民好径。朝甚除，田甚芜，仓甚虚。服文彩，带利剑，厌饮食，财货有余，是为盗夸。非道也哉！

版本重大差异：

①挈有知：帛书甲本为“挈有知”，乙本为“介有知”，传世版为“介然有知”。西汉严遵《道德指归论》解读为“玄圣处士，负达抱通，提聪挈明”，可见正文应是“挈有知”，但已被后人改成了“介然有知”。由于“介然”二字有问题，注家解读各不相同。河上公解“介”为“大”，译为“大有所知”；陈鼓应解“介”为“小”，译为“微有所知”。“挈”字本义为“提、执”，“挈有知”指“掌握了对道的认知”。

②唯迤是畏：传世版为“唯施是畏”。王弼与河上公都把“施”解为“施为”，“唯施是畏”表示不敢有所施为，持守无为之道的意思。而“迤”字本义指“曲折连绵”，用在此处指大道旁延伸出来的曲折小道。“行于大道，唯迤是畏”，表示走大路而畏惧偏邪小路，更契合本章文义。

直译：

假使我对“道”有所认知，那么在奉行大道的时候，害怕的正是曲折延绵的偏邪小路。大道非常平坦，但人们却喜欢走小路。朝堂干干净净无人处理政事，田地荒芜无人耕种劳作，仓库空空荡荡没有存储。穿着精美的华服，带着锋利的宝剑，饱足精致的美食，钱财货物多到用不完。这不是在倡导大家做盗贼吗？多么无道啊！

解读：

“**使我挈有知，行于大道，唯迤是畏**。”“挈”是“提、执”的意思，表示掌握。“迤”是“曲折延续”的意思，表示邪僻。假使我对“道”有所认知，那么在奉行大道的时候，我害怕的就是大道旁岔分出来的曲折延绵的偏僻小路。大道意味着正路，小路意味着邪路，行正道者，唯畏误入邪途。

“**大道甚夷，民甚好径**。”“夷”，平整、平坦。“径”，小路，引申为捷径。正路是非常平坦的，但人们却喜欢走小路，因为他们认为走小路更加便捷，能更快到达目的地，所以社会中常有“走后门”的现象，更是留下了“终南捷径”的成语。

“终南捷径”，讲的是唐代有个叫卢藏用的人，有些才气却一直得不到重用，他费尽心思终于想到了一个办法。当时人们对隐士都非常崇拜，认为他们都是高洁之士。于是卢藏用跑到终南山中修炼，并多方散布消息，让大家都知道他去做隐士了。于是朝廷很快就发下命令，任命他为左拾遗。

“**朝甚除，田甚芜，仓甚虚**。”“除”本义指“宫殿的台阶”，人拾阶而行，每步都离旧登新，故又引申出“去旧更新”之义，作形容词为“干净、整洁”。朝堂干干净净，无人处理政事；田地一片荒芜，无人耕种劳作；仓库空空荡荡，没有存粮储备，这便是人们走小路的结果。一言以蔽之：人人都走捷径，那谁来干正事？

“服文采，带利剑，厌食而资财有余。”“厌”，此处帛书版为“猒”，“猒”同“厌”。《说文解字注》：“猒，饱也，足也。”吃饱了东西，就不再想吃了，故“厌”可引申为厌倦、嫌弃。这里的“厌”即“过于饱足而嫌弃”的意思。

那些走小路的人，穿着纹路精美的锦绣华服，带着锋利的宝剑，饱足精致的美食，钱财货物多到用不完。不理政事而享受高贵的地位，不耕不作而享受精美的饮食，众人皆贫而他资财有余，这不就是盗贼的行径吗？堂而皇之彰显这种行为，不是倡导大家都来做盗贼吗？

“是谓盗竽！非道也哉。”“竽”是一种竹制吹奏乐器，在合奏中有引领众乐的作用。《韩非子·解老》：“竽也者，五声之长者也，故竽先则钟瑟皆随，竽唱则诸乐皆和。今大奸作则俗之民唱，俗之民唱则小盗必和。故‘服文采，带利剑，厌饮食，而货资有馀者，是之谓盗竽矣。’”“盗竽”，指大鸣大放倡导为盗，是强盗头子的表现。这样的做法，是多么的无道啊！

十七、道通为一，贯彻天下（今 54 章）

帛书版：

善建者不拔，善抱者不脱，子孙以祭祀不绝。修之身，其德乃真。修之家，其德有余。修之乡，其德乃长。修之邦，其德乃丰。修之天下，其德乃博。以身观身，以家观家，以乡观乡，以邦观邦，以天下观天下。吾何以知天下之然哉？以此。

传世版：

善建者不拔，善抱者不脱，子孙以祭祀不辍。修之于身，其德乃真；修之于家，其德乃余；修之于乡，其德乃长；修之于国，其德乃丰；修之于天下，其德乃普。故以身观身，以家观家，以乡观乡，以国观国，以天下观天下。吾何以知天下然哉？以此。

版本重大差异：

无。

直译：

善于建树的人，他的建树不会被移除；善于持守的人，他的持守不会被解脱，子子孙孙得以祭祀不绝。把道修持在自身，那么他就具备了真实的德。把道修持在家庭，那么他的德就有余。把道修持在乡里，那么他的德就得以深远。把道修持在国家，那么他的德就得以丰厚。把道修持在天下，那么他的德就得以博大。以道着眼于身，则能察知身的运作状态；着眼于家，则能察知家的运作状态；着眼于乡，则能察知乡的运作状态；着眼于邦，则能察知邦的运作状态；着眼于天下，则能察知天下的运作状态。我是如何知道天下的运作状态是这样呢？就是凭借于此。

解读：

“**善建者不拔，善抱者不脱，子孙以祭祀不绝**。”“建”是“建立、建树”的意思，比如春秋时鲁国大夫叔孙豹称“立德”“立功”“立言”为“三不朽”，是最高的建树。“抱”是“保持、持守”的意思，如第十章说“载营魄抱一，能毋离乎”，第二十二章说“是以圣人执一，以为天下牧”。“抱一”“执一”，都是指牢牢抱持，而不脱离。

善于建树的人，他的建树不会被移除；善于持守的人，他的持守不会被解脱。正因为他的建树不被移除，持守不被解脱，子子孙孙才得以祭祀不绝，因为有依托可以缅怀，而不会被后人遗忘。就像老子、孔子等伟人，在他们的诞辰之日会有民众缅怀祭祀，因为他们的建树至今仍然存在，他们持守的理念至今仍然流传。

“**修之身，其德乃真**。**修之家，其德有余**。”把道修持在自身，那么他就具备了真实的德。把道修持在家庭，那么他的德就有余。德之“真”，德之“余”，其实都只是德不同程度的显现而已，其德为一，并无高下之别。

“**修之乡，其德乃长**。**修之邦，其德乃丰**。**修之天下，其德乃博**。”“长”，本义是指空间或时间的距离大，读“常”音，引申为深远。把道修持在乡里，那么他的德就得以深远；把道修持在国家，那么他的德就得以丰厚；把道修持在天下，那么他的德就得以博大。

“长”德之德，“丰”德之德，“博”德之德，也同样没有高下之分。与“达则兼济天下，穷则独善其身”不同，把道修之于身、乡、家、邦、天下，都是“达”的状态，因为道是通行的，道通即为达。

“**以身观身，以家观家，以乡观乡，以邦观邦，以天下观天下**。”道是通行于身、家、乡、邦、天下的，只看着眼点落在哪里。着眼于身，则能察知身的运作状态；着眼于家，则能察知家的运作状态；着眼于乡，则能察知乡的运作状态；着眼于邦，则能察知邦的运作状态；着眼于天下，则能察知天下的运作状态。

这里与“修身、齐家、治国、平天下”的最大区别，便是从“修之身”一直到“修之天下”，并不是一个节节递进的关系，它们之间是相通的，平等的，一以贯之的，因而才能“以身观身，以家观家，以乡观乡，以邦观邦，以天下观天下”。懂得了治身，也便懂得了治家、治乡、治国、治天下。所以历史上常有道家人物，隐则居于乡野，显则达于九天，犹如神龙一般。

“**吾何以知天下之然哉？以此**。”我是如何知道天下的运作状态呢？就是凭借于此。身、家、乡、邦、天下，道都是一以贯之的。

十八、过于壮盛，必然速亡（今 55 章）

帛书版：

含德之厚者，比于赤子。蜂虿虺蛇弗螫，攫鸟猛兽弗搏。骨弱筋柔而握固，未知牝牡之会而朘怒，精之至也。终日号而不嚘，和之至也。知和曰常，知常曰明，益生曰祥，心使气曰强。物壮即老，谓之不道，不道早已。

传世版：

含德之厚，比于赤子。蜂虿虺蛇不螫，猛兽不据，攫鸟不搏。骨弱筋柔而握固。未知牝牡之合而全作，精之至也。终日号而不嗄，和之至也。知和曰常，知常曰明，益生曰祥，心使气曰强。物壮则老，谓之不道，不道早已。

版本重大差异：

无。

直译：

藏有深厚之德的人，就好像婴儿一样。蛇蝎毒虫不咬刺他，恶鸟猛兽不攻击他。筋骨很柔弱，但是小手却抓握得很牢固。还不知道男女交合之事，生殖器却自然勃起，这是因为精气充盈到了极致。终日号哭，却不会气逆，这是因为身心和顺到了极点。把握了和顺的状态就叫明白道的规律，把握了道的规律就叫作“明”。增益生命叫作妖祥，用心来指使气叫作强妄。事物过于壮盛，就会陷于困顿，这叫不合于道，不合于道就会早早消亡。

解读：

“含德之厚者，比于赤子。”“含”是“藏、包容”的意思。藏有深厚之德的人，就好像婴儿一样。“赤子”指婴儿，婴儿刚生下来的时候是赤色的，故称“赤子”。《汉书》颜师古注：“赤子，言其新生未有眉发，其色赤。”婴儿刚受形出生，离母尚近，其天性尚全，因此老子用来形容德性深厚之人。“含德之厚者”，也就是全性葆真，而守其母（道）的有德之人。

“蜂虿虺蛇弗螫，攫鸟猛兽弗搏。”“虿”，蝎子一类的毒虫；“虺”，传说中的一种毒蛇；“螫”，毒虫或毒蛇咬刺。“攫鸟”，用利爪取物的凶猛之鸟；“搏”，攫取、扑击。对于婴儿，蛇蝎毒虫不咬刺他，恶鸟猛兽不扑击他。

这种现象，王弼的解释是：“赤子无求无欲，不犯众物，故毒虫之物无犯之人也。”河上公的解释是：“赤子不害于物，物亦不害之。”二人都认为赤子无害物之心，外物觉察不到威胁，故而也不伤害赤子。要知道，蜂蝎毒蛇与鸟兽伤人，捕食的可能性很小，更大的可能是自卫。

这种解释，也符合第二十章所说“人之所畏，亦不可以不畏人”。毒虫猛兽是我们所畏惧的，因为会伤害到我们，所以一见到就要驱逐打死。但它们伤害我们，又何尝不是因为畏惧我们呢？蝎有毒针，蛇有毒牙，鸟有利爪，兽有利齿，而人的杀伤手段可比它们多太多了。它们在我们眼中很可怕，想必我们在它们眼中，更可怕。而婴儿有德而无害于物，物能察知其德，也就不会去伤害婴儿。

不过在庄子看来，却不仅仅是婴儿无害这么简单。如果是至德之人，其神全，其性真，则与天地并生，与万物为一。本与万物为一，又如何会受到万物的伤害呢？所以《庄子·达生》说：“圣人藏于天，故物莫之能伤也。”因此“蜂虿虺蛇弗螫，攫鸟猛兽弗搏”，“陵行不避兕虎，入军不被甲兵”。

“**骨弱筋柔而握固**。”婴儿的骨头很柔弱，筋很柔软，但是小手却抓握得很牢固。据科学观测，婴儿在第一个月会经常紧握拳头，其抓握的力量之大，足以承受婴儿的体重，可借此将婴儿提升至空中停留几秒钟。

“**未知牝牡之会而朘怒，精之至也**。”“至”，本义为“到”，引申指完全达到，到了极致。婴儿还不知道男女交合之事，但生殖器却能自然勃起，这是因为精气充盈到了极致。

“**终日号而不嗄，和之至也**。”“嗄”，语未定的样子，这里指声音断续喑哑，便是我们说的“哭到上气不接下气”，谓之气逆。“和”，本义指乐声调和、和谐，这里指和顺的状态。婴儿终日号哭，却不会气逆，声音还是那么的舒畅洪亮，这是因为婴儿的身心状态和顺到了极致。

“和”，很多人理解成“冲和”，其实“冲”并不能造成“和”。所谓阴阳二气“冲”出“和”气，只不过是各自消耗之后的空虚而已，因“虚”而呈现出“和”的状态，并不是另外有个“和气”。这里的“和”，是指相互并行不悖，各行其道而互不冲突，也就是“和顺”。

“**知和曰常，知常曰明**。”“知”，是执掌、把握、主持的意思，如“知县”“知政”“知客”。把握了和顺的状态叫作“常”，因为明白了其中的规律，把握了这种规律就叫作“明”。而万物在和顺状态下才能保持通泰、长久，所以这种状态是常态。达到常态，也就是遵从了“道”，故而称为“明”。

“**益生曰祥**。”《庄子》说：“常因自然而不益生也。”“益生”是指在生命的自然状态之上做出增益，妄图以人力之拙修饰自然之巧，结果只能是越增益越失去，正如庄子所说：“是以火救火，以水救水，名之曰益多。”

第五十章说：“动皆之死地之十有三。夫何故也？以其生生也。”“生生”即为“益生”，“益生”者“动皆之死地”，故而叫“祥”。“祥”指吉凶的征兆，在这里特指凶的征兆，《周书·武顺》：“无道曰祥。”如《淮南子》所说“国有妖祥，不胜善政”；《史记》记载“亳有祥，桑谷共生于朝”，都是指妖异失常的现象。

“**心使气曰强**。”《庄子》说“气也者，虚而待物者也”；“气”为虚无，指代精神，因为精神以恬淡虚无为养。心有所欲，而意有所指，因此“心”为实有。“天下之物生于有，有生于无”，“无”是“有”的根本。而以心使气，用实来指使虚，用有来役使无，用欲念来驱使精神，就好像以臣子命令君王，以末驾驭本一般，属于蛮干强来，所以叫“强”。强妄行事，则必遭灾殃。

“**物壮即老，谓之不道，不道早已**。”“老”是“困乏、衰竭”的意思。“物壮”，壮的是物，是实有，是根本之外的末节，因为根本是虚，是无。舍弃根本而求壮末节，正是失道的表现，会很快消亡。所以，事物过于壮盛，就会陷入困顿，这叫不合于道，不合于道就会早早消亡。

十九、公正无私，天下之至贵（今56章）

帛书版：

知者弗言，言者弗知。塞其兑，闭其门，和其光，同其尘，挫其锐，解其纷，是谓玄同。故不可得而亲，亦不可得而疏。不可得而利，亦不可得而害。不可得而贵，亦不可得而贱。故为天下贵。

传世版：

知者不言，言者不知。塞其兑，闭其门，挫其锐；解其纷，和其光，同其尘，是谓玄同。故不可得而亲，不可得而疏；不可得而利，不可得而害；不可得而贵，不可得而贱，故为天下贵。

版本重大差异：

无。

直译：

对道有所认知的人，不会以言施加于人；以言施加于人的人，对道没有认知。塞住那向外视听的孔窍，关闭那向外行走的门户，收敛那耀眼的光芒而至柔和，放低那崇高的位置而与微尘齐一，挫去那锐利的棱角，解除那纷杂的念头，这就叫深层次的统一。所以，既不会被其偏爱亲近，也不会被其嫌弃疏远；既不会被其格外照顾，也不会被其有意妨害；既不会被其高看，也不会被其轻贱，故而是天下最尊贵的。

解读：

“**知者弗言，言者弗知**。”“言”是声教政令之言，主要目的是影响他人。要么影响他人的思想，比如实施教化，把自己的思想强行灌输给他人；要么影响他人的行为，比如发号施令，把自己的意志强行施加给他人。对道有所认知的人，不会做这种强行施为的事；做这种事的人，对道没有什么认知。

“**塞其兑，闭其门，和其光，同其尘，挫其锐，解其纷**。”“其”，指示代词，相当于那、那些。塞住那向外视听的孔窍，关闭那向外行走的门户，不外出而守中。第四章讲道对万物“挫其锐，解其纷，和其光，同其尘”，而我守中不外施，正是秉持了无为之道，也同样会逐渐收敛自己耀眼的光芒而至柔和，放低自己的位置而与微尘齐一，对外不刺而挫去自己锐利的棱角，对外无事而解除内心纷乱繁杂的念头。

“**是谓玄同**。”这个时候，也就达到了“玄同”的境界。“玄”是“深远、深邃”的意思，“同”是“齐一、统一”的意思，“玄同”是指深远的、高度的统一。在这种深层次统一的状态下，无亲疏之分，无利害之辨，无贵贱之别，甚至无物我之分，庄子所谓“与天地并生，与万物为一”。

“**故不可得而亲，亦不可得而疏**。”“不可得”，指不能达到目的；“不可得而亲”，指不能达到与它亲近的目的。第八十一章说“天道无亲，恒与善人”，道不会有意与人亲近，也不会刻意与人疏远。无论是嘲笑、辱骂它，还是祈求、崇拜它，它永远都在那里，不近也不远，都是一样的态度。因此，有道之人，既不会对人格外亲近，也不会对人刻意疏远。

“**不可得而利，亦不可得而害**。”道，既不会偏袒于人，特意给人开启后门；也不会针对于人，故意对人设置阻碍，它始终都是公正而无私的。因此，有道之人，既不会偏袒于人，对他格外照顾；也不会嫌恶于人，对他有意妨害。

“**不可得而贵，亦不可得而贱**。”以道观天下，万物没有上下之分，没有贵贱之别，所以道不会像人一样，看重贵而尊崇高，贬低贱而嫌弃下。万物在道的眼中，都如桌上均匀分布的尘土一般，是一样的地位。因此，有道之人，既不会对人格外重视，令他高人一等；也不会对人分外轻贱，让他卑下于人。

“**故为天下贵**。”这里的“贵”，主要体现在两方面：

其一，没有任何东西可以与它相交换。古人以物易物，东西等价就可以互相交换，但是这个东西，天下没有任何存在能与它交换。贵贱不能让它发生改变，利害不能让它发生倾斜，亲疏不能让它发生偏移。没有什么可以交换到它，也就意味着它是最贵重的那一个。

其二，因为它无私而公正，坦诚而有信，所以得到了天下人的尊崇。人人听命于它，追随于它，因此它成为天下最贵重的东西。

二十、以正治邦，以奇用兵（今57章）

帛书版：

以正治邦，以奇用兵，以无事取天下。吾何以知其然也哉？夫天下多忌讳，而民弥贫。民多利器，而邦家滋昏。人多智巧，而奇物滋起。法物滋彰[①]，而盗贼多有。是以圣人之言曰：我无为而民自化，我好静而民自正，我无事而民自富，我欲不欲而民自朴。

传世版：

以正治国，以奇用兵，以无事取天下。吾何以知其然哉？以此。天下多忌讳，而民弥贫；民多利器，国家滋昏；人多伎巧，奇物滋起；法令滋彰，盗贼多有。故圣人云："我无为而民自化，我好静而民自正，我无事而民自富，我无欲而民自朴。"

版本重大差异：

①法物滋彰：传世版改为"法令滋彰"。"法物"原指古代帝王用于仪仗、祭祀的器物，明示礼制仪轨所用。"法物"多也就意味着帝王出行、祭祀等礼乐活动多，劳民伤财，所以才会"盗贼多有"。改"法物"为"法令"，原义尽失，还攻讦了法家。河上公注："法物，好物也。珍好之物滋生彰著，则农事废，饥寒并至，而盗贼多有也。"只是从"珍好之物"来理解"法物"，而忽视了其具备的"礼乐宣教"之功用，忽略了其承载的帝王意志之体现，这才是重点。

直译：

用中正之道治理国家，用奇诡之道用兵作战，用无为之道取得天下。我怎么知道是这样的呢？因为天下隐秘的禁忌越多，民众就会越发贫困。民众急功近利，国家就会越发昏乱。民众显智斗巧，则奇诡之物层出不穷。礼乐文教之物繁多，盗贼便会越发猖獗。所以圣人说过这样的话：我不对民众施加自己的意志，民众就会自然化育。我喜好清静，民众就会自行归于正态。我不妄为生事，民众就会自行繁荣富足。我收敛自己的欲望，民众就会自行归于淳朴。

解读：

“**以正治邦，以奇用兵，以无事取天下**。”什么是“以正治邦”？第三十七章说“不辱以情，天地将自正”；第三十九章说“侯王得一而以为天下正”；第四十五章说“清静可以为天下正”，这三个“正”，就是“以正治邦”之正。用中正之道治理国家，而中正之道表现出来，就是“清静”。

“以奇用兵”，“奇”与“正”相对，奇诡莫测之义。中正作为天下之准则，必光明正大以示人，所谓堂堂正正；而奇诡则是要出其不意，藏于不测，行于未知。

为何要用清静来治理国家，而用诡诈来用兵作战？治国，以繁荣民众为宜，而用兵，以杀伤性命为宜。兵器以方便杀伤为上，生活起居中，有棱角易伤人则视为不祥，所以治国与用兵，也是两种完全不同的规制：一个贵左，一个贵右；一个使用吉事礼，一个使用丧事礼，二者使用场景完全相反，故而运用的方略也各自不同。

“以无事取天下”，天下如果动荡，就不容易掌握，因此必以太平无事而取天下。让天下无事，唯无为之道可以胜任。就好像浊水要无扰才能使其澄清，民众要镇之以无名之朴才能使其不染。如第六十三章所说“为无为，事无事，味无味”，天下才得以安定无事。

“**吾何以知其然也哉？夫天下多忌讳，而民弥贫**。”我怎么知道是这样的呢？因为天下如果太多忌讳，民众就会越发贫困。这里的“忌讳”，指的是不能明言的禁忌，如隐藏的规则、讳莫如深的规矩等。

中国一直到春秋早期，法律都是不公开的，法律的知情权与解释权一直掌握在贵族手里。贵族可以随意判决民众，用恐怖与神秘让民众陷入自我约束之中。民众不知踏出哪一步就会触犯法律，如同遭受无形的禁锢，不敢有任何创新、发展，故而贫苦不堪。直到子产执政郑国，把郑国的法律条规一条条铸在鼎上，民众从此才有了知法权。

子产铸刑鼎打破了中国长期以来“刑不可知，则威不可测”的秘密政治传统，由于治国效果良好，别国纷纷效仿，因而受到了一些贵族的猛烈抨击，其中就包括孔子。在晋国也开始铸刑鼎公布法律后，孔子说：“今弃是度也而为刑鼎，民在鼎矣，何以尊贵？贵何业之守？贵贱无序，何以为国？”

孔子认为，民众从此只听从于刑鼎而不听从于贵族，贵族凭什么保持尊贵呢？这是乱了纲常大道，“贵贱无序”，国家就不像个国家了。但是历史车轮是向前的，终究是提倡“以法治国”的法家协助秦始皇统一了中国。并且秦始皇更进一步统一了度量衡、文字、货币等，为中华民族大一统打下坚实的根基。

因此，“忌讳”可理解为隐秘的禁制、管教，少数人掌握的潜规则。而统治者对民众无形的干涉和限制越多，民众就会越贫苦，正如某地的潜规则越多，自身就越难发展。所以，第二十三章说“希言自然”，第十七章说“犹呵，其贵言也”，都是让统治者不要随便发言施令，搅扰百姓，唯有如此百姓才能自作自化，休养生息。

“**民多利器，而邦家滋昏**。”“利器”，指可以快速收效之器，包括“国之利器”也是一样，可以迅速鼎定乾坤，方能称为利器。利器为什么不可轻用，因为利器就好比“撒手锏”，是用来镇压根基的最终手段，一旦使用就相当于动摇了根本，动摇根本就很容易倾覆。

比如利用人与人之间的信任去行欺诈之事，固然可以迅速获利，但却损害了自己立身的根本。国与国之间互相威慑合平共存，先出手固然可以占领先机迅速获利，但却从此失去了和平的根基。快速收效是要付出很大代价的，因此不可轻易动用利器，更不能依赖利器。

如果民众多有利器，就很难压住急功近利之心，欲望深重而又各有快速获利的手段，必然导致歪门邪道横行，争斗作乱不休，国家就会越发昏乱。第十九章说“绝巧弃利”，正是要断绝取巧的心思，而是踏踏实实做事；抛弃投机的手段，而是求实务本。

“**人多智巧，而奇物滋起**。”“智巧”，指的是走捷径抄小路之能。小路曲折而偏僻，是谓偏邪之道。人人显智斗巧，则邪异之事不断，奇巧之物层出不穷。比如社会上各种各样的诈骗手段，层出不穷，防不胜防。

“**法物滋彰，而盗贼多有**。”“法”是统治阶级意志的体现，古时以礼乐治国，用于展示和宣教礼乐制度的特定事物，叫作“法物”，多为帝王仪仗、祭祀所用。“法物”多，也就意味着帝王意志强盛，出行、祭祀等礼乐活动多，劳民伤财。民不得安生，才会“盗贼多有”。

“**是以圣人之言曰：我无为而民自化，我好静而民自正，我无事而民自富，我欲不欲而民自朴**。”“化”，指生长、化育。“正”，指合于中正常态，合于道。所以，圣人说过这样的话：我不对民众施加自己的意志，民众就会自然化育。我喜好清静，民众就会自行归于正态。我不妄为生事，民众就会自行繁荣富足。我收敛自己的欲望，民众就会自行归于淳朴。

二十一、无正，就不能长治久安（今58章）

帛书版：

其政闷闷，其民惇惇。其政察察，其邦夬夬①。祸，福之所倚。福，祸之所伏。孰知其极？其无正也。正复为奇，善复为妖。人之迷也，其日固久矣。是以方而不割，廉而不刺，直而不肆，光而不耀。

传世版：

其政闷闷，其民淳淳；其政察察，其民缺缺。祸兮福之所倚，福兮祸之所伏。孰知其极？其无正。正复为奇，善复为妖，人之迷，其日固久。是以圣人方而不割，廉而不刿，直而不肆，光而不耀。

版本重大差异：

①其邦夬夬：北大汉简本为“其国夬夬”，传世版为“其民缺缺”。“夬夬”，形容分离、断绝的样子。“其邦夬夬”，呈现的是举国上下疏薄不亲、不和不睦的风貌。“夬”字本义指分决、割裂，这里形容人们互相提防对抗，彼此不能相容，国民之间割裂破碎的状态。而改为“其民缺缺”，也就从国家整体的高度，下降到个人层面了。

直译：

政令宽厚，国民就朴实；政令严苛，国家就决裂。灾祸，是幸福的依托之所；幸福，是灾祸的伏藏之处。怎么知道尽头在哪里？因为失去了中正。（人们认为的）中正反而造成了邪僻，（人们认为的）正当反而造成了妖异，人们的迷惑，已经有相当长的时日了。因此端方但不要割伤人，刚正但不要刺伤人，直率但不要任性放肆，光明但不要耀眼夺目。

解读：

“**其政闷闷，其民惇惇**。”“闷闷”，默不作声，浑浑噩噩的样子。“惇”，敦厚、朴实。浑浑噩噩而不明察，代表政令宽厚，不发言不出声而安然无事，正合“希言自然”。民众不被统治者搅扰，故而得以回归自然状态，保持敦厚朴实。

“**其政察察，其邦夬夬**。”“夬夬”，形容分离、断绝的样子，通行本为“缺缺”。高亨说“夬”“缺”均假借为“狭”，“狭”同“狯”，狡诈的意思；蒋锡昌也把“缺缺”解为“机诈的样子”；另有人解为“疏薄诈伪貌”。

“察”，细致深刻地观看。贾谊说：“纤微皆审谓之察。”政治察察，也就意味着统治者监视民众，任何细微处都不放过，对民众的约束已经到了极致。在这种状态下，民众就会想出各种方法来与之对抗，所以人人聪明狡狯。

如《庄子·马蹄》说：“夫马，陆居则食草饮水，喜则交颈相靡，怒则分背相踶。马知已此矣！夫加之以衡扼，齐之以月题，而马知介倪、闉扼、鸷曼、诡衔、窃辔。故马之知而能至盗者，伯乐之罪也。”

马本来没有什么智巧，但伯乐用各种严苛的方法来管理马，给马烙制印记，修剔马鬃，凿削蹄甲，用络头和绊绳来拴连它们，让它们整齐划一；用车衡和颈轭限制它们，让它们服从驾驭。那么马就会侧目怒视，僵着脖子抗拒轭木，暴戾不驯，或诡谲地吐出嘴里的勒口，或偷偷地脱掉头上的马辔。马的智巧发展到与人对抗的程度，不正是伯乐的罪过吗？

人人机诈，各怀智巧，于是人们之间互相提防对抗，彼此不能相容，故而“其邦夬夬”，举国上下呈现的是疏薄不亲、不和不睦的风貌，国民之间是割裂破碎的状态，因为失去了浑然若朴的敦厚民情。

“祸，福之所倚。福，祸之所伏。孰知其极？”“倚”，倚靠、倚托。“伏”，潜伏、潜藏。灾祸，是幸福的依托之所；幸福，是灾祸的伏藏之处。福与祸，就好像钟摆一样，来来回回轮换不休，谁能知道什么时候会停下来？

“其无正也。正复为奇，善复为妖。”这是由于钟摆没有处于一个中正的位置，所以才会摆动转换不休。天下如果失去了中正，也同样会分久必合合久必分；治国如果失去了中正，也同样会衰而后盛盛而后衰，不能长治久安，达不到老子所说“长久、不殆、无尤”的状态。

因此，在一个无正的天下，道不通行，人们就会执“迷”而不能明。如第二十章所说：“唯与呵，其相去几何？美与恶，其相去何若？”人们认为正确并接受的，和人们认为错误并呵斥的，到底有什么差别呢？人们所认为的“正”，坚守下去却造成了“奇”的结果；人们所认为的“善”，持续下去却造成了“妖”的状态。而真正合乎于道可以长久的，却被认为是不合常理的、世所不容的。

“人之迷也，其日固久矣。”人们的执迷已经有很长时间了，并且时间越长观念就越发固化，想要改变已经很难。如《黄帝内经》所说，今时之人“以酒为浆，以妄为常”，“务快其心，逆于生乐”，完全是背道而驰，又哪里还知道什么是“正”呢？

“是以方而不割，廉而不刺，直而不肆，光而不耀。”“方”，指品行端方，为人方正。方正之人，往往会有棱角，容易割伤他人。“廉”，指品行刚正，为人正直。正直之人，往往会有锋芒，容易刺伤他人。要端方，但不要有棱角割伤别人；要刚正，但不要有锋芒刺伤别人。要直率，但不要任性放肆；要光亮，但不要刺目耀眼。而世人理解的方，却是爱憎分明，是非昭昭，殊不知“大方无隅”；世人理解的直，却是无所忌惮，尽情舒展，殊不知“大直若屈”。

二十二、深根固柢，长生久视之道（今 59 章）

帛书版：

治人事天，莫若啬。夫唯啬，是以早服。早服是谓重积德，重积德则无不克，无不克则莫知其极。莫知其极，可以有国。有国之母，可以长久。是谓深根固柢，长生久视之道也。

传世版：

治人事天莫若啬。夫唯啬，是谓早服。早服谓之重积德，重积德则无不克，无不克则莫知其极，莫知其极，可以有国。有国之母，可以长久。是谓深根固柢，长生久视之道。

版本重大差异：

无。

直译：

处理人事，修治身心，没有比爱惜精神不妄为更重要的了。只有爱惜精神不妄为，才能早早地依从于道。早早地依从于道，就叫积德深厚。积德深厚，就没有什么是不能胜任的。没有什么不能胜任，也就不知道他的极限在哪里。不知道他的极限在哪里，就可以保有无穷的领域。能够保有无穷领域的根本，在于有道。有道，于是能得以长久。所以把根本扎得更深，把基础固得更牢，这就是得以长远恒久的方法。

解读：

“**治人事天，莫若啬**。”“人”，人为的，这里指与人相关的事务；“治人”，指处理人事。“事天”，字面意思是“侍奉上天”，然而上天是个虚的概念，这里应当另有实指。

河上公认为“天”作“身”讲，“事天”就是治身。陈鼓应认为，《孟子》讲“存其心，养其性，所以事天也”，与道家养生相通，故“事天”当为养生。《庄子》也指出，“天选子之形”，认为我们的身体由上天赋予。所以，这里的“天”指天然的，由上天赋予我们的身心，“事天”即修治身心，养生之意。

“啬”，本义指收获谷物，收藏好谷物后要仔细保管，于是引申为十分爱惜、不敢浪费。无论是处理人事，还是保养身体，没有比爱惜精神更重要的了。

“**夫唯啬，是以早服**。”“服”，顺从、依从。只有爱惜精神，才能早早地依从于道。因为爱惜精神，所以不妄作而无为，是以从道；因为爱惜精神，所以不外出而守中，是以从道；因为爱惜精神，所以少思而寡欲，是以从道。

“**早服是谓重积德**。”这里的“重”字，陈鼓应解为“多”，读音为“重复”之“重”。而高明解为“深”，读音为“深重”之“重”。这两个读音，一个代表数量多，一个代表程度深。按句义理解，“早”应当对应程度深，而不是数量多。尤其是《道德经》多用“玄”“广”“博”等表示程度的词形容德，因此这里取“深厚”之义。早早地依从于道，这就叫积德深厚。

“**重积德则无不克，无不克则莫知其极**。”“克”，本义是战胜，后引申为能力超强，胜任。积德深重，就没有什么是不能胜任的，没有什么不能胜任，也就不知道他的极限在哪里。道通达于天地，通行于万物，依从于道，便没有什么是不能应对的，所以“莫知其极”。

“**莫知其极，可以有国**。”“有国”，一般理解为“保有国家”。韩非子在《解老》篇中是这样说的：“凡有国而后亡之，有身而后殃之，不可谓能有其国、能保其身。夫能有其国，必能安其社稷；能保其身，必能终其天年；而后可谓能有其国、能保其身矣。”意思是说，如果你有了国家又把它弄亡了，有了身体又把它弄没了，就不能说“有国”“保身”。必然是可以保有国家不灭亡，才能叫“有国”。因此，这里的“有”作“保有”讲。

“国”字最初的字形是“或”，也是“域”的古字，本义指疆域、地域，表示天子统治下广阔、无际的领域，有“普天之下，莫非王土”的意味。后来在“或”字外加上“口”为“國”，则疆土地域有了范围，与“邦”字义同，泛指国家。此处“国”字应取“领域”的意思，而非一般意义上的“国家”。

不能知道他的极限在哪里，就可以保有无穷的领域，无处不通达之意。如《庄子》所说“出六极之外，而游无何有之乡，以处圹埌之野”，指的正是“通达于无穷的领域”。而只有自身达到逍遥无待的有道之境，方可以做到游于无穷。

“**有国之母，可以长久**。”能够保有无穷的领域，其根本在于有道。有道，于是得以长久。

“**是谓深根固柢，长生久视之道也**。”“柢”，树木的直根。“根柢”二字常连用，表示事物的根本、基础。所以，把这个根本扎得更深，把这个基础固得更牢，就是得以长远恒久的方法。

《庄子·大宗师》是这么讲“长生”的：“见独而后能无古今，无古今而后能入于不死不生。”“不死不生”，既不会生长（变化），也不会死亡，意味着独立的永恒存在，也就是“道”。“无古今”，即没有时间感而呈现出恒定的状态，达到这种状态便可以入道，与道处于同一层面而永恒长存。

从字面意思理解，“无古今”，即没有过去和现在的分别，也就意味着从古到今都没有变化。既不曾出生（出生就有“生之前”与“生之后”之分），也不曾生长（有生长即有过去和现在之别），而是一直“独立不改”地存在着。

“独”，首先是独立的意思。如果一个事物不能独立而存，也就谈不上永恒，因为它的存在是有前提的，是要依赖于其他存在而存在的。其次是独一无二的意思。独一：单独的，一体而不可分割的；无二：唯一的，没有其他可与之比拟的。

见到了这个独一无二的存在，也就明白了天地万物一体同根的道理，进而可以与万物为一，与天地并生，进入那无穷无尽的领域，在其中没有古今内外，没有上下远近，没有时间空间，这样才能得长生。很多讲长生的道理，理论依据就在这里。

二十三、治大国若烹小鲜（今60章）

帛书版：

治大国若烹小鲜。以道莅天下，其鬼不神。非其鬼不神也，其神不伤人也。非其神不伤人也，圣人亦弗伤也。夫两不相伤，故德交归焉。

传世版：

治大国若烹小鲜。以道莅天下，其鬼不神。非其鬼不神，其神不伤人；非其神不伤人，圣人亦不伤人。夫两不相伤，故德交归焉。

版本重大差异：

无。

直译：

治理大的国家就好像烹制小鱼一样。用道来治理天下，鬼怪都不再起作用了。不仅鬼怪不再起作用，神灵也不能伤害人了。不仅神灵不能伤害人，圣人也不伤害人了。神灵与圣人都不伤害人，德就会一并回归于人民了。

解读：

“**治大国若烹小鲜**。”韩非子说：“事大众而数摇之，则少成功；藏大器而数徙之，则多败伤；烹小鲜而数挠之，则贼其泽；治大国而数变法，则民苦之。是以有道之君贵静，不重变法。故曰：‘治大国者若烹小鲜。’”

意思是说：役使大众做事，却屡屡让他们发生变动，功效就会很少。收藏大的器物，却总是挪动搬运，器物就容易被毁伤。烹制小鱼却翻来翻去，就会损害小鱼的品质。治理大的国家，法令却总是变来变去，民众就会苦不堪言。所以，有道的君王重视安定，不会多次更改法令。治理大的国家，就好像烹制小鱼一样，不能随意搅扰翻动。

人们做事，尤其是到了很高的层面，做很大的事情时，成事的关键往往不在于领导者做了什么，而恰恰是“不做什么”。

“**以道莅天下，其鬼不神**。”“莅”，临视、治理。“鬼”，鬼怪、鬼神。远在殷商时代，人们就相信日月星辰、风雨雷电、山川河流都有灵魂，均具备降灾降福、佑人害人的能力。这些万物的灵，就是所谓的鬼。墨子认为，除以上山水鬼神外，还有天鬼，有人死而为鬼，它们监视人间一切，能公正地进行赏罚，并具有强大的威力。孔子说“敬鬼神而远之”，墨子因此贬斥儒家“以天为不明，以鬼为不神”，不足以治理天下。

然而天地万物均由道所生，它们真正的主宰其实是道。各自分化出“鬼”来掌管，就好像君王不在位，各州县自立为王一样。当道重新回归，用道来治理天下的时候，鬼怪都不再起作用了，因为正主回归了。

“**非其鬼不神也，其神不伤人也**。”“非”，不只是、不仅。“神”，灵验、有效用。“伤”，伤害。不仅鬼怪不再起作用了，神灵也不能伤害人了。神灵在这里指精神层面的运转，天地之间看不到的永不停歇的运作。神伤害人，并非在于肉体，而在于精神。神破开人的心防而侵入，导致人的精神受损，是谓伤人。以道治理天下，人人胸怀赤子之心，心神凝聚而圆满无缺（神全），神也就不能侵入了。

“**非其神不伤人也，圣人亦弗伤也**。”不仅神灵不能伤人了，圣人也不伤害人。圣人伤害人，在于有为治国，在于政令烦苛，在于累害人民。

而圣人以道治国，则人民得以休养生息，安定繁荣，是谓“不伤人”。

“**夫两不相伤，故德交归焉**。”“两不相伤”，指神灵与圣人都不伤害人民。“相”，表示动作、情况是一方对另一方，是单向的，而不是互相的意思，如相劝、相问。“交”，《小尔雅》：“俱也”；《广韵》：“共也，合也”。神灵与圣人都不伤害人民，那么德就会一并回归于人民了。神灵不伤，则百姓得赤子之德；圣人不伤，则百姓得真朴之德。

二十四、静能制动，雌能胜雄（今61章）

帛书版：

大邦者，下流也，天下之牝，天下之交也[①]。牝恒以静胜牡，为其静也，故宜为下。大邦以下小邦，则取小邦。小邦以下大邦，则取于大邦[②]。故或下以取，或下而取。故大邦者，不过欲兼畜人。小邦者，不过欲入事人。夫皆得其欲，则大者宜为下。

传世版：

大国者下流。天下之交，天下之牝。牝常以静胜牡，以静为下。故大国以下小国，则取小国；小国以下大国，则取大国。故或下以取，或下而取。大国不过欲兼畜人，小国不过欲入事人，夫两者各得其所欲，大者宜为下。

版本重大差异：

①天下之牝，天下之交也：为衔接后文，传世版把这句颠倒了语序，作“天下之交，天下之牝”。第六章：“谷神不死，是谓玄牝。玄牝之门，是谓天地之根。”高明说：“老子将‘牝’喻为‘天下根’，而将自谦似水甘居下流的大国比作‘天下之牝’。依帛书甲、乙本之行文次序，不仅体现出哲理博深，语言明畅，而且经文所论意旨，是针对当时列国诸侯兴兵黩武、大兼小、强凌弱、称雄争霸的东周社会，历史背景非常清楚。今本文次倒误，旧注多失老子本义。”因为是“天下之牝”，然后才有天下万物归往于此，也就是“天下之交”，所以语序不能改。

②则取于大邦：传世版是“则取大国”，少了个“于”字，对象之

间的关系便反了。小邦取于大邦，是说小邦被大邦兼畜，而小国取大国，就说不通了。

直译：

大的国家，像水一样往下行，成为兼畜天下的溪谷，万物都归往这里。雌性总是用安静来降伏雄性，因为安静，所以适宜处于下位。大的国家用谦下的态度对待小的国家，就能收服小的国家。小的国家用谦下的态度对待大的国家，就能被大的国家所容纳。所以大的国家，不过是想兼并畜养小的国家；小的国家，不过是想被大的国家所容纳。双方都能得偿所愿，大的国家尤其应该处下。

解读：

“**大邦者，下流也**。”“流”，《说文》：“水行也。”水的移动总是往下的，所以叫“下流”。大的国家，像水一样往下行，总是居于低下的位置。

“**天下之牝，天下之交也**。”“牝”本指雌性，这里指溪谷，《大戴礼记·本命》：“溪谷为牝。”“谷”在《道德经》中具有特殊的意义，第六章说：“谷神不死，是谓玄牝。玄牝之门，是谓天地之根。”老子把“谷”称为“牝”，因为二者都具备造生之能，有“母”的属性。大国下流，就像水下流而形成溪谷一样，成为畜养天下万民的母体，万物天性亲近其母，都会往母的位置汇聚，所以“天下之牝，天下之交也”。

“**牝恒以静胜牡，为其静也，故宜为下**。”“牝”，指雌性；“牡”，指雄性。雌性总是以安静来降服雄性。求偶，大多是雄性主动；交配，也大多是雄性主动。雌性安安静静的，就把雄性收服了。因为安静，所以在雌雄交往过程中，雌性是雌伏于下的。因此，作为“天下之牝”、天下之母的大国，应该处下。

“**大邦以下小邦，则取小邦**。”大的国家用处下的方式来对待小的国家，就能收服小的国家。第六十六章说：“是以圣人之欲上民也，必以其言下之。”“言下之”即“处下”的方式之一。

“**小邦以下大邦，则取于大邦**。”小的国家用处下的方式对待大的国家，则能被大的国家所容纳。

为什么大的国家和小的国家都要往下行？因为大国作为“天下之牝”，作为天下之溪谷，作为天下之母，只有居下才能容纳万物。而小国要想寻找自己的“母”，得到“母”的庇护，也需要往下去寻找。

“**故或下以取，或下而取**。”所以大的国家要想收服小的国家，就要居下守静而为天下溪，而为天下谷；小的国家要想被大的国家所容纳，就要往下行而守其根，守其母。大国小国相交于下流。

“**故大邦者，不过欲兼畜人。小邦者，不过欲入事人**。”大的国家，不过是想兼容并蓄小的国家；小的国家，不过是想被大的国家所容纳。一个是想做天下之母，一个是想得到母的庇护。

“**夫皆得其欲，则大者宜为下**。”双方都能得偿所愿，那么大的国家尤其应该处下。因为大的国家处下，安静地处于母的位置，则万物自然会纷纷而至，小国自然会纷纷来归，双方各得其所愿。这便是第二十八章所说“知其雄，守其雌，为天下溪”，“知其荣，守其辱，为天下谷”的道理。

二十五、有道，比有礼更重要（今 62 章）

帛书版：

道者，万物之注也[①]，善人之宝也，不善人之所保也。美言可以市，尊行可以贺人[②]。人之不善也，何弃之有。故立天子，置三卿，虽有拱之璧以先驷马，不若坐而进此。古之所以贵此者何也？不谓求以得，有罪以免与？故为天下贵。

传世版：

道者万物之奥，善人之宝，不善人之所保。美言可以市，尊行可以加人。人之不善，何弃之有！故立天子，置三公，虽有拱璧以先驷马，不如坐进此道。古之所以贵此道者何？不曰以求得，有罪以免邪？故为天下贵。

版本重大差异：

①万物之注也：传世版为“万物之奥”。河上公注：“奥，藏也。”王弼注：“奥，犹暖也。可得庇荫之辞。”帛书甲、乙本均为“注”，有人认为与“主”相通，但第三十四章说“万物归焉而弗为主”，这里又说道为“万物之主”，明显前后矛盾。“注”，指聚集、凝聚，水往一处行。万物归往于道，其实也正是“注”字意象，并且与上一章“大邦者，下流也，天下之牝，天下之交也”文义相合。北大汉简本为“椲”字形，有学者认为通“歸（归）”字，“万物之归”与“万物之注”义同。

②尊行可以贺人：传世版为“尊行可以加人”。王弼注：“尊行之则千里之外应之，故曰，可以加于人也。”“尊行”，表达尊重的行为，指礼。帛书甲、乙本，北大汉简本均为“尊行可以贺人”。《说文》：“贺，

以礼相奉庆也。”后文“拱之璧以先驷马”，即庆贺之礼，是谓尊行。在老子看来，美言、尊行都属于“不善”的行为。美言不善，在于“信言不美，美言不信”；尊行不善，在于“夫礼者，忠信之薄也，而乱之首也”，所以老子才说“不若坐而进此”。

直译：

道，是天地万物的共同归属，是有道者视为珍宝的东西，也是无道者得以保全自身的东西。嘉美的言辞可以用来做交易，尊贵的礼仪可以用来庆贺他人。这样做的人虽然无道，但又何必放弃他们呢。所以，立位天子，设置三卿，即使用拱璧在先、驷马在后这样的隆重礼仪，也还不如坐下来进献道。古时候为什么如此看重道呢？不正是说有求于它，就能得到；有了罪过，可以得免吗？所以它是天下最为尊贵的。

解读：

“**道者，万物之注也**。”“注”，聚集、凝聚，水往一处行。第三十四章说“万物归焉而弗为主”，即天地万物聚集归往于道，道是天地万物共同的归属。

“**善人之宝也，不善人之所保也**。”“宝”，珍贵的东西。“保”，保护、护养。道是有道之人视为珍宝的东西，也是无道之人得以保全自身的东西。第二十七章说“圣人恒善救人，而无弃人，物无弃材”，圣人以道治理天下，则不善人得救而不会被抛弃。所以不善人因为道而得以保全自身，即“不善人之所保也”。

比如有人犯了严重的错误，我们开玩笑说：“如果放在古代你早被斩立决了！”这就是当下比古代有道的表现，正因为当下有道，所以这个犯错的人没有被斩杀，而得以保全自身。

“**美言可以市**。”“美言”，经过修饰的嘉美之辞。“市”，做买卖、交换。王弼注：“美言之则可以夺众货之贾，故曰，美言可以市也。”河上公注：“美言者，独可于市耳。”陈鼓应：“嘉美的言辞可以用作社交。”他们都对“美言”的行为表示认可，认为会说话的人可以纵横生意场、社交圈。

但老子却说“信言不美，美言不信”，认为“美言”属于不善的行为。只是嘉美之言可以用来交换自己想要的东西，比如想升职就对领导美言，想成交就对客户美言，想求偶就对对象美言，付出少而功效大，所以从者众多。能怪美言者虚伪不善吗？并不能。有人喜欢，才会有人投其所好，是社会风气使然。

“**尊行可以贺人**。”“尊行”，显示尊贵的隆重礼仪。“贺”，《说文》：“以礼相奉庆也。”后文“拱之璧以先驷马”，即庆贺“立天子，置三卿”之礼，是谓“尊行”。但老子却说“夫礼者，忠信之薄也，而乱之首也”，认为“尊行”也属于不善的行为。但不懂得“尊行”的人，在社会中却往往寸步难行，所以能怪尊行者虚伪不善吗？并不能，同样是社会风气使然。

“**人之不善也，何弃之有**。”这些说出“美言”，做出“尊行”的人，虽然不善，也不至于被抛弃，因为社会认可“美言”“尊行”，他们也只是身不由己顺从流俗而已。

“**故立天子，置三卿，虽有拱之璧以先驷马，不若坐而进此**。”古人立位天子，设置三卿，都会有崇高的礼仪。进奉玉璧在先，驾驭驷马在后，庄严隆重。但举行这样的礼仪来庆贺，还不如坐下来进献道。因为在老子看来，有道比有礼更加重要。

“**古之所以贵此者何也？不谓求以得，有罪以免与？**”“古”，指众人口口相传的久远时代，只存在于传说中已难以追述，比“昔”所代表的大洪荒时代更加遥远。在道家经典中，常以“古之人”来指代有道之人，如《庄子·缮性》所说“古之人，在混芒之中，与一世而得淡漠焉”;《素问·上古天真论》所说“余闻上古之人，春秋皆度百岁，而动作不衰”。可见“古”是传说中有道的时代，或可称为上一个文明周期。

那么古时候为什么如此看重道呢？不正是说有求于它，就能得到；有了罪过，可以得免吗？在道的面前，遵道奉道的人，求而能得；背道弃道的人，有罪得免。

我们任何时候求道，它都在那里，只要遵从于它，就会得到回馈，这叫“求以得”。我们不论犯了多大的错误，有多大的罪过，道也不会把我们拒之门外，这叫“有罪以免”。道不因人而异，能容而又至公，所以是天下最为尊贵的。

“**故为天下贵**。”所以它成为天下最尊贵的，被天下人所尊崇。

二十六、要成大事，先做小事（今 63 章）

帛书版：

为无为，事无事，味无味。大小，多少，报怨以德。图难乎其易也，为大乎其细也。天下之难作于易，天下之大作于细。是以圣人终不为大，故能成其大。夫轻诺必寡信，多易必多难。是以圣人犹难之，故终于无难。

传世版：

为无为，事无事，味无味。大小多少，报怨以德。图难于其易，为大于其细。天下难事必作于易，天下大事必作于细，是以圣人终不为大，故能成其大。夫轻诺必寡信，多易必多难，是以圣人犹难之。故终无难矣。

版本重大差异：

无。

直译：

用“无为”来作为，用“无事”来处事，用“无味”来调味。如此，大的问题会变小，多的祸乱会变少，深厚之德可以平息怨恨。谋划艰难的事情，要从容易的地方着手；成就大的功业，要从小的地方做起。天下的难事都产生于容易的事；天下的大事都兴起于细微的事。因此圣人从来不追求做大的事情，故而最终能做成大的事情。轻易地许下承诺，必然很少能做到守信；经常用轻忽的态度去处理事情，必然会碰到很多困难。圣人做事总是踌躇谨慎，好像面对很难的事情一样，所以最终不会遇到困难。

解读：

“**为无为，事无事，味无味**。”用“无为”来作为，用“无事”来处事，用“无味”来调味。“无为”的方式，是不施加自己的主观意志，不强行有所作为，而让天下得以自行化育，自我生发。“无事”的方式，是不滋事而以安稳为宜，不搅扰而以安静为宜，而让天下得以太平无事。“无味”的方式，是处于淡然，安于清静，而天下得以清静淡然。

“**大小，多少，报怨以德**。”持守着道，用无为来作为，用无事来处事，那么大的问题就会变小，多的祸乱就会变少。以清静无为之道来治理国家，国家也会和平安宁。正如清水可以稀释污浊而除之，淡味可以消解厚味而平之，深厚之德可以平息怨恨而散之。

“报”字本义是制服、判决罪人，治罪的意思。就像治病是为了消除疾病一样，治罪也是为了消除罪恶，所以“报怨”应指制裁、消除怨恨，而不是回报怨恨。制裁怨恨令其消散，最有效的方式是“德”，也就是上文的“无为”“无事”“无味”，而不是“和”。“和大怨”则“必有余怨”，唯有厚德可以彻底消除怨恨。

此处“大小，多少”的释义，历来争议较多，目前主流解释是“大生于小，多起于少”，与后文语义重复不说，还与上下文脱节，互不关联。陈鼓应认为下文的“报怨以德”属于错文，当移出此章。另有学者认为“大小，多少”文本有误，无法作准确解释。其实郭店楚简本原文是“大小之”，直译为“让大的问题变小（事无事）”，如此上下文皆通了。

“**图难乎其易也，为大乎其细也**。”“图”，谋划、谋求。“为”，做、干。谋划艰难的事情，就要从容易的地方着手；成就大的功业，就要从细微的地方做起。

“天下之难作于易，天下之大作于细。”“作”，产生、兴起。天下的难事都产生于容易的事；天下的大事都兴起于细微的事。万事万物，都有其本源存在，只要把握住那个本源，就可以对事物达到全然的掌握。比如“静为躁君”，则静可生躁，也可制躁；“重为轻根”，则重可生轻，也可制轻。因此，“小”可演化为“大”，也可用“小（无为）”来消除“大”；“少”可成长为“多”，也可用“少（无事）”来消解“多”。

“是以圣人终不为大，故能成其大。”圣人从来不追求做大的事情，而是从小的事情做起，因而最终能做成大的事情。如果等小事变大了才肯有所行动，等易事变难了才去有所作为，那就很容易失败了。

“夫轻诺必寡信，多易必多难。”轻易地许下承诺，必然很少能做到守信，因为从少积累到多了。把什么事情都看得很容易，用轻忽的态度去处理，必然经常会碰到困难，因为从易演化成难了。

“是以圣人犹难之，故终于无难。”“犹”，形容谨慎、踌躇疑惧的样子。“难”，为难。圣人做事总是踌躇谨慎，好像面对很难的事情一样，因此最终不会遇到困难。这种状态在第十五章也有描述，“豫呵其若冬涉水，犹呵其若畏四邻”，总是很谨慎小心地去做事，最终才不会失败。

圣人为何可以做到谨慎从事，为何可以在事情还很小的时候就进行治理，而不会放任其坐大？正是因为圣人始终用非常慎重的态度来对待问题，而不敢掉以轻心，不敢轻忽大意。好像总是把事情看得很难，最终才会“无难”。

二十七、事成于惕，而败于忽（今 64 章）

帛书版：

其安也，易持也。其未兆也，易谋也。其脆也，易破也。其微也，易散也。为之于其未有也，治之于其未乱也。合抱之木，生于毫末。九层之台，作于蠃土①。百仞之高，始于足下②。为之者败之，执之者失之。是以圣人无为也，故无败也；无执也，故无失也。民之从事也，恒于其成而败之③。故慎终若始，则无败事矣。是以圣人欲不欲，而不贵难得之货。学不学，而复众人之所过。能辅万物之自然，而弗敢为。

传世版：

其安易持，其未兆易谋，其脆易泮，其微易散。为之于未有，治之于未乱。合抱之木，生于毫末；九层之台，起于累土；千里之行，始于足下。为者败之，执者失之。是以圣人无为，故无败；无执，故无失。民之从事，常于几成而败之。慎终如始，则无败事。是以圣人欲不欲，不贵难得之货。学不学，复众人之所过。以辅万物之自然，而不敢为。

版本重大差异：

①九层之台，作于蠃土：传世版把“蠃”改成了“累”。“蠃”是贫弱、低下的意思，而“累”是重叠、堆积的意思，两字意义相差甚远。古时筑高台常用于皇家建筑，体现地位的尊贵，此处强调贵高之台兴作于卑弱（蠃）之土，体现的是“贵以贱为本”的思想，而不是说累土成

台，积土成高。

②百仞之高，始于足下：传世版为“千里之行，始于足下”。一个讲的是高低，一个讲的是远近，看似无差其实不然。“百仞之高，始于足下”说的是“高以下为基”的道理；而“千里之行，始于足下”说的却是“小积累成大”的道理。因此后人又延伸出“不积跬步，无以至千里”这样的劝进励志之说，与《道德经》要义毫无关联，甚至完全相悖。《道德经》从来都是讲“小生大”，而不是小积累成大。“合抱之木，生于毫末”，说的是大树生发于微小的树种，而不是说微小的树种积累成大树。生是繁育，从无到有；而积累是堆积，从有到多。

③恒于其成而败之：传世版为“常于几成而败之”。高明说“几”“其”二字通假，但是“其成”和“几成”强调的重点还是有所不同的。“几成”强调的是事情还没做成，而“其成”强调的是事情处在“成”的那个阶段，或接近于成，或已经做成。人们在做事之初戒惧谨慎，快要成事的时候却玩忽懈怠，于是失败；成事之后持盈而溢，持满而损，于是失败。

直译：

状态安稳，就容易把持。迹象未显，就容易谋划。脆弱的时候，就容易破开。细小的时候，就容易消散。在事情还没有发生时开始行动，在局势还没有混乱时着手治理。环抱的大树，生发于微小的种子。九层的高台，兴作于卑弱的薄土。百仞的高度，起始于脚踩的下方。强行施为，就会失败；强行掌控，就会失去。圣人不强行施为，因此不会失败；不强行掌控，因此不会失去。人们做事情，总是败在事成的阶段。因此，对待事情的终结，也能像对待事情的开始一样谨慎，就不会有失败的事了。所以圣人以“不欲”作为自己想要的状态，而不会看重难得的财货；

以“不学”作为自己所学，而让众人从偏斜复归于正态。能辅助万物回归于自然的状态，而不敢妄自作为。

解读：

“**其安也，易持也**。”“持”，把持、掌管。事物在安稳的时候，就容易把持。因为万物安稳时都会呈现出常态，其中有规律性可以把握。但如果强行加入主观人为的影响，就会扰乱它们的常态，变得混乱而无从把握。有一个现象叫“矫枉必过正”，人为的因素一旦强行干扰自然规律，结果往往会很难把握，这就是“执之者失之”，越想要掌控，反而越会失控。所以，不要搅扰万物的常态，而是让它们保持自然，这就需要“无为”而治。

“**其未兆也，易谋也**。”“兆”，起始、发端。事物在迹象还没有显露的时候，就容易谋划。如果事物的常态不被搅扰，从而把握住事物发展的规律，就能提前进行谋划和应对。第二十章说“我泊焉未兆，若婴儿未咳”，在婴儿的主观之心还没有开启时，就很容易辅助纠正他，而等到他萌发了私心，开启了智巧，也就难以把握了。因此老子说：“民之难治也，以其智也。”

“**其脆也，易破也**。**其微也，易散也**。”“脆”，脆弱、柔脆。“微”，细小。事物在脆弱的时候，就容易破开；事情在细小的时候，就容易消散。比如“朴”是很容易消散的，从淳朴到狡诈，几乎没有任何难度，然而“朴散则为器”之后，再想“复归于朴”就非常困难了。因此，有了问题一定要提前谋划，尽早治理。

“**为之于其未有也，治之于其未乱也**。”要在事情还没有发生的时候，就开始有所行动；要在局势还没有发展到混乱的时候，就着手治理。

“**合抱之木，生于毫末**。**九层之台，作于羸土**。”“羸土”，贫弱瘠薄之土，形容土之卑弱低下。环抱的大树，生发于微小的种子。九层的高台，兴作于卑弱的薄土。河上公注："从卑立高。"《道德经》中贵、高往往合用，如"侯王毋已贵以高"。此处重点强调的是"九层之台"的尊贵，与卑相对，说的正是"贵以贱为本"的道理。

"高台"在古代多用于皇家宫苑，筑高台能使人感到庄严、尊贵，利于俯视。中国古代的台地建筑均建在庄严而又威仪的高台之上，由于当时建筑材料的限制，多用土来做高台。一些庄重的仪式也会在高台上举行，如"筑台拜将"。

"**百仞之高，始于足下**。""九层之台"，主要体现的是尊贵，而不是高度，这里的"百仞之高"，强调的才是高度。八尺为仞，"百仞"形容极高。"足下"，脚的下面、脚底下。百仞的高度，起始于脚踩的下方。说的正是"高以下为基"的道理。

"**为之者败之，执之者失之**。""执"，本义指拘捕、抓捕，这里指强力抓取、强行掌控。第二十九章说："天下神器也，非可为者也。为者败之，执者失之。"因为天下已经发展得非常庞大、完善，有自己的运转规律，此时如果强行施为，就会失败；强行掌控，就会失去。因此，当事物已经壮大的时候再去施为，必然会失败；已经强盛的时候再去强取，必然会失去。

"**是以圣人无为也，故无败也；无执也，故无失也**。"这里的"无为"有两层意思：其一，不为大，大事不可为；其二，为"无"。物起于无形，事起于未兆，无形未兆的时候就很容易"为"。"无执"，也是同样的道理。圣人持守无为，因此不会失败；持守无执，因此不会失去。

"**民之从事也，恒于其成而败之**。""其成"是指事情处在"成"的阶段，或接近于成，或已经做成。人们在做事之初小心谨慎，将要成事时却松懈大意，于是失败；成事之后又不知收敛约束，于是失败。我们很重视“成功学”，但“成功”之后呢？往往缺乏关注，好像成功后就可以为所欲为了。因此老子说“金玉盈室，莫之守也。贵富而骄，自遗咎也”，人们做事情，败在事成的阶段不在少数。

“**故慎终若始，则无败事矣**。”对待事情的终结，也能像对待事情的开始一样，用谨慎的态度去对待，就不会有失败的事了。

我们刚开始做事时，都是非常谨慎小心的，因为“其脆易泮，其微易散”，就像怀抱婴儿一样，必须小心呵护。但事情做成了，或将要做成时，心态往往会发生变化，失去了“豫呵其若冬涉水，犹呵其若畏四邻”的戒惕之心，而导致失败。这就是为什么人们常说“行百里者半九十”。

其实，越到事情快要完成的阶段，才越是要小心翼翼，如履薄冰一般谨慎。因为事情起始的时候，是很容易有所作为的，而越成长壮大，就越发难以作为，甚至“为者败之”。但人们在这个阶段反而更容易放松警惕，因此“民之从事也，恒于其成而败之”。

“**是以圣人欲不欲，而不贵难得之货。学不学，而复众人之所过**。”圣人把“不欲”作为自己想要的，而不会看重难得的财货；把“不学”作为自己所学的，而让众人从偏斜的状态复归于正态。

世人皆嗜欲而重财货，圣人不欲，不重难得之货，于是可以平复众人的深重欲望。众人皆志于学而日益，圣人不学而日损，于是可以调整众人回归本初。这就好像用淡味来调和厚味，则厚味复归于平淡；用无事来平复躁动，则天下复归于安宁；用无为来消解妄为，则天下复归于清静。

欲，是向外追求；学，是向外探寻。人们向外行进，最容易忘却初心，找不到出发的本源之地，而迷失在茫茫无穷之域。杨朱看到歧路之外又有歧路，不由失声痛哭，哭世人走入茫茫歧路，又如何能寻到归途。所以，圣人不欲而不学，保有本始的朴素与初心，以自身为路标，故能引导万物找到归家的路。

“**能辅万物之自然，而弗敢为**。”于是能辅助万物回归于自然的状态，而不敢妄自作为。

二十八、幸福人生，不需要聪明（今 65 章）

帛书版：

故曰：为道者非以明民也，将以愚之也。民之难治也，以其智也。故以智治邦，邦之贼也，以不智治邦，邦之德也。恒知此两者，亦稽式也。恒知稽式，此谓玄德。玄德深矣，远矣，与物反矣，乃至大顺。

传世版：

古之善为道者，非以明民，将以愚之。民之难治，以其智多。故以智治国，国之贼；不以智治国，国之福。知此两者，亦稽式。常知稽式，是谓玄德。玄德深矣，远矣，与物反矣，然后乃至大顺。

版本重大差异：

无。

直译：

所以说，用道治理国家的君王，不会让民众开启机心，而是让他们处于浑然不觉的无知状态。民众之所以难以治理，是因为他们智巧太多。因此，用智巧机心来治理国家，是国家的灾祸，用愚人之心来治理国家，是国家的福德。深刻地认知这两者，也就知道了治国的法则。持久地贯彻这个法则，就是最深远的德。最深远的德，深不可测而又广远长久，与万物的欲求是相反的方向，这样才能平复它们的偏差，辅助它们归顺于道。

解读：

“**故曰：为道者非以明民也，将以愚之也**。”《道德经》中的“明”，多用来形容通达于道的状态，但此处“明”与“智”同义，表示令民众开启机心产生智巧。智巧的产生，就好像在混沌中开启了七窍，从浑然不知中清醒过来，所以称之为“明”。

“混沌开七窍”的故事出自《庄子》。“南海之帝为倏，北海之帝为忽，中央之帝为混沌。倏与忽时相与遇于混沌之地，混沌待之甚善。倏与忽谋报混沌之德，曰：‘人皆有七窍，以视、听、食、息，此独无有，尝试凿之。’日凿一窍，七日而混沌死。”

文中的“混沌”，是一种与天地万物为一的状态，浑然不觉而不辨贤愚、不论是非、不分高下，即老子所说的“愚人之心”，所以才会位居“中央之帝”，有守中以接纳四方之义。但前来作客的南海、北海之帝却觉得这种状态过于愚昧，要给他开启心智，于是“一日开一窍，七日而混沌死”。因为开启了耳目视听，就会开始分辨是非高下，区分贤愚贵贱，其“愚人之心”也就死了，混沌也就不复存在了。

“为道者”，以道行事者，在这里指用道治理国家的君王。这样的君王，不会是明察秋毫之明君，因为那会让民众失去纯朴；也不会是善于驱策百姓之智君，因为那会让民众开启智巧。所以，用道治理国家的君王，不会让民众开启智巧，而是让他们处于浑然不觉的无知状态。

这里的“无知”并非贬义，而是如第三章所说“恒使民无知无欲也”，是民众在天下大治的状态下，在自然舒适中呈现出来的忘我状态。只有在民众生活极为和谐时，才会内在充实而欲望寡淡，才会复归于纯朴、天真，才有可能达到这种“无知”的状态。

庄子在《达生》篇中说：“忘足，履之适也；忘腰，带之适也；知忘是非，心之适也。”鞋子舒服你会忘记（感受不到）自己的脚，腰带舒服你会忘记（感受不到）自己的腰，心里舒服你就会忘记（感受不到）是非。脚没有了，腰没有了，自身没有了，这不就是“物我不分”的如一吗？是非遗忘了，没有是非了，这不就是“是非不分”的无知吗？

“**民之难治也，以其智也**。”民众如果个个聪明狡狯，就很难治理了，因为他们的机心已经被开启，懂得用智巧行事，用各种手段与统治者对抗，这时统治者也就很难达到“御民”的目的了。本来使用智巧的手段是为了更好地统御民众，结果反而失去了对民众的统御，这就叫“执之者失之”。

“**故以智治邦，邦之贼也，以不智治邦，邦之德也**。”为什么民众的机心会被开启？是因为统治者使用智巧来治理国家。因此，使用智巧机心来治理国家，是国家的灾祸，用愚人之心来治理国家，是国家的福德。

《庄子·马蹄》中说：马高兴时颈交颈相互摩擦，生气时背对背相互踢撞，马的智巧就只是这样了。等到后来把车架加在它身上，把笼头戴在它头上，马就会侧目怒视，僵着脖子抗拒，暴戾不驯，或诡谲地吐出嘴里的勒口，或偷偷地脱掉头上的马辔。马的智巧竟能使它表现出与人对抗的态度，这完全是伯乐的罪过。

马为什么从简单朴实变得暴戾诡谲？是因为有伯乐，他声称自己善于管理马，用烧红的铁器灼炙马毛，用剪刀修剃马鬃，凿削马蹄甲，烙制马印记，用笼头和绊绳来拴连它们，用马槽和马床来编排它们。为了让它们接受驱驰，就饿了不给吃的，渴了不给喝的；为了让它们的步伐整齐划一，就用马口横木和马络限制它们，用皮鞭和竹条威逼它们。种种的智巧手段管理着马，结果马就变得越来越聪明，越来越暴戾，越来越难以管理。

“**恒知此两者，亦稽式也。恒知稽式，此谓玄德**。”“此两者”，指

“故以智治邦，邦之贼也，以不智治邦，邦之德也”这两条范式。“稽式”，准则、法式。深刻地认知这两者，也就是知道了治国的法则。持久地贯彻这个法则，就是最深远的德。

“**玄德深矣，远矣，与物反矣，乃至大顺**。”最深远的德，深不可测而又广远长久，与万物的欲求呈相反的方向，这样才能平复它们的偏差，辅助它们复归于自然，归顺于道。第二十九章说“去甚，去泰，去奢”，第六十四章说“辅万物之自然”，最终目的都是“乃至大顺”。

二十九、不争，才是最上乘的争（今 66 章）

帛书版：

江海之所以能为百谷王者，以其善下之，是以能为百谷王。是以圣人之欲上民也[①]，必以其言下之，其欲先民也，必以其身后之。故居前而民弗害也，居上而民弗重也，天下乐推而弗厌也。非以其无争与？故天下莫能与争。

传世版：

江海所以能为百谷王者，以其善下之，故能为百谷王。是以欲上民，必以言下之；欲先民，必以身后之。是以圣人处上而民不重，处前而民不害，是以天下乐推而不厌。以其不争，故天下莫能与之争。

版本重大差异：

①是以圣人之欲上民也：传世版把“圣人”二字移到了下一句，好像圣人见不得“欲”字。其实《道德经》从来都不反对“有欲”，“无欲”和“有欲”，就像“母”与“子”、“静”与“动”的关系一样，两者各有所用，一个都不能少。

直译：

江海之所以能成为天下水流的归往之处，是因为它妥善地处在低下的位置，所以能成为天下水流的归往之处。因此圣人想要处于民众之上，就必须在言语上处下；想要处于民众之前，就必须在地位上处后。所以圣人处在民众的前面，但民众不会认为受到妨害；圣人处在民众的上面，但民众不会认为受到负累。天下人都乐于推戴他，而不会厌弃他。不正是因为他不与人争吗？所以天下没有谁可以与他相争。

解读：

“江海之所以能为百谷王者，以其善下之，是以能为百谷王。”“谷”，山间的水流。“王”，《说文》：“天下所归往也。”“善”，高明的、妥善的，有道才能达到这种状态。“善下之”，妥善地处在下方。处在低下的位置而又能安静淡然，这才叫妥善，正是有道的表现。江海之所以能成为天下水流的归往之处，是因为它安然处在低下的位置，所以能成为天下水流的归往之处。

“是以圣人之欲上民也，必以其言下之。”“上”，处在上面，表示尊贵。“下”，处在下面，表示谦卑。如第四十二章说“人之所恶，唯孤、寡、不谷，而王公以自名也”，王公称孤道寡正是在言语上处下的表现，表示自己以贱为本，不敢忘本。所以圣人想要处在民众之上，成为他们的官长，就必须在言语上处于他们之下，这样才能得到民众的拥护和爱戴。

“其欲先民也，必以其身后之。”“先”，处在前面，成为领导者。“身”，自身，代指身份地位。圣人想要处在民众的前面，成为他们的领导，就必须把自身的地位放在他们的后面，以民众的需求为先，以民众的利益为重，而把自身放在最后，这样才能得到民众的追随。

“故居前而民弗害也，居上而民弗重也。”“害”，妨碍、侵害。“重”，累。所以圣人处在民众的前面，但民众不会认为受到妨害而想要除掉他；圣人处在民众的上面，但民众不会认为受到负累而想要掀翻他。

“天下乐推而弗厌也。”“推”，推戴，拥护举荐。天下人都乐于推戴他，而不会厌弃他。

“非以其无争与？故天下莫能与争。”不正是因为他与人无争吗？所以天下没有谁可以与他相争。这里的“无争”，指的是圣人不争高贵，而是言辞谦下；不争先得，而是自身放后。正是因为不争，天下人才乐于推戴他，把他推到贵高的位置做官长，推到前面的位置做领导。而如果一心去争，自矜而争高，自伐而争功，反而不会得到敬重与功劳。这正是“无争”而“天下莫能与争”的道理。

第七章说“圣人退其身而身先，外其身而身存。不以其无私与？故能成其私”，讲的是圣人“无私”，而本章讲的是圣人“不争”。无私的表现是“以百姓之心为心”，不把自身意志强加于民众；不争的表现是“处众人之所恶”，不与民众争夺功、名与利益。

三十、小邦寡民，不是乌托邦（今80章）

帛书版：

小邦寡民，使有十百人之器①而毋用，使民重死而远徙②。有舟车，无所乘之。有甲兵，无所陈之。使民复结绳而用之。甘其食，美其服，乐其俗，安其居。邻邦相望，鸡狗之声相闻，民至老死，不相往来。

传世版：

小国寡民，使有什伯之器而不用，使民重死而不远徙。虽有舟舆，无所乘之；虽有甲兵，无所陈之；使人复结绳而用之。甘其食，美其服，安其居，乐其俗。邻国相望，鸡犬之声相闻，民至老死不相往来。

版本重大差异：

①十百人之器：传世版为“什伯之器”。按古代兵制，十人为什，百人为伯，“什伯”泛指军队基层队伍。有注家把“什伯之器”解为军器，而河上公把“什伯”解为“部曲什伯”，均失本义。高明说：“‘十’乃十倍，‘百’乃百倍，‘十百人之器’系指相当于十、百倍人工之器。”由于技术原因，在老子那个年代，越是大型的器械，需要的操作人数就越多，比如一辆战车需要数十人协同操作，一套编钟需要五人以上来演奏。因此形容器具之大很有可能并不是计算它的功效，而是看操作它的人数。这里的“十百人之器”，应指需要十人、百人协同操作的大型器具。

②远徙：传世版为“不远徙”，直译为“不迁徙到远的地方”。高明说：“‘远徙’与‘不远徙’意相对立，此亦是帛书版与今本之一分歧。审

校经文，老子主张使民‘甘其食，美其服，乐其俗，安其居。邻邦相望，鸡狗之声相闻，民至老死，不相往来’。足见他不仅反对民之‘远徙’，也同样反对‘不远徙’，主张使民安居而不徙。故而‘远徙’之‘远’字，非作‘远近’解的副词，而是作‘疏’‘离’解的动词。”

直译：

国家很小，民众很少。以至有多人操作的大型器具也无人使用，让民众看重死亡而不流动迁徙。有船只车辆，但是没有人乘坐。有衣甲兵器，但是不知道用来对付谁。让民众回归到可结绳来记事的简单生活。民众以其食为甘，以其服为美，以其俗为乐，以其居为安。邻国之间互相看得到，鸡鸣狗叫互相听得到，但两国的民众却直到老死，都不互相往来。

解读：

“**小邦寡民**。”有人把“小”和“寡”解为动词，理解成“让国家变得很小，让民众变得很少”，其实并不妥当。

老子从来不反对大一统，他在第六十一章说“大邦以下小邦，则取小邦。小邦以下大邦，则取于大邦”，大邦处下可为“百谷王”，一统天下。但是有江海，并不妨碍有小流；有共同的制度，并不妨碍民众各有其俗。这里的“小邦寡民”，即为江海之小流，相当于大国之州县。

老子真正反对的是“一刀切”，是统一思想，用“大”来泯灭“小”的独立性。就像我们每个人，在归属于家庭、乡邦、天下的同时，也是精神独立的个体，也需要保持各自的独立性。

“**使有十百人之器而毋用**。”高明说：“‘十’乃十倍，‘百’乃百倍，‘十百人之器’系指相当于十、百倍人工之器。”胡适说：“文明进步，用机械之力代人工，一车可载千斤，一船可装几千人，这多是‘什伯人之器’。”

其实这里的“十百人”并非指功效，而是指人数。“十百人之器”，是指需要十人、百人协同操作的大型器具。在春秋战国时期，科技水平有限，不像我们现在有燃油、电力可以代替人力做功，因此越是大型的器具就需要越多人来操作。

只有在目标统一的大型集体活动中才会用得上这样的器具，比如战争，比如开疆拓土，比如全民运动。而在“小邦寡民”的社会中，是没有这种集体活动的，自然也就用不上多人协作的器具。大家并不存在统一的追求，而是各有所好，各自独立，互不干涉地去做事，去生活。所以才会“民至老死，不相往来”。

道家并不会反对高功效之器，善用人、善用物，无弃人、无弃物一直都是道家主旨。第七十章把“用人”列为“配天”，认为是“古之极也”，是自古以来就有的最高准则。人都可用，又更何况是物呢？所以第二十七章说“爱其资”“无弃物”，爱惜自己的资材而不会随意抛弃，正是善于用物的表现。

《道德经》从不反对创新与进步，相反它推崇“生之德”，万物从无到有，即为“生”。不论是第六章的“玄牝”，第十章的“为雌”“生之畜之”，第二十二章的“敝则新”，第二十五章的“天地母”，第四十一章的“有生于无”，第五十一章的“道生之”，第六十四章的“谋于未兆”，都是在强调这个观点。而创新、创造，也正是从无到有，属于“生”的范畴。以道治国，则民众精神独立思想自由，创造力可以得到最大程度地发挥。

“使民重死而远徙。”“重”，看重、重视。“远”，疏远、远离。让民众都很看重死亡，而远离流动迁徙。看重死亡，也就意味着重视生命。

只要统治者不妄为生事，不搅扰民众，民众就不会颠沛流离、背井离乡，也就不用拿生命去求生存。只要统治者持守清静，以无名之朴镇国，民众就不会追逐外物、贪求厚生，也就不会轻生死而重名利，于是民众安然生活。只要生活得好，自然会人人珍视生命。

“**有舟车，无所乘之。有甲兵，无所陈之**。”有船只车辆，但是没有人乘坐，因为大家都不四处流动迁徙。有衣甲兵器，但是不知道用来对付谁，因为和平安定而没有战争，也无内患可以镇压。

“**使民复结绳而用之**。”在文字产生之前，古人用“结绳记事”的方式来记录发生的事件。由于“结绳记事”的局限性太强，只能用来记录一些简单的事，事情太多太复杂，就没法用了。

“使民复结绳而用之”，也就意味着整个社会都是一种平淡的状态，每天发生的事情平平常常，没有什么值得记载的，所以才能“结绳而用之”。正如第六十三章所说，“为无为，事无事”。

“**甘其食，美其服，乐其俗，安其居**。”民众以其食为甘，而不求味更厚，肴更佳。以其服为美，而不求色更艳，款更鲜。以其俗为乐，而不求更新其风，改进其俗。以其居为安，而不求房更大，院更宽。这是一个让民众极度满足的社会，好像没有什么可追求的了，稳定且平淡，正合第三章“恒使民无知无欲”的状态。

其实越是发达的国家，越会接近于这种形态。民众满足当下，故而没有急功近利之心，没有迅速获利的欲望，也就不会去投机取巧，去抄近路走捷径。另外，社会各体系已趋向于稳定而俗成，不再需要大的翻动改变。像欧洲的一些发达小国家，街头建筑几十年、上百年都不变，一个很普通的职业能传承几代人，而发展中国家，十年的变化就足以翻天覆地了。

“**邻邦相望，鸡狗之声相闻，民至老死，不相往来**。”“老死不相往来”，一向被我们用来形容情断义绝。王弼说：“无所欲求。”河上公说：“其无情欲。”民与民之间互不谋求，所以不用跨国交互往来。这其实是一种“恒足”的状态，内在具足，外在也都不缺（甘其食，美其服，乐其俗，安其居），所以才不用往国“外”去求，小范围（国内）已经足够满足。所以，哪怕邻国之间互相看得到，鸡鸣狗叫互相听得到，但两国的民众却直到老死，都不互相往来。

很多人认为本章描述的是“原始社会”的情形，作为老子“复古”主张的证据，其实大谬。自“失道而后德”开始，民众混沌无知的状态被打破，就已经不可能再原路返回了。因为破镜不能重圆，混沌开窍则必死。混沌既已散而生智慧，朴既已散而成为器，往后的人们，就只能与智慧、器共存，而不可能完全消除它们，重回原始。

本章讲“有十百人之器而毋用”，“有舟车，无所乘之。有甲兵，无所陈之”，原始社会又哪来的十百人之器、舟车和甲兵呢？至于“使民复结绳而用之”，只是社会足够安定，民众事少而已。

不同的民众，不同的生产力，不同的时代，有道的状态也不相同。上古的有道，是民众无知无觉，不才不器，无私无欲；而本章的有道，是民众有智而不用，有器而不使，少私而寡欲。老子的“理想社会”一定是在未来，而不是在过去。正如“复归于婴儿”，并不是要返老还童回到初始一样。

三十一、成就自己的最高形式是成就他人（今81章）

帛书版：

信言不美，美言不信。知者不博，博者不知。善者不多，多者不善①。圣人无积，既以为人，己愈有。既以予人矣，己愈多。故天之道，利而不害。人之道②，为而弗争。

传世版：

信言不美，美言不信；善者不辩，辩者不善；知者不博，博者不知。圣人不积，既以为人，己愈有；既以与人，己愈多。天之道，利而不害。圣人之道，为而不争。

版本重大差异：

①善者不多，多者不善：“多”本义是“重复、数量多”，引申为“超出、过分”。第二十二章说“多则惑”，第五章说“多闻数穷”，所以有道的人不会求“多”，而是“去甚，去泰，去奢”，因此后文才会引出“圣人无积”，圣人不会积累成多，而是都拿来成就别人。传世版改成了“善者不辩，辩者不善”，意义完全被改变。帛书版全文都没有提到“辩”字，包括“大辩若讷”，帛书是“大赢如绌”。《道德经》并不反对辩，并不是一味让人闭嘴默不作声，更不是要屏蔽不同意见。比如《庄子》记载的惠子，就常与庄子激烈辩论，但二人互相引为师友。《道德经》只是反对主观之“言”，反对只许自己说话不许他人出声的行为，反对试图指使、主导他人，施加自己意志于他人的行为。

②人之道：传世版为“圣人之道”。第七十九章说人之道“损不足而

奉有余”，此处又说人之道“为而弗争”，似乎一贬一褒，无法实现统一，于是后人改为“圣人之道”，其实多余。“人之道”，指遵循人为行事而呈现的规则；“天之道”，指遵循天然行事而呈现的规则。不过，“人为”与“天然”并非一定就是截然相反的，也有实现统一的时候。因为人本身也是天然的产物，也有顺应天道的特性。此处“天之道，利而不害。人之道，为而弗争”，天人之道就是并行不悖的，并不需要改成“圣人之道”。

直译：

真实的言语不华美，华美的言语不真实。对道有所认知的人，不会追求见闻广博；追求见闻广博的人，对道没有认知。有道之人，不会求多；求多的人，不是有道之人。圣人不会积累成多，而是都用来成就他人，（成就的人越多）自己就越富有；都拿来给予他人，自己就越富足。所以，天道的规则，是有利于万物而不侵害；人为的规则，是有所作为而不相争。

解读：

“**信言不美，美言不信**。”“信”，诚实不欺。“美”，嘉美、华丽。真实的语言不华美，因为没有经过矫饰装扮，都是最质朴的呈现。华美的语言不真实，因为经过了矫饰装扮，呈现出来的都是人为修改后的虚伪。

“**知者不博，博者不知**。”对道有所认知的人，不会追求见闻广博；追求见闻广博的人，对道没有认知。道不是通过见闻知识得以呈现的，越追求见闻广博，离道就越远，故而“多闻数穷”，“其出也弥远，其知弥少”。

“**善者不多，多者不善**。”“多”，本义是重复、众多，引申为超出、过分。有道的人，知止知足，去甚去侈，故而不会求“多”。如庄子所说

“鷦鷯巢林，不过一枝；偃鼠饮河，不过满腹”，不会索取无度。意欲求多而积敛无崖的人，不是有道之人。

“圣人无积，既以为人，己愈有。既以予人矣，己愈多。”“积”，堆积、积累，和“多”字一样，“多”本是双“夕”相重会意而来，积累成多之义。“既”，竭、尽。“为人”，成就人，与“为而弗恃”的“为”字同义。

圣人不积累成多，而是都用来成就他人，成就的人越多，自己就越富有；都拿来给予他人，自己就越富足。无积，所以不会滞碍，而能通达。圣人无积于心，则空明四达；无积于物，则逍遥自在。圣人之德，为而弗恃，成功弗居。

“故天之道，利而不害。人之道，为而弗争。”“天”，天然的、自然的，如“天理”。道先天地生，在天地还没有出现的时候就已经在了，天地万物出现之后，遵循这个自然之道而呈现的规则，是谓“天之道”，即“天道”。“人之道”，指遵循人为行事而呈现的规则，即“人道”。《庄子·秋水》：“牛马四足，是谓天；落马首，穿牛鼻，是谓人。”

“天道”为何对万物“利而不害”？因为道是造生万物的本源，如果对万物有侵害之心，万物根本就不能产生。之所以说“弱也者，道之用也”，是因为万物在初生的状态（柔弱）下，会得到来自母体的生助作用。

而“人道”就不一样了。第二十五章说“人法地，地法天”，人生于天地之间，就要遵从天道规则，但也并不妨碍天人之道违行，就像国家制定了法律，但违法之人也仍然存在一样。

比如“天之道，损有余而补不足。人之道则不然，损不足而奉有余”。天道的运行规则，是低洼的地方被填充，而突出的地方被剥落。但人为的运行规则，却是强的人更容易强，而弱的人更容易弱。因为天人之道违行，人间呈现出来的现象是动荡往复：强横到一定程度，天道的影响力就会加强，继而衰败；柔弱到一定程度，天道的影响力也会加强，继而富强。如同钟摆，左右动荡，轮换不休。

但也同样存在天人之道并行不悖的情况，如“天之道，利而不害。人之道，为而弗争”。天之道，是有利于万物而不侵害；人之道，是有所成就但不相争，二者并行，因此不会动荡往复，而是可以恒远长久。所以“为而弗争”的人，被天人之道双重护持，故“天下莫能与争”。

三十二、道家三宝：慈、俭、不敢为天下先（今67章）

帛书版：

天下皆谓我大[①]，大而不肖。夫唯不肖，故能大[②]。若肖，久矣其细也夫。我恒有三宝，持而宝之。一曰慈，二曰俭，三曰不敢为天下先。夫慈，故能勇，俭，故能广，不敢为天下先，故能为成事长[③]。今舍其慈，且勇，舍其俭，且广，舍其后，且先，则必死矣。夫慈，以战则胜，以守则固。天将建之[④]，如以慈垣之。

传世版：

天下皆谓我道大，似不肖。夫唯大，故似不肖。若肖，久矣其细也夫。我有三宝，持而保之。一曰慈，二曰俭，三曰不敢为天下先。慈，故能勇；俭，故能广；不敢为天下先，故能成器长。今舍慈且勇，舍俭且广，舍后且先，死矣！夫慈，以战则胜，以守则固，天将救之，以慈卫之。

版本重大差异：

①天下皆谓我大：传世版为“天下皆谓我道大”，加了一个“道”字。陈鼓应翻译为：“天下人都对我说，道广大，却不像任何具体的东西。”河上公注：“老子言：天下谓我德大，我则佯愚似不肖。”多加一个字，就造成了理解的混乱。其实，这里的“我”，与第七十二章“知我者希”是同样的用法，指道的化身、有道之人。人不明道，才会说他大而无用。

②夫唯不肖，故能大：传世版为“夫唯大，故似不肖”，恰好颠倒了

因果关系。

③故能为成事长：传世版为“故能成器长”。第二十八章说“朴散则为器，圣人用则为官长”，但本章明显不是在讲“朴”，而是讲“不敢为天下先”，说的是“退其身而身先”的道理。我处后而民众推我居前，在前面领导着大家成事，这叫作“成事长”。

④天将建之：传世版为“天将救之”，意义相差甚大。第二十七章“圣人恒善救人，而无弃人”，第六十二章“人之不善也，何弃之有”，可见救的是不善之人。而“建”是树立、成就的意思，成就的是善人、有道之人，对象完全不一样，因此用“建”而不用“救”。

直译：

天下人都说我太宽泛（不着边）了，宽泛到不像任何具体的东西。正是因为不像任何具体的东西，才能博大无边。如果和具体的东西相像，那早就很渺小了。我一直都有三样宝贝，持守而珍重着，第一个叫作“慈”，第二个叫作“俭”，第三个叫作“不敢为天下先”。慈，所以能具备大勇；俭，所以能成就宽广；不敢为天下先，所以能领导大家有所成就。如今舍弃了慈，而求勇敢；舍弃了俭，而求广博；舍弃了后，而求居前，这样必然会走向灭亡。慈，用以作战则无不能胜，用于防守则无不能固。所以上天将要成就一个人，才会让他恒有慈德。

解读：

“**天下皆谓我大，大而不肖**。”“我”，道的化身，用来指代有道之人。“大”，广泛、宽泛。第三十四章说：“道氾呵，其可左右也。”“氾”即为“广泛、泛滥”的意思，引申为博大。“肖”，相似、相像。“不肖”，不与任何事物相像，即不能与任何一个事物相匹配，不能落到具体的实处，大而无用之意。“宽泛”，我们一般还有另一个说法叫“不着边”，说一个人“不着边”正是“谓我大”所指。天下人都说我太宽泛（不着边）了，宽泛到没有任何具体的用处。

关于“大而无用”，《庄子》讲得更为详尽。惠子有次对庄子说：“魏王送给我一种大葫芦的种子，我将它种下结出葫芦，有五石容量那么大。我拿大葫芦去盛水，可它太不坚固了，承受不了水的压力。我又把它剖开做成瓢，也太大了，没有什么地方可以放得下。这个葫芦不是不大呀，我却因为它没有什么用处而砸碎了它。”

庄子回应说，一个小小的药方，有人拿它漂絮，有人拿他封地，物有小用，有大用，只看人会不会用。大而无用的葫芦，盛物是没用，拿来做腰舟，却是妙用。问题不在物，而在人。是人只知道用小，而不知道用大，心窍不通的缘故。正如第七十二章所说，“夫唯无知，是以不我知”。

“**夫唯不肖，故能大。若肖，久矣其细也夫。**”正是因为不像任何具体的东西，才能博大无边，如果和具体的东西相像，那早就很渺小了。所谓“大象无形”，如果形象被固定下来，也就不能称之为大，而是渺小了。

“**我恒有三宝，持而宝之。一曰慈，二曰俭，三曰不敢为天下先。**”我一直都有三样宝贝，持守着它们而不敢有所差失。一个叫作“慈”，一个叫作“俭”，一个叫作“不敢为天下先”。“慈”，帛书甲、乙本都是“兹”，通“慈”。“兹”本义指草木成长茂盛，“兹”下有“心”，表示有乐于成就他人之心，而这也正是“慈”字本义，爱护人、成就人。有慈之人，因见人不得成就，见人衰败夭亡而心生悲悯，故慈悲二字往往合用。

“**夫慈，故能勇。**”慈，最常见于母爱，所以我们把母亲称为“家慈”。慈是具有成就他人之心，让他人免受伤害之心。有慈的人，为了保护他人免受伤害，具有莫大之勇气。不论自然界还是人世间，母亲为了保护自己的孩子免遭伤害，爆发出来的勇气都是莫可阻挡的。只要恒有慈德，这种勇气就不会消失。而无慈之勇，只是血气之勇，情绪上头而已，遇到阻碍就很容易消散。

“**俭，故能广**。”“俭”，收敛，不放纵。《说文》：“俭，约也。”“俭”的反面是“铺张”，约束自己的欲望不往外延伸铺张，就是俭。我们常说“俭朴”“俭省”，把欲望控制在一定范围内，不纵欲而守清静，因此能够成就博大。第二十九章说“是以圣人去甚，去泰，去奢”，只有去掉自己过分的、放纵的、没有节制的行为，才能成就宽广。约而后能广，这也正合“曲则全，枉则正”的道理。

“**不敢为天下先，故能为成事长**。”我们现在提倡“敢为天下先”的精神，敢于第一个站出来，而把个人荣辱得失置之度外。但老子却说“不敢为天下先”，要把自身放在天下人的后面，其实二者并不矛盾。正因为把个人荣辱得失置之度外，才会把自身放在天下人的后面，一心成就众人，为民众谋福利。我“退其身”而民众推我居前（为天下先），在前面领导着大家成事，所以叫“成事长”。只是“敢为天下先”包含有心追求为先的意思，而“不敢为天下先”却是无意追求为先，更合乎自然。

“**今舍其慈，且勇，舍其俭，且广，舍其后，且先，则必死矣**。”“且”，取、拿。王弼注：“且，犹取也。”如今舍弃了慈，而求取勇敢；舍弃了俭，而求取广博；舍弃了后，而求取居前，这样必然会走向灭亡。因为勇以慈为根本，广以俭为根基，先以后为根柢，失去了根也就难以长久。

荆轲刺秦王时，选择了当时公认的勇士秦舞阳作为助手，此人十三岁就敢当街杀人，人人侧目不敢直视。但是进宫见了秦王，秦舞阳却吓得几乎连路都走不动。所谓悍勇，不过是敢于欺人，敢于进犯，敢于伤害罢了，无慈。无慈又有勇名，则必死矣。

“**夫慈，以战则胜，以守则固**。”慈，如何用以征战呢？只要是以保家卫国，让亲人免受侵害为信念，将士们就会勇气沛然，战斗力与战斗意志均得以增强。因为没有人会拿自己的命去侵犯人，但心中有慈的人，却会拿命去守护人。所以第七十一章说“吾不敢为主而为客，吾不敢进寸而退尺”，目的正是以被动退守来激发将士之慈，因慈而得勇，故能战无不胜，守无不固。

“**天将建之，如以慈垣之**。”“建”，树立、成就。“如”，乃、这才、然后。“垣”，筑墙围绕，卫护。上天将要成就一个人，才会用“慈”来围绕他，让他恒有慈德。

三十三、不争，才能做到善用人（今68章）

帛书版：

善为士者不武，善战者不怒，善胜敌者弗与，善用人者为之下。是谓不争之德，是谓用人①，是谓配天，古之极也。

传世版：

善为士者不武，善战者不怒，善胜敌者不与，善用人者为之下。是谓不争之德，是谓用人之力，是谓配天古之极。

版本重大差异：

①是谓用人：传世版为“是谓用人之力”，增添“之力”二字，画蛇添足。高明说：“帛书甲、乙本无‘之力’二字，作‘是谓不争之德，是谓用人，是谓配天，古之极也’。则‘人’‘天’为韵，‘德’‘极’为韵，前后皆为韵读。今本中间多出‘之力’二字，格局全非。再从前后经文分析，前文曾言‘善胜敌者弗与，善用人者为之下’，故此言‘是谓不争之德，是谓用人’。前后均无‘之力’二字，文例相合。从而可见帛书甲、乙本无‘之力’二字为是。”

直译：

善于做统帅的人，不会逞勇武。善于作战的人，不会被激怒。善于战胜敌人的人，不会与敌人正面相抗。善于用人的人，对人态度谦下。这叫不争的德性，这叫善于用人，这叫与天道相匹配，这是自古以来的最高准则。

解读：

“**善为士者不武**。”“士”，王弼：“卒之帅也。”蒋锡昌：“士亦君也。”一个把“士”解为军队统帅，一个把“士”解为国君。陈鼓应则把“士”解为士卒，“为”解为治理、管理，“为士者”即统率士卒者，军队之统帅。这三种解释中，王弼的说法比较合理：“士”为卒之帅。

“士”本就指统帅。如《墨子·兼爱下》“昔者，越王勾践好勇，教其士臣三年”；《孟子·梁惠王上》“兴甲兵，危士臣”，“士臣”即将领与兵卒。“善为士者不武”，是说善于做统帅的人，不会逞勇武。不逞勇武，一是指不好战，“不以兵强于天下”；二是指不逞强，“不敢进寸而退尺”；三是指不发挥个人勇武，“勇于不敢”。

“**善战者不怒**。”善于作战的人，不会被激怒。“怒”与“武”关系密切，容易暴怒的人，往往会诉诸武力。而老子的忠告是：这两者最好都不要有。不要轻易被激怒，更不要轻易动用武力，这才是一个合格将领的所作所为。

《孙子兵法》说：“主不可以怒而兴师，将不可以愠而攻战。”不要因为情绪而发动战事，情绪过一段时间就能平复，然而国破不可复兴，人死不可复生，要尤其慎重地对待战争。

“**善胜敌者弗与**。”“与”，交往、往来，这里表示相抗、相敌。《经义述闻》：“古者相当、相敌，皆谓之‘与’。”《墨子·非儒下》“若皆仁人也，则无说而相与”，“相与”即相敌。“善胜敌者弗与”，是说善于战胜敌人的人，不会与敌人正面敌对、正面相抗。

“**善用人者为之下**。”善于用人的人，对人态度谦下。第六十六章说“是以圣人之欲上民也，必以其言下之”，对人谦下而可以处人之上，得以为人之官长，这正是善用人的表现。

“**是谓不争之德，是谓用人，是谓配天，古之极也**。”这叫不争的德性，这叫善于用人，这叫与天道相匹配，这是自古以来的最高准则。“不武”“不怒”“弗与”“为之下”，皆是不争。不武，指不争强；不怒，指不争执；弗与，指不争胜；为之下，指不争高。不争而能统率人，让人为我所用。

三十四、最大的祸事，是不懂得节制（今 69 章）

帛书版：

用兵有言曰：吾不敢为主而为客，吾不敢进寸而退尺。是谓行无行，攘无臂，执无兵，乃无敌矣①。祸莫大于无适②，无适近亡吾宝矣。故称兵相若③，则哀者胜矣。

传世版：

用兵有言，吾不敢为主而为客，不敢进寸而退尺。是谓行无行，攘无臂，扔无敌，执无兵。祸莫大于轻敌，轻敌几丧吾宝。故抗兵相加，哀者胜矣。

版本重大差异：

①乃无敌矣：传世版为“扔无敌”，为了拼凑文义，还把“扔无敌”与“执无兵”调换了位置，放到“攘无臂”之后，凑成“攘臂而扔之”的句式。楼宇烈《王弼集校释》说：“三十八章‘攘臂而扔之’之‘扔’字，长沙马王堆三号墓出土帛书老子甲、乙本经文亦均作‘乃’。此‘乃’字为‘扔’字借字，而本章注‘乃无敌’，当以‘乃’本字用。”王弼注：“攘无臂，执无兵，扔无敌也，言无有与之抗也。”可见王弼注本原文便为“攘无臂，执无兵，乃无敌”，后人妄改为“扔无敌”。

②祸莫大于无适：传世版为“祸莫大于轻敌”。王弼注解用的原文是“无敌”，说：“无敌于天下也。不得已而卒至于无敌”，但注本经文已被改为“轻敌”。大致的演变流程如下：帛书甲本，“无适”；帛书乙本与王弼通行本，“无敌”；敦煌辛本，“侮敌”；河上公本，“轻敌”。轻敌和无敌意义相差很远，无敌和无适意义相差又很远。“适”，本义是走向目的

地，到达目的地便要停止，方为合适，因此“适”又有节制的意思，如“适欲”“适逸”，均表示适可而止。第三十章说“善者果而已矣，毋以取强焉”，打仗只是为了解决危难，目的达到了就要停止，而不要逞强；第三十一章说“杀人众，以悲哀莅之。战胜，以丧礼处之”，打仗杀人只是不得已，故而不敢轻启战事，这都是在说要有节制，适可而止。

③称兵相若：传世版为“抗兵相加”。“称”与“抗”均为举、兴的意思，但“若”与“加”意义相去甚远。王弼注：“抗，举也；加，当也。”而高明认为“加”字并无相当、相等之义，显然是“若”字之误。楼宇烈说：“按‘加’字无‘当’义，当作‘若’。”

直译：

用兵的人说过这样的话，我不敢主动进犯而是被动防守，我不敢前进一寸而是后退一尺。这就是说，行军不成阵列，士气不得提振，手中不拿兵器，这样便能天下无敌了。最大的祸患，是不知道节制，不知道节制，几乎让我丧失了“道”。所以，当采取军事行动的双方兵力相当的时候，心怀悲悯的一方获胜。

解读：

“**用兵有言曰：吾不敢为主而为客，吾不敢进寸而退尺**。”用兵的人说过这样的话，我不敢主动进犯而是被动防守，我不敢前进一寸而是后退一尺。主动进犯与被动防守，一个是侵犯，一个是自卫。侵犯他人的人，不会有豁出性命的勇气，而保护他人不受侵犯的人，却往往能不顾性命。区别就在于慈，侵犯者无慈，守卫者有慈；慈而能勇，勇则战无不胜，守无不固。

“**是谓行无行，攘无臂，执无兵，乃无敌矣**。”第一个“行”，指前进、行军；第二个“行”，读“杭”音，指队列、阵列。“行无行”，行军不成阵列。“攘臂”，捋起袖子露出胳膊表示振奋。“攘无臂”，军心不振、士气消沉。“执无兵”，手上没拿着兵器。行军不成阵列，士气也不振奋，个个手上不拿兵器，这样的队伍才能天下无敌。为什么呢？

行军不成阵列，意味着没有阵势可以依仗，这样将士们就会量力而行，而不会成为骄兵，轻进犯险。

士气不得提振，意味着不会情绪激奋，踊跃躁动，这样将士们就不会凭血气之勇上阵，而是沉着不怒，冷静对敌，成为智兵。

俗话说“身怀利器，杀心自起”，手中不拿兵器，意味着不生好战嗜杀之心，这样将士们心怀慈念，就会成为哀兵。为自卫保家、守护亲人而战，因慈而生勇，故能战无不胜。

“祸莫大于无适。”适，是节制的意思，一般用于节制欲望、节制躁动，也就是要有所收敛而不松弛逸放。最大的祸患，是不知道节制收敛，不知止。“行无行，攘无臂，执无兵”，即有所节制的状态，处于这种状态的军队才能天下无敌。

第四十六章讲战争的泛滥，说“祸莫大于不知足”，“不知足”即为“无适”。本章讲作战，“吾不敢为主而为客，吾不敢进寸而退尺”，也是不敢“无适”，不敢得寸进尺。

“无适近亡吾宝矣。”“吾宝”，指代“道”，第六十九章说：“我恒有三宝，持而宝之。一曰慈，二曰俭，三曰不敢为天下先。”没有节制，不懂收敛，就会失去这三宝，也就是失去了道。“执无兵”故而有慈，“攘无臂”故而收敛（俭），“行无行”故而不敢为天下先。

“故称兵相若，则哀者胜矣。”“称兵”，兴兵、举兵，指采取军事行动。《礼记 · 月令》：“是月也，不可以称兵，称兵必天殃。”“相若”，相当、等同，这里表示兵力差不多。“哀”本义指怜悯，有悲悯之心，故而不忍杀伤。“哀者”，指以杀人为悲哀的一方。

第三十一章说：“杀人众，以悲哀莅之。战胜，以丧礼处之。”面对杀伤众多，内心是悲哀的，这才是“哀兵”，因为心中有慈。心中有慈，才能生莫大之勇，战无不胜，守无不固，才有“哀兵必胜”之说。所以当采取军事行动的双方兵力相当的时候，心怀悲悯的一方获胜。

三十五、最简单，要做到反而最难（今70章）

帛书版：

吾言甚易知也，甚易行也。而人莫之能知也，而莫之能行也。言有宗，事有君。夫唯无知也，是以不我知。知我者希，则我贵矣①。是以圣人被褐而怀玉。

传世版：

吾言甚易知，甚易行，天下莫能知，莫能行。言有宗，事有君。夫唯无知，是以不我知。知我者希，则我者贵，是以圣人被褐怀玉。

版本重大差异：

①则我贵矣：传世版为了与上句“知我者希”对仗，改成了“则我者贵”。一字之差，意义就完全不一样。释德清《老子道德经解》：“‘则’，谓法则。言取法也。”陈鼓应把“则我者贵”解为“取法我的就很难得了”。二人都把“则”理解为“取法”。而王弼注“知我益希，我亦无匹”，贵的其实是“我”，而不是“取法我的人”。若按帛书“则我贵矣”，就不会存在以上的误解，“则”是个连词，相当于“那么”。

直译：

我说的话非常容易理解，也非常容易实行。但是世人听不明白，也不能实行。我说的话，都有凭有据；我做的事，都有准则可依。只有认知不到我说话的那个凭据，认知不到我做事的那个准则，才会不理解我。理解我的人很少，那么我就尤其珍贵。所以圣人外面穿着粗布衣服，怀中却抱着无价的美玉。

解读：

“**吾言甚易知也，甚易行也**。”我说的话非常容易理解，也非常容易实行。人们常说“大道至简”，因为“天下之难作为易，天下之大作为细”，“天下之物生于有，有生于无”，事物越接近其本源，就越呈现出质朴与简化。所以最高端的智慧与行为方式，表现出来反而朴实无华，都是一些很常见、很简约的东西，而非奇巧繁杂的诡异与古怪。简约朴实，正是有道的表现，玄奇繁复，是走入歧途，只会离大道越来越远。

“**而人莫之能知也，而莫之能行也**。”有句话叫“文字越少，信息量越大”，只是看上去很简单。我说的话也是如此，虽然听着很简单，好像也很容易做到，但是没有人知道，也没有人能做到，因为世人偏离本源太远了。这就如同书法家数十年苦练而得其真谛，写起字来轻描淡写，好像很简单很轻松，但是旁人却没有谁能做得到，因为不具备他的基础功底。

无所求和欲求不满，哪个简单？不生事和滋生事端，哪个简单？少思虑和绞尽脑汁，哪个简单？减损和累积，哪个简单？单纯和复杂，哪个简单？平静和浮躁，哪个简单？最简单，要做到反而最难，因为世人偏离那个本源大道太远了。

我们认知的“聪明”，以道来看是“大伪”；我们认知的“拙劣”，以道来看是“大巧”，如此才会“正言若反”，完全颠倒过来。我明明说的是显明之道，听的人却觉得暗昧无光；我明明说的是进取之道，听的人却觉得是在倒退；我明明说的是平顺之道，听的人却觉得阻碍重重。因此无人能懂得，也无人能做到。

“**言有宗，事有君**。”“宗”，根本。“君”，主宰。王弼注：“宗，万物之宗也。君，万物之主也。”我说的话，都有凭有据；我做的事，都有准则可依。

“**夫唯无知也，是以不我知**。”“无知”，对道无所认知。“不我知”，不能知道我。只有认知不到我说话的那个凭据，认知不到我做事的那个准则，才不能理解我。

“**知我者希，则我贵矣**。”按照人世间称量贵贱的法则，物以稀为贵，越是难得的货物，就越是珍贵。理解我的人很少，我就尤其珍贵。

“**是以圣人被褐而怀玉**。”“褐”，粗布衣服。圣人就是这样，外面穿着粗布衣服，怀中却抱着无价的美玉。美玉为何在怀中？因为能认知到他珍贵的人很少，故而珍贵在内。粗布衣服为何在外面？因为人们对他的普遍看法，是宽泛无用，没有价值，故而低贱在外。

三十六、明道，从认知自己的局限开始（今 71 章）

帛书版：

知不知，尚矣。不知不知①，病矣②。是以圣人之不病，以其病病，是以不病。

传世版：

知不知，上；不知知，病。夫唯病病，是以不病。圣人不病，以其病病，是以不病。

版本重大差异：

①不知不知：传世版为“不知知”。几乎所有注家都认可“不知知”，高明认为帛书甲本“不知不知”是抄写之误。不过，王弼注：“不知知之不足任，则病也。”“知之不足任”，是说我们的认知不足为凭，我们认为确凿无疑的认知，其实还是不知。因此，王弼注本的原始经文，倒很有可能是“不知不知”。而且王弼的这种解读，也更贴近“道”的意味，比解成“不知道却认为自己知道”，高明何止一筹。

②［夫唯病病，是以不病］：这句话在帛书版中没有，当为后人所增。“夫唯病病，是以不病”与“以其病病，是以不病”明显语义重复。

直译：

知道自己有所不能知，这是得到了提升。不知道自己有所不能知，这是陷入了困顿。圣人之所以不会有困顿，是因为把被局限所困当成弊病，故而不会有困顿。

解读：

“**知不知，尚矣**。”“尚”，本义指增加、超出，这里指得到进步与提升。知道自己有所不能知，这其实是自我得到了突破而更进一步。知道有些东西是超出我们认知之外的，是我们的思维无法理解的，是我们的逻辑无法解析的，这才算真正触摸到了那个不可描述的“道”，是突破了自己原有的思维局限。

“**不知不知，病矣**。”“病”，本义为“困”，被限制而无法摆脱，困苦、困扰之意。不知道有些东西是无法被我们的“知”所“识”，不知道有无法落于“知”的存在，这就是被自己的思维局限困住了。

《庄子·知北游》通过一则寓言详细论述了这一观点。泰清去问无穷，知不知“道”，无穷说：“吾不知。”泰清又问无为，无为说“吾知道”，并解说了他认知的“道”。于是泰清请无始来评判，这两个人究竟谁真的知“道”。

无始说：“不知深矣，知之浅矣；弗知内矣，知之外矣。”泰清仰而叹曰：“弗知乃知乎，知乃不知乎！孰知不知之知？”无始说：“道不可闻，闻而非也；道不可见，见而非也；道不可言，言而非也！知形形之不形乎！道不当名。”

说自己不知“道”的，才是真的知道；说自己知“道”的，其实并不知道。“道”不是以我们的“知”能得闻得见的，闻而非也，见而非也。只有认知到这一点，才有可能真的知“道”。

后人把“知不知，尚矣。不知不知，病矣”来匹配孔子所说的“知之为知之，不知为不知，是知也”，把“不知不知”改成“不知知”，解为“不知道却认为自己知道”，其实大谬。

第一，整本《道德经》基本不描述主观的心理活动，不探讨“心”的问题。在老子看来，我们的主观之心首先就是要被弱化的对象。所以

“圣人恒无心，以百姓之心为心”，“虚其心”，“为天下浑心”。总之，以削弱主观意志、削弱主观知见为宜。因此，凡在《道德经》中解出“自己觉得”“认为自己”等内心戏的，其正确性均值得商榷。老子是尽量把客观现象呈现给我们，而不会在主观“我见”上做文章。

第二，“知道却说自己不知道”，也根本无甚高明可言，甚至可以说是心口不一的虚伪。如河上公注：“知道言不知，是乃德之上。不知道言知，是乃德之病。”明明认为自己知道，却嘴上说不知道，实在看不出德在何处，和明明不知道却撒谎说知道，又有什么本质的差别呢？

“是以圣人之不病，以其病病，是以不病。”“病病”，第一个“病”是动词，以之为病而小心警惕的意思；第二个“病”是形容困顿的状态，被限制、被困扰的意思。圣人不会有困顿，是因为他认知到自身的局限，故而不会困于无知却不自知的状态。因为知道自己的边界所在，所以不会陷于困顿。

三十七、强力威压，只会得到厌憎（今 72 章）

帛书版：

民之不畏威，则大威将至矣。毋狭其所居，毋厌其所生。夫唯弗厌，是以不厌[①]。是以圣人自知而不自见也，自爱而不自贵也，故去彼取此。

传世版：

民不畏威，则大威至。无狎其所居，无厌其所生。夫唯不厌，是以不厌。是以圣人自知，不自见；自爱，不自贵。故去彼取此。

版本重大差异：

①夫唯弗厌，是以不厌：传世版为“夫唯不厌，是以不厌”。高明说：“帛书甲、乙本‘夫唯弗厌，是以不厌’，前作‘弗厌’，后作‘不厌’，前后用词不同，宜有区分。今本前后同用‘不’字，或同用‘无’字，绝非老子原本之旧。”朱谦之说：“上‘厌’字与下‘厌’字，今字形虽同，而音义尚异。上‘厌’，压也；下‘厌’，恶也。”沈善增指出：上“厌”、下“厌”音义尚异，在帛书甲、乙本中均以“弗”“不”之相异而标示之，这是先秦著作中一个特殊的语法现象。北大汉简本也是前用“弗”字，后用“不”字。

直译：

当民众不再畏惧强权威压的时候，大的威胁就要到来了。不要让民众的居处越来越狭小，不要让民众的生存越来越窘迫。只有不压迫民众，民众才不会憎恶。所以，圣人有自知之明，不会将自己的意志施加于人；圣人爱惜自身，不会自作高贵。因此，去除后者（自见、自贵），而取用前者（自知、自爱）。

解读：

“**民之不畏威，则大威将至矣**。”“威”，以武力或声势进行威压、逼迫。陈柱说：“民孰不乐生而畏死，然压制之力愈强，则反抗之力愈猛。”“压制之力”是“威”，“反抗之力”同样也是“威”。当民众不再畏惧强权威压的时候，反抗就要到来了。对于统治者来说，这就是最大的威胁。

“**毋狭其所居，毋厌其所生**。”“狭”，窄、不宽阔。“厌”，读“压”音，压迫、抑制的意思。厌的本义是压、压迫，这个字义后来写作“压”，“厌”是“压”的古字。不要过分压迫，不要让民众的居处越来越狭小，不要让民众的生存越来越窘迫。因为当民众被压迫到无法生存的时候，就会开始拼死反抗。如陈胜吴广的起义宣言：“今亡亦死，举大计亦死，等死，死国可乎！”反正都是一死，为何不反抗而死？说不定还能死中求活。

“**夫唯弗厌，是以不厌**。”第一个“厌”，依然是读“压”音，压迫的意思；第二个“厌”，是憎恶的意思。只有统治者不压迫民众，民众才不会憎恶统治者。本章的“厌”字，帛书甲、乙本均为“猒”，“猒”同“厌”。“猒”的意思是吃饱而满足，过分的满足就会在心理上产生不喜欢的感觉，即嫌弃、厌倦的意思。过分的嫌弃、厌倦就是讨厌、憎恶。

“**是以圣人自知而不自见也**。”第二十二章说“不自见故明”，第三十三章说“自知者，明也”，可见“自知”与“不自见”达到的都是“明”的效果。“自知”是一种通明的状态，“不自见”而照之以天，同样是一种通明的状态，所以说“自知而不自见也”。

圣人有自知之明，故而不会把自己的主观成见当成准则。所以圣人不会将自己的主观意志施加于人，因为他不会把自己的主观意志当成百姓的准则。如此，民众的生存空间也便不会被压迫，不至于无法安生。

“**自爱而不自贵也**。”“自爱”，爱惜自身。“自贵”，自作高贵，摆出高贵的姿态来凌驾他人。第七章说“是以圣人退其身而身先，外其身而身存”，“退其身”“外其身”，均为“不自贵”；却能够“身先”“身存”，无私而成其私，这正是圣人“自爱”的方式。所以圣人爱惜自身，而不会自作高贵。

“**故去彼取此**。”因此，圣人舍弃“自见”“自贵”，而取“自知”“自爱”。

三十八、天网恢恢，疏而不失（今 73 章）

帛书版：

勇于敢则杀，勇于不敢则活。此两者，或利或害。天之所恶，孰知其故？①天之道，不战而善胜②，不言而善应，不召而自来，坦而善谋。天网恢恢，疏而不失。

传世版：

勇于敢则杀，勇于不敢则活。此两者，或利或害。天之所恶，孰知其故？是以圣人犹难之。天之道，不争而善胜，不言而善应，不召而自来，繟然而善谋。天网恢恢，疏而不失。

版本重大差异：

①［是以圣人犹难之］：这句话帛书版中没有，传世版中有，疑为误人。奚侗说："'是以'一句宜与上下文不属，盖六十三章文复出于此。"高亨说："'是以圣人犹难之'句，严遵本、六朝写本残卷、景龙碑、龙兴观碑并无之。此句乃后人引六十三章以注此文者，宜据删。"

②不战而善胜：传世版为"不争而善胜"。"争"，表示相争的二者相当，故用于人与人。"战"，可以是一方惩处、征伐另一方，故用于天与人。

直译：

勇于进犯就会身死，勇于退让则会存活。这两种行为，一个让人得益，一个让人受害。上天好像尤其厌恶刚强，谁知道这是什么缘故呢？

天道的规则，是不征战而能得到胜利，不下令而能得到遵行，不征召而能使万物自来归附，坦荡而善于谋算。天道的规则就如同一张宽大的网，网眼虽然稀疏，却没有谁能钻得过去。

解读：

“**勇于敢则杀，勇于不敢则活**。”“勇”，有胆量、敢于。“敢”，《说文》：“敢，进取也。”“进取”原指进攻、攻取、进犯的意思，并不是我们现在理解的“努力上进”。“勇于敢”，勇于进取，敢于进犯，意指刚强；“勇于不敢”，勇于退让，意指柔弱。勇于进犯就会身死，勇于退让则会存活。第七十六章说“坚强者死之徒也，柔弱微细生之徒也”，意义相同。

“**此两者，或利或害。天之所恶，孰知其故？**”“此两者”，指上文的“勇于敢”与“勇于不敢”。“勇于敢”就会遭受杀身之祸，而“勇于不敢”却能保全自身，这两种行为，一个让人得益，一个让人受害。上天好像尤其厌恶刚强，谁知道这是什么缘故呢？

“**天之道，不战而善胜，不言而善应，不召而自来，坦而善谋**。”“不战”，不征战，不使用武力征伐。“不言”，不施令，不下令。“不召”，不征召，不召唤。“坦”，广阔、显明。“善”，善于、擅长，能力领先。“应”，接受、同意，遵守执行。天道的规律，是不征战而能得到胜利，不下令而能得到遵行，不征召而能使万物自来归附，坦荡而善于谋算。

我们从来没有见过天道会使用强力来征伐悖道者，但是违背天道的人，没有一个能逃脱惩罚。我们从来没有见过天道会开口发号施令，但是我们的所作所为，无不是在对天道规则进行回应。天道没有征召，但天下万物尽皆前来归附；天道把一切都展示得明明白白，但没有谁能谋算得了它，能占得了它的便宜，能钻到它的空子。

“天网恢恢，疏而不失。”“恢恢”，形容宽阔广大的样子，《庄子·养生主》：“恢恢乎其于游刃必有余地矣。”“疏”，稀疏、疏漏。天道的规则就如同一张宽阔的大网，好像有很大的空间可以任意发挥，有很大的余地可以自由腾挪，这张大网的网眼虽然看上去很稀疏，却没有谁能钻得过去。

三十九、替天行道，往往伤到自己（今74章）

帛书版：

若民恒且不畏死①，奈何以杀惧之也？若民恒且畏死，而为奇者，吾得而杀之，夫孰敢矣。若民恒且必畏死②，则恒有司杀者。夫代司杀者杀，是代大匠斲也。夫代大匠斲者，则希不伤其手矣。

传世版：

民不畏死，奈何以死惧之！若使民常畏死，而为奇者，吾得执而杀之，孰敢？常有司杀者杀，夫代司杀者杀，是谓代大匠斫。夫代大匠斫者，希有不伤其手矣。

版本重大差异：

①若民恒且不畏死：传世版为“民不畏死”，直接给“民”定了“不畏死”的属性。而事实上，民众是可以“重死而远徙”的。在“小邦寡民”的社会中，民众安居乐业，知足而没有向外追求的欲望，都很珍视生命。

②若民恒且必畏死：传世版中没有这一句，因为已经给“民”定了“不畏死”的属性，就好像已经直呼其为“刁民”一样，这句假设的话就显得多余了。

直译：

如果民众一直以来都是不害怕死亡的，那又何必用死亡来恐吓他们呢？如果民众一直以来都是害怕死亡的，对于违法乱禁者，我抓来杀掉，又还有谁敢犯事作乱呢？就算民众一直以来都是害怕死亡的，那也从来都有专门掌管死亡的存在（天道）。代替掌管死亡的存在来杀人，就好像代替技术高明的工匠砍削木头一样。代替技术高明的工匠砍削木头，那么很少有不伤到自己手的。

解读：

“**若民恒且不畏死，奈何以杀惧之也？**”“恒”，一直以来、持久不变。“惧”，恐吓、威胁。如果民众一直以来都是不害怕死亡的，那又何必用死亡来恐吓他们呢？

“**若民恒且畏死，而为奇者，吾得而杀之，夫孰敢矣**。”“奇”，邪异、奇诡。《说文》：“奇，异也。”王弼注：“诡异乱群谓之奇也。”“诡异乱群”，这里指违法乱禁、惑乱民众之事。如果民众一直以来都是害怕死亡的，那么对于违法乱禁者，我抓来杀掉，又还有谁敢于再犯呢？

这里体现的是老子对统治者严峻刑法、以武力威吓民众的无奈。老子试着给统治者分析，如果民众一直都很怕死亡，那么按你们的方法去治理，有作乱的就杀掉，又怎么还会有人敢再犯，还会出乱子呢？如果民众一直都不怕死亡，那你们又为什么还要用这种无效的方式去治理他们呢？

“**若民恒且必畏死，则恒有司杀者**。”“必”，就算、倘若。“司”，掌管。就算民众一直以来都是害怕死亡的，那也从来都有专门掌管死亡的存在。《庄子·大宗师》说：“善吾生者，乃所以善吾死也。”那个让我得以生的存在，也是让我得以死的存在，它就是“道”。“道”掌管万物的出生死亡，而不应该是由统治者来决定民众当不当死。

关于“司杀者”，《庄子·大宗师》中是这样说的：“杀生者不死，生生者不生。”杀生者，让生命死亡的那个东西，它是永远也不会死亡的。

“生生者不生”，造就生命的那个东西，它是不生的：既不曾出生，也不曾生长。它是永恒的、独立而存的，它就是道。

“夫代司杀者杀，是代大匠斲也。”“斲”，砍、削。“大匠”，技术高明的工匠。代替掌管死亡的存在来杀人，就好像代替技术高明的工匠砍削木头一样。这里指用自己的意志取代道，对百姓生杀予夺，掌控他们的生死。

“夫代大匠斲者，则希不伤其手矣。”代替技术高明的工匠砍削木头，那么很少有不伤自己手的。老子认为，圣人治国当“恒无心”，收敛自己的主观意志和私欲，“以百姓之心为心”，而不是用自己的私欲去主宰百姓，用自己的意志去替代天道，这样必然会遭到反噬。

四十、真正的贵生，是不厚生（今 75 章）

帛书版：

人之饥也，以其取食税之多也①，是以饥。百姓之不治②也，以其上有以为也，是以不治。民之轻死，以其求生之厚也，是以轻死。夫唯无以生为者，是贤贵生③。

传世版：

民之饥，以其上食税之多，是以饥。民之难治，以其上之有为，是以难治。民之轻死，以其求生之厚，是以轻死。夫唯无以生为者，是贤于贵生。

版本重大差异：

①以其取食税之多也：传世版为“以其上食税之多”，将“取”字改成了“上”字。后人把“上”理解为君上、君王，其实是有问题的。《道德经》中并没有以“上”作名词的用法，“以其上有以为也”句中的“上”，其实是尊崇、崇尚的意思，和“吉事上左”中的“上”意义相同。“食税”，陈鼓应解为“吞吃赋税”，比较牵强。高明说：“从甲、乙本经文分析，‘以’字为介词，在此表示事之所因；‘其’字为代词，作句中主语；‘取’字为动词；‘税’字为宾词；‘食’字乃‘税’字定语。《战国策·西周策》‘籍兵乞食于西周’，注：‘食，粮也。’‘食税’指粮食之税，经文犹言因国君榨取粮食之税过多，是以造成饥荒。”

②不治：传世版为“难治”。高明说：“‘不治’与‘难治’词义不同，‘不治’谓不可治也，‘难治’为可治而不好治也。王弼注云：‘言民之所以僻，治之所以乱，皆由上不由其下也，民从上也。’君行则民随，

上行必下效。君有为，民多欲；君行暴敛，民多盗贼，乃历史之必然。故老子谆谆告诫人君虚静无为，‘为者败之，执者失之’。‘败之’‘失之’皆为‘不治’，非‘难治’也。”

③是贤贵生：传世版为“是贤于贵生”，多加一个“于”字，解读则完全不同。陈鼓应解为“胜于奉养奢厚的人”，把“贤于”解为长于、胜于，把“贵生”解为奉养奢厚。其实，“贵生”是道家的一贯理念，“厚生”“生生”才是奉养奢厚的意思，“贵生”是珍重生命。“贤”本义为掌握钱财的人、善于管理钱财的人，这里取掌握、擅长的意思，“贤贵生”指掌握了珍重生命的精髓。

直译：

人们遭受饥饿，是因为他们拿出了太多的粮食来上税，所以才会饥饿。百姓不能治理，是因为他们崇尚奋发有为，所以才不能治理。民众轻视死亡，是因为他们追求厚养生命太过，所以才会轻视死亡。只有不以厚养生命为务的人，才真正掌握了珍重生命的精髓。

解读：

“**人之饥也，以其取食税之多也，是以饥**。”“其”，指代“人”。“取”，拿出、取出。第七十七章“孰能有余而有以取奉于天者乎”，“取”字也是拿出的意思。“食税”，“食”，粮也；“食税”指粮食之税。人们遭受饥饿，是因为他们拿出了太多的粮食来上税，所以才会饥饿。

“**百姓之不治也，以其上有以为也，是以不治**。”“不治”，不能治理，如《管子·国蓄》：“法令之不行，万民之不治，贫富之不齐也。”“其”，指代“百姓”。“上”，尊崇、崇尚。“有以为”，有目的而作为，这里指志欲旺盛，奋发有为。百姓不能治理，是因为他们崇尚奋发有为，所以才不能治理。

关于“有以为”，第三十八章说“上义为之，而有以为也”，指为了达到某个目标，为了实现某种意图而行事，属于主观有为的状态。第三十三章所说“强行者，有志也”，志欲旺盛就会强妄行事，人人如此，天下也便不得安宁了。因此老子才说“虚其心”，“弱其志”，“不见可欲，使民不乱”，“镇之以无名之朴”，“恒使民无知无欲”，这样百姓才好治理。

“**民之轻死，以其求生之厚也，是以轻死**。”“轻死”，轻视死亡，不顾惜性命。“其”，指代“民”。第五十章说：“而民生生，动皆之死地之十有三。”“生生”，即“求生之厚”，满足自身的欲求而不加以收敛，这叫厚养生命。民众轻视死亡，是因为他们太过贪求厚养生命，以至于为了功名利禄而犯险，为了荣华富贵而轻生。

“**夫唯无以生为者，是贤贵生**。”“无以生为”，不以厚养生命为目的，不贪求让自己得到更多，享受更好，生活更奢靡。只有不以厚养生命为务的人，才真正掌握了珍重生命的精髓。

生命，不是人为可以增益补充的，也不是外物可以荣养延续的，如《庄子·德充符》所说：“常因自然而不益生也。”自然，才是最好的养护生命之法。

因此，如果统治者真的知道如何“贵生”，就不会索取太多食税来奉养自己，也不会使用“上贤”“贵难得之货”“见可欲”等妄作有为的方式来治理国家。如此，人们就不会“饥”，百姓就不会“不治”，民众就不会“轻死”，天下也就得以长治久安了。

四十一、柔弱，是“生”的象征（今76章）

帛书版：

人之生也柔弱，其死也筋仞坚强。万物草木之生也柔脆，其死也枯槁。故曰：坚强者死之徒也，柔弱微细生之徒也。兵强则不胜，木强则恒①。强大居下，柔弱微细居上。

传世版：

人之生也柔弱，其死也坚强。万物草木之生也柔脆，其死也枯槁。故坚强者死之徒，柔弱者生之徒。是以兵强则不胜，木强则兵。强大处下，柔弱处上。

版本重大差异：

①木强则恒：传世版为“木强则兵”，此处历来争议不断。帛书甲本为“木强则恒”，乙本为“木强则竞”，王弼本作“木强则兵”，世传本多同傅奕本作“木强则共”，另有“木强则折”的。此处取甲本“木强则恒”，与第七十四章“若民恒且不畏死”用法相同，指“固执、不变”。这里用于木，指不服从弯曲、刚硬不变，与乙本“竞”字义同，强硬才会竞争。《尔雅·释诂》：“竞，彊也。”彊即“强硬不屈”之义，正与“恒”同义。树木变得彊硬，失去了柔弱的特性，也就意味着失去了生机，成了枯死之木。

直译：

人活着时身体柔弱，但死了就筋骨僵硬，变得坚强了。包括草木在内的万物，活着的时候都是柔软而脆弱的，死了以后就变得干枯强硬。

所以说，坚强的东西归属于死的那一类，而柔弱微小的东西归属于生的那一类。军队逞强就不能取得胜利，树木强硬就会失去生机。所以强大的东西属于下乘的，而柔弱微小的东西属于上乘的。

解读：

“**人之生也柔弱，其死也筋仞坚强**。”人活着的时候，身体是柔弱的，但死了以后就筋骨僵硬，变得坚强了。所以柔弱是生命力的象征，婴儿的生命力是最强的，第五十五章中说婴儿是“骨弱筋柔而握固”的状态。

“强”在本章有两层意思：一是指强硬、刚强，坚硬而不柔软，也就是“僵”；二是指不屈服，持续保持一个状态不改变，也就是“恒”。持续不变的强硬下去，也就意味着死亡。第四十章说：“反也者，道之动也。弱也者，道之用也。”能让事物从坚强复归于柔弱，从而赋予其生机的，唯有道。

“**万物草木之生也柔脆，其死也枯槁**。”不只是人，包括草木在内的万物，它们活着的时候都是柔软而脆弱的，死了以后就变得干枯强硬。初生的小草、小动物，都是非常柔弱、非常幼小的，但是生机勃勃，生命力旺盛之极。

“**故曰：坚强者死之徒也，柔弱微细生之徒也**。”“徒”，从属、种类。所以说，坚强的东西归属于死的那一类，而柔弱微小的东西归属于生的那一类。

“**兵强则不胜，木强则恒**。”第三十章讲用兵“毋以取强”，达到目的就行了，千万不要凭着武力逞强。“果而毋骄，果而勿矜，果而勿伐，果而毋得已居，是谓果而不强。”胜利了不骄傲，胜利了不矜持，胜利了不自夸，这叫作不逞强。因为“物壮而老，是谓之不道，不道早已”，一味骄矜逞强，是取死之道。所以“兵强则不胜”，而树木如果过于强硬，就成了枯死殭木。

“**强大居下，柔弱微细居上**。”《道德经》提倡的是守柔处下，此处为何讲强大居下而柔弱居上呢？其实这里的“上”并不是指方位，而是形容其珍贵，与“上德不德”用法相同，表示上乘的、上等的。“居”，占据、属于。强大的东西属于下乘的，柔弱微小的东西属于上乘的。

四十二、天之道，损有余而补不足（今 77 章）

帛书版：

天之道，犹张弓者也。高者抑之，下者举之，有余者损之，不足者补之。故天之道，损有余而补不足。人之道则不然，损不足而奉有余。孰能有余而有以取奉于天者乎①？唯有道者乎？是以圣人为而弗有，成功而弗居也。若此，其不欲见贤也。

传世版：

天之道，其犹张弓与！高者抑之，下者举之；有余者损之，不足者补之。天之道，损有余而补不足。人之道则不然，损不足以奉有余。孰能有余以奉天下？唯有道者。是以圣人为而不恃，功成而不处，其不欲见贤。

版本重大差异：

①孰能有余而有以取奉于天者乎：传世版为“孰能有余以奉天下”，二者意义完全不同。一个是遵从天道，一个是施以有为。高明说：“‘奉’‘法’古音相同通假，故‘取奉于天’当作‘取法于天’。……今本经文已经后人窜改，非老子本义。”“取奉”，其实也并非“取法”，而是“取而奉之”，献送之义。献送给天，由天来分配（遵从天道），来“损有余而补不足”，来给予天下人，而不是由我来分配（从人为），来施予天下人，正合第八章“予善天”。

直译：

天道的规则，就好像给松弛的弓上弦一样，压抑处于高位的，而抬举处于低位的，多余的进行减损，不足的进行补充。所以天道的规则，是减损有余的而补充不足的。但人道就不一样了，减损不足的，而供奉有余的。谁能在有余时把多余的取出献奉给天呢？只有有道的人能做到。所以圣人有所成就而不占有，建立功业而不居功。这样做，是因为不想显示自己的贤能。

解读：

“**天之道，犹张弓者也**。”“张弓”，上弦的弓。古代的弓为了保养，使用时才上弦，平常是不上弦的，称为“弛弓”。弓在“弛”的状态下，其弯曲方向与“张”时正好相反，故有“角弓反张”一词，也用于形容人头颈和下肢后弯而躯干向前成弓形的病症。

《诗·小雅·角弓》中写道：“骍骍角弓，翩其反矣。”正是说弓如果松下弦，便要向反面转，用于警示兄弟亲人之间要处好关系，不要疏远甚至反目。张弓的过程，是一个反转的过程，原本处在下位的，会反过来在上；原本处在上位的，会反过来在下。

而天道的规则，就好像把弓张开一样，“**高者抑之，下者举之，有余者损之，不足者补之**”。处在高位的，会被压抑；处在低位的，会被抬举。有所多余的，会被减损；有所不足的，会被补充。“**故天之道，损有余而补不足**”，因此天道的规则，是减损有余而补充不足。

第九章说：“持而盈之，不若其已。揣而锐之，不可长保也。金玉盈室，莫之守也。贵富而骄，自遗咎也。功遂身退，天之道也。”盈满的东西不好保持，因为它正处在被天道减损的状态。尖锐的东西不好保养，因为它正处在被天道锉削的状态。金玉满堂很难守住，贵富骄横就会有灾祸，因为它们正处在天道所向的对立面。所以才要功成身退，退下那个被天道打压的位置，远离风口浪尖，以保全自身。

第四十二章说："人之所恶，唯孤、寡、不谷，而王公以自名也。物或损之而益，益之而损。"人们所厌恶的，就是"孤""寡""不谷"，但是王公却用来自称，因为处下而以为不足，则可以得到天道往上的抬举之力。因此万物损己致虚，反而能得益；益己强横，反而会受损。

"**人之道则不然，损不足而奉有余**。"而人道规则就不一样了，减损本就不足的，用来供奉还有多余的。本来就多的，还要让他更多；本来就少的，还要继续剥夺。

人道规则正是这样。对于身处高位的，大家会继续追捧让他更高；对于身处低位的，大家会继续踩踏让他更低。财富越多的人，越容易聚敛财富，财富越少的人，越容易陷入贫困。

关于天道和人道，《庄子》作了对比论述："有天道，有人道。无为而尊者，天道也；有为而累者，人道也。"不需要人力，高处的东西自然而然会往下行，所以不累；拼尽全力，把低处的东西往高处累加，所以负累。

"**孰能有余而有以取奉于天者乎？唯有道者乎？**""取奉"，取而奉之，献送。"取奉于天"，天道要损我，我就拿出来奉送给天；天道要抑我，我就退出来让渡给天。"持而盈之，不若其已"，"功遂身退"，等等，讲的都是"取奉于天"的表现。

"取奉于天"，由天道来分配，来"损有余而补不足"。"予善天"，最好的给予，就是顺天应物。其实这里讲的正是遵从天道来给予人的意思，如第八十一章所说："圣人无积，既以为人，己愈有。既以予人矣，己愈多。"谁能在有余时把多余的取出献奉给天呢？只有有道的人吧！

"**是以圣人为而弗有，成功而弗居也**。"圣人有所成就而不占有，建立功业而不居功。因为“持而盈之，不若其已”，成就既已完成，功业既已落定，已然成“盈”的状态，这时就不应当一直把持了，否则很容易倾覆。“不若其已”，不如放下，功遂身退。

“**若此，其不欲见贤也**。”这样做，是因为不想表现得出众，不想让人把贤能的名号加在自己身上。若居贤出众，必然会被人之道“奉”至高位，而遭天之道“损”之。圣人不会顺从人道而违背天道，所以“不欲见贤”。

四十三、柔弱胜刚强，易知却难行（今 78 章）

帛书版：

天下莫柔弱于水，而攻坚强者莫之能胜也，以其无以易之也。柔之胜刚，弱之胜强，天下莫弗知也，而莫能行也。故圣人之言云，曰：受邦之垢，是谓社稷之主。受邦之不祥，是为天下之王。正言若反。

传世版：

天下莫柔弱于水，而攻坚强者莫之能胜，其无以易之。弱之胜强，柔之胜刚，天下莫不知，莫能行。是以圣人云，受国之垢，是谓社稷主；受国不祥，是为天下王。正言若反。

版本重大差异：

无。

直译：

天下没有比水更柔弱的，但是攻克坚强的东西却没有谁能胜过它。因为它的柔弱没有什么能够改变。柔战胜刚硬，弱战胜强横，天下没有人不知道这个道理，却没有谁能做到。所以圣人的话是这么说的：能够承担国家的屈辱，才可以说是国家的君主；能够承担国家的不祥，才可以说是天下的君王。合于道的话，听着就好像说反了一样。

解读：

“天下莫柔弱于水，而攻坚强者莫之能胜也，以其无以易之也。”“易”，改变。王弼注：“水之柔弱，无物可以易之。”天下没有比水更柔弱的，但是攻克坚强的东西却没有谁能胜过它。因为它的柔弱没有什么能够改变。

很多时候我们失败，只是因为遗忘了初衷，改变了本心。第六十四章说：“民之从事也，恒于其成而败之。故慎终若始，则无败事矣。”初从事时，到终成事时，我们的心态往往会发生很大的变化，因为不能持守如一。

我们在做事之初戒惧谨慎，成事时却往往轻忽大意，因而失败。如果对待事情的终结，也能像对待事情的开始一样，就不会有失败的事了。水为何攻克坚强战无不胜，因为它的“上善”之品性始终都不会发生改变，一直持守着柔弱处下之道。有道，则无往而不胜。

“柔之胜刚，弱之胜强，天下莫弗知也，而莫能行也。”柔战胜刚硬，弱战胜强横，天下没有人不知道这个道理，却没有谁能做到，因为没有谁能始终安然地持守柔弱。

当我们面对强权的时候，示之以弱很容易，而面对弱小的时候，依然能持守柔弱的就很少了。当我们居于上位的时候，泰然自若很容易，但处于下位的时候，还能安然处之的就很少了。“善者善之，不善者亦善之”，以“德善”来行事，才能不失道。

“故圣人之言云，曰：受邦之垢，是谓社稷之主。受邦之不祥，是为天下之王。”所以圣人的话是这么说的：能够承担国家的屈辱，才可以说是国家的君主；能够承担国家的不祥，才可以说是天下的君王。

谁都喜欢荣耀，谁都喜欢赞誉，那谁来承担“垢”与“不祥”？须知美生于恶，白生于黑，荣生于辱，那要谁来守恶（居众人之所恶）而成就美，谁来守黑（知其白，守其黑）而成就白，谁来守辱（知其荣，守其辱）而成就荣？谁能做到垢、不祥归于我，而洁、荣耀归于众人，谁才有资格成为天下之王。

如果国家兴旺的时候，高高在上地做国君，一遇到危难艰险就丢下国家跑路，这样的人是不够资格做国君的。国君要能承担一国之重，故而身处举国之下。处在最下的位置，也是各种污垢屈辱聚集的地方，能够安然地一直处下，而始终不发生改变，才可以说是国家的君主。在国家安稳的时候容易托举，而当国家混乱、灾难频发的时候，就难承其重了。谁能在这个时候依然安定处下，始终如一地托举着国家，谁才有资格成为天下之王。

“**正言若反**。”释德清说：“乃合道之正言，但世俗以为反耳。”如第四十章所说“明道如昧，进道如退，夷道如纇”，便是“正言若反”。

讲的是显明之道，世人听着却好像是暗昧；讲的是进取之道，世人听着却好像是在后退；讲的是平顺之道，世人听着却好像诸多阻碍。因为在世人看来，一国之君当然是高高在上，有福独享有难臣民来当，又怎么会让国君去承担屈辱和不祥？但行正道却恰好是相反的。

四十四、天道无亲，恒与善人（今 79 章）

帛书版：

和大怨，必有余怨，焉可以为善？是以圣人执右契[①]，而不以责于人。故有德司契，无德司彻。夫天道无亲，恒与善人。

传世版：

和大怨，必有余怨，安可以为善？是以圣人执左契，而不责于人。有德司契，无德司彻。天道无亲，常与善人。

版本重大差异：

①执右契：传世版是"执左契"，恰好相反。帛书甲本是"执右契"，乙本是"执左契"，高明说："从经义考察，甲本是'是以圣人执右契，而不以责于人'，乃谓圣人执右契应责而不责，施而不求报。正与老子所讲'生而弗有，长而弗宰'之玄德思想一致。乙本'执左契'义不可识，虽经历代学者旁征博引，多方诠释，仍不合老子之旨。据此足证帛书甲本当为老子原本旧文，乙本与世传今本皆有讹误。今据上述古今各本勘校，老子此文当订正为：'是以圣人执右契，而不以责于人。'右契位尊，乃贷人者所执。左契位卑，为贷于人者所执。圣人执右契而不以其责于人，施而不求报也。"不过高亨说："左契右契孰尊孰卑，因时因地而异，不尽同也。"可能这也是经文发生改变的原因之一。

直译：

调和大的怨恨，必然有余怨不能消除，又怎么能说是妥善的处理方法呢？所以圣人持有契券，但从不向人讨还。有德之人就像契券的保管人一样，持有但不去讨还；无德之人就像掌管税收的税吏一般，分毫都不能差少。天道不会特别亲近谁，但它从来都只和善人在一起。

解读：

“**和大怨，必有余怨，焉可以为善？**”有学者说应当把“报怨以德”句，加在“和大怨，必有余怨”句后，陈鼓应表示认可：“‘报怨以德’原在六十三章，但和上下文并无关联，疑是本章的错简，移入此处，文义相通。本段的意思是说：和解大怨，必然仍有余怨，所以老子认为以德来和解怨（报怨），仍非妥善的办法，最好是根本不和民众结怨。如何才能不和民众结怨呢？莫若行‘清静无为’之政——即后文所说的‘执左契而不责于人’，这样就不至于构怨于民。如行‘司彻’之政——向民众榨取，就会和民众结下大怨了。到了那时候，虽然用德来和解，也非上策。”

其实陈鼓应说的“行清静无为之政”，正是第六十三章“为无为，事无事，味无味”，如此则可以“大小（之），多少（之），报怨以德”，用德来消除怨恨。治国，本就是要从混乱而至于平静，从危难而至于安稳。怨恨已起，就要有能力彻底消除它，这才是“治”的意义所在。如果只能防而不能治，也是失之偏颇了。

“和”只是和谐、和解，并不是消除。“和”，原指调和乐声，使其和谐有节奏。原本杂乱无章的乐声，经过调和之后变得悦耳动听，这就是“和”。“和”并非使声音消散，而是使之和谐，不冲突。“和大怨”，也就是原本的怨恨仍然存在，只是被调解不爆发出来。

比如战争之后，战败国投降，双方保持和平继续交往，这就叫“和”，但民众心中的怨恨始终都在，很容易再次爆发冲突。所以老子说“焉可以为善”。只是一时压制住了，调解开了，怨恨终究没有消除，并不能说是好方法。

无为可以持守中正，无事可以平息祸乱，无味可以消解私欲。最终大怨变小，多事变少，厚欲变淡，如同清水稀释点墨一般，有形消于无形。这才是真正的消除怨恨，而不是“和”解怨恨。因此，被怨恨的一方，要想将怨恨消解，必须用“德”来行事，如此才能“报怨以德”。而怨恨产生的一方，就好像掌握了对方负债的契券一般，不主动去讨还，就已经是有德了。

“**是以圣人执右契，而不以责于人**。”圣人就好像掌握了借据的债权人一样，但从来不会向对方讨要债务，这便是“生而弗有，为而弗恃，长而弗宰”的玄德。比如父母，生养了我们但不讨要我们的身家性命。比如天地，成就了我们但不要求我们有所回报。比如道，统领着我们但不做我们的主宰。如此以“德”治理天下，怨从何来?

“**故有德司契，无德司彻**。”“彻”，周代的田税制度。“司彻”，掌管税收。所以有德之人就像契券的保管人一样，持有但不去讨还；无德之人就像掌管税收的税吏一般，分毫都不能差少，税缴不足便有罪，便要受到惩处。

“**夫天道无亲，恒与善人**。”“亲”，感情深厚，关系密切，在这里指有意的亲近与偏爱。“与”，多被解为“赐予、给予”，但在帛书版中，表达“给予”的意思采用的是“予”字。如第八章“予善天”，第三十六章“将欲夺之，必固予之”。而“与”字除语气词外，多为“和、同”之义，本处指“交往、交好”。意思是说，天道不会偏爱谁，它从来只会和善人在一起（交好）。有道之人，是谓“善人”。

道经注读

四十五、道，不是玄（今1章）

帛书版：

道可道也，非恒道也①。名可名也，非恒名也。无名，万物之始也②。有名，万物之母也。故恒无欲也，以观其妙，恒有欲也，以观其所徼。两者同出，异名同谓③，玄之又玄，众妙之门。

传世版：

道可道，非常道；名可名，非常名。无名天地之始，有名万物之母。故常无欲，以观其妙；常有欲，以观其徼。此两者同出而异名，同谓之玄，玄之又玄，众妙之门。

版本重大差异：

①非恒道也：传世版为“非常道”。为避汉文帝刘恒的讳，“恒”被改成了“常”。如果把“常”字理解为“恒常、恒久”，则恒、常二字无差，但很多人把“常”理解为寻常的、一般意义上的、普通、通常，这就完全失去“恒”的字义了。

②万物之始也：传世版改为“天地之始”，很容易让人理解成道生天地，天地生万物，天地为万物之母。其实在《道德经》中，天地与万物同属。就好像百姓之中出君王、常人之中出圣人一样，万物之中也同样出天地，是万物之君王。

③异名同谓：传世版是“同谓之玄”。“谓”本义是“告诉、讲诉”，“异名同谓”是指名称不一样，可讲述（呈现）的道理是一样的，表示“两者”都遵循同一个原理在运作。而在传世版中，这个原理被忽略，直

接把“两者”变成了“玄”，把道学变成了玄学。从此，“道”被蒙上一层无法揭开的面纱，变得可望而不可即，越发与大众远离，成了遁世无用之学。

直译：

道是可以被言说的，但可以言说的道，并不是那个恒久常存的道。名是可以被定义的，但可以定义的名，并不是那个恒久常存的名。无形无名，是造生万物的起始；有形有名，是孕育万物的母体。因此守住无欲的状态，来察知从无生有之妙；守住有欲的状态，来察知万物成形之徼。有欲无欲，同出于人；有名无名，同出于道。它们虽然定义不一样，可讲述的都是同一个道理。它们互相缠绕，来回切换，无限延伸。这种“玄”之又“玄”的形态，是我们认知天下万物、认知“道”的门径，也是道生天下万物的神妙之门。

解读：

“**道可道也，非恒道也**。”传世版是“道可道，非常道”，这是因为《道德经》流传至汉代的时候，为了避汉文帝刘恒的讳，把恒改成了常。可这一改就对后人理解《道德经》造成了误导，有部分人把“非常道”理解成“非同一般的道”“不寻常的道”。在帛书版出土以后，这种理解很明显是站不住脚了。因为常是恒常、恒久的意思，而不是一般、平常的意思。

还有断句为“道可，道非，常道”的。岂不知原文是“道可道也”，有个“也”字，根本无法这样断句。这句话是讲，道是可以被言说的，但可以言说的道，并不是那个恒久常存的道。名是可以被定义的，但可以定义的名，并不是那个恒久常存的名。

有人说先秦时“道”尚无“言说”之意，都是用“曰”来表达，其实不然。如《楚辞·天问》：“曰遂古之初，谁传道之？”朱集注：“道，犹言也。”

《礼记·经解》：“其在朝廷，则道仁圣礼义之序。”郑玄注：“道，犹言也。”

《孟子·滕文公上》：“孟子道性善，言必称尧舜。”集注：“道，言也。”

《孟子·梁惠王上》：“孟子对曰：‘仲尼之徒，无道桓文之事者；是以后世无传焉，臣未之闻也。无以，则王乎？”集注：“道，言也。”

只不过“道”与“曰”相比，更加正式一些，书面化一些，类似写论文对比大白话。“道”作“言说”来讲，是组织语言进行有逻辑的描述，对论证对象做显明的呈现。至于说唐宋以后才有“速速道来”之类的用法，那也只是“道”的口语化出现在唐宋之后而已，并不代表“道”没有“言说”之意。

我们说话，一定要“言之有物”，也就是有具体的内容可以陈述。而道是无法直接作为陈述对象的，因为它无形无象，莫可名状。面对着它，我们只能“哑口无言”，要想表达就必须引入具体的实有。比如“上善似水”，老子说水“几于道矣”，用水的特性来论述道。再比如“今之道”“道之物”“道之在天下”“道之出口”，这些着落于具体对象上的“道”，和“道”本身并不能等同。

“恒久常存的道”，是指道本身，道是“独立而不改”“先天地而生”的，所以称它为“恒道”。而“恒名”，《道德经》第二十一章讲“自今及古，其名不去”，说的正是“恒名”。事物的影响只要存在，它的真“名”也便存在。真“名”本就代表事物自身，是事物在名象世界的另一种表达方式，并不因为有人给它命名才存在。无人命名，它也仍然有自己的名，因此叫“恒名”。

“**名可名也，非恒名也**。”“名”，本义指自报名字，表达自身的存在，引申为命名、取名，用概念来指代事物本身。但是，我们命名，只是通过思维对事物进行解析，通过认知对事物进行定义，都只能呈现事物的片面信息而已，并非那个能与它自身相等同的“本我”之名。

有这样一个笑话，古希腊哲学家柏拉图把人定义为“双足的无毛动物”，于是另外一个哲学家狄奥根尼就把一只鸡的羽毛全部拔光，拎到讲桌上说：“这就是柏拉图所说的人。”柏拉图无言以对，只好另作补充，把人的定义修改为“人是没有羽毛的，有扁平指甲的两脚动物”。然而这样的定义，能算得上是“人”的确切表达，能代表人本身吗？

再举个容易理解的例子，我们可以尝试定义一下“爱情”的感觉，是不是很难说出口？硬要描述就变成了“呼吸急促，心跳加快，脑子一片空白，如同触电”之类概念的集合，而这些概念并不能和“爱情”画等号。简单来讲，“我们都知道就是它，但无论如何也说不出完整的、准确的它”。“就是它”，指“恒名”；“说不出完整的、准确的它”，指“名可名也，非恒名也”。

“**无名，万物之始也**。**有名，万物之母也**。”传世版是“无名天地之始，有名万物之母”。还有一种断句是北宋王安石首创的：无，名天地之始；有，名万物之母。流传也很广，影响很大，但是问题也非常明显。“万物之始”的状态是无可名的，名为“无”，就变成有可名了，同时也与“无”的概念自相矛盾，因为“无”本身就包括“无名”。

传世版把“万物之始”改成了“天地之始”，把天地与万物分开来讲，应该有两方面的原因。一是为了对仗工整，如庄子说“天地与我并生，而万物与我为一”，大气又朗朗上口。但天地与万物其实是一体的，天地相当于万物的边界，给万物撑着顶，兜着底。圣人与百姓也是一体的，圣人同样给百姓撑着顶，兜着底。如《道德经》第八十章说“受邦之垢，是谓社稷之主；受邦之不祥，是为天下王”。所以天地能容万物，圣人能容万民。

二是为了方便把“阴阳理论”纳入《道德经》的体系。在阴阳理论中，天地代表阴阳，也就是二；天地交合而生万物，代表阴阳相合而成三，三生万物。又有太极生阴阳，无极而太极，这样就和《道德经》的“道生一，一生二，二生三，三生万物”统一起来了。

包括第二章把“有，无之相生也”改成“有无相生”，也同样是为了引入“阴阳相生，互为其根”的理论。为什么很多人说《道德经》来源于《易经》，说《道德经》是在讲《易经》中的某一卦，就是因为《道德经》中许多细微的地方被改动过了，用一些似是而非的文字，引入了阴阳，引入了《易经》的东西。但是，这些强行植入的理念，单独看好像很有道理，而结合全文整体来看，则是错漏百出。

“**故恒无欲也，以观其妙，恒有欲也，以观其所徼**。”“无欲”，无杂念，心意不外施，精神凝聚而守中。“有欲”，心有所想，意有所施，欲有所为。“徼”，边界、边境。王弼注：“徼，归终也。”事物之终，便是它的边界。从无生有，这叫妙；当我们处于无欲的状态时可以察知。从有到边界之终，这叫徼，当我们处于有欲的状态时可以察知。

为什么有欲要观徼？因为我们有欲，必然先要知道自己“欲”的是什么，也就是要有具体的对象可欲。因此有欲则处于“有”的世界。在“有”的世界中，万物都是有边界的，知道边界才能知止，知止才能不殆。

“**两者同出，异名同谓，玄之又玄，众妙之门**。”“谓”，指报告、讲述、告诉。这同出的两者，既可以是有欲和无欲，也可以是有名和无名。有欲无欲，同出于人；有名无名，同出于道。它们虽然定义不一样，可讲述的都是同一个道理，因为它们都是在同一个原理之下运作的，这个原理便是“玄之又玄”。

这里和传世版的区别是，这同出的两者并不叫“玄”。传世版说“此两者同出而异名，同谓之玄”，“玄”成了道的代名词。但在帛书版中，“玄”只是缠绕的意思，就像两股绳拧成一股的那种形态，和 DNA 的双螺旋结构一样。

我们看西周到春秋时期“玄”的字形，是个“8”字，而 8 字形正是典型的双螺旋结构，它描绘的是两股绳搓缠成一股的形态，这个形态叫作“玄”。它表示有名和无名的互相缠绕，互相切换；也表示有欲和无欲的互相缠绕，互相切换。又因为这种缠绕和切换是无限延伸的，所以“玄”还有“深不可测”的意思。

什么叫互相切换？我们看两个东西拧在一块，比如两股绳拧在一起，在这个时刻可能是这股绳拧到了我的面前，下一刻就是另一股绳拧到了我的面前，它是来回切换的。正因为有名和无名是这样一种形态，切换着缠绕着去走，我们才能用有欲和无欲这样切换着来观，以有欲观有，以无欲观无，观天下，观万物，观妙，观徼。而道也是依据于此，用“有”和“无”互相交缠的“玄”的方式来造生天下万物。

天下间的万事万物，都是有形有质的一面和无形无质的一面共同构成的。比如宇宙，有物质和空间。物质，有波粒二象性。由物质构成的器物，老子又说，“有之以为利，无之以为用”，也是有“有”的一面和“无”的一面共同起作用。那么生命呢，又有精神和身体，精神是看不见摸不着的，它也是“无”的一面。

既然“无”是看不见摸不着、无形无象的，那么把双股绳中的一股虚化，才应该是“玄”的确切形态。而此时“有”和“无”的交缠，更像是“有”围绕着“无”旋转，就如众行星环绕着太阳公转一样。这也正合老子所说，“天下之物生于有，有生于无”，“无”是“有”的根本。

所以，“玄”这个形态可以说是天下万物的基本形态。而“玄之又玄”这样一种方式，既是我们认知天下万物、认知“道”的入门途径，也是道生天下万物的奥妙之门。老子说它是“众妙之门”，名副其实。

关于“道可道也，非恒道也。名可名也，非恒名也”，还有另一种解读。本句第二个“道”不解为“言说”，而是解为“遵循、遵行”。如《荀子·王霸》：“不可不善为择道然后道之。”“择道然后道之”，与“道可道也”相当，第一个“道”都是方针、准则的意思；第二个“道”都是遵行的意思。

“非恒道也”，但是这些方针与准则又不是恒定不变的。所以第十四章说“执今之道，以御今之有”，古今时势有异，适用于古时的准则并不一定适用于当今，因此“道”也要应时因势而变。这样的“道”，才符合太史公司马谈所说“与时迁移，应物变化，立俗施事，无所不宜”的道家之道。

于是这里就有了“法无定法”的意味。然而法有“无上之正法”为本源，道也同样有“独立不改”之“恒道”为根本；万法归于其宗，百谷归于江海。正如第三十二章所说：“譬道之在天下也，犹小谷之与江海也。”因此道有“恒道”与“非恒道”，“恒道”为本源，“非恒道”为枝末。

“名可名也”，第一个“名”指“名象”，第二个“名”指“定义”。《荀子·正论》：“天下之大隆，是非之封界，分职名象之所起，王制是也。”我们常说“名分”，万事万物因“名”而有“分”，用名义定职分。“名象”为何合用，因为物最初是以形象来作为区分的，后来为物定了名，便以名（概念）为分，所以名和象的联系非常紧密，而且二者都有一个共同的特性——“无常”。

同样一件事，不同的人对它的理解和认知都不一样；同样一个物，不同的光线和角度下形象也都不一样。名是可以被定义的，但是定义得来的名，并不是一成不变的；象是可以被描述的，但描述出来的象，也不是一成不变的。而定义名、描述象的依据是不变的，是为“恒名”“恒象”，好比“忒修斯之船”。

一条船的船身不断破旧，它的所有部件都被完全更换了一遍，但这条船之“恒名”并没有变，仍然是“忒修斯之船”。我们人体的细胞平均每七年完全更新一次，但我们还是我们，“恒名”并没有变。船仍然是船形，我们仍然是人形，其“恒象”也不变。

这种解读的好处是，不至于把道解读得玄之又玄。但是“恒道”也确实是不可名、不可言的，《庄子》对此作了多方位的论证，如“道不可言，言而非也”“道不当名”等。这两种解读均作保留，由读者自行参照取用。

四十六、道，不是阴阳（今 2 章）

帛书版：

天下皆知美、为美①，恶已。皆知善②，斯不善矣③。有，无之相生也④。难，易之相成也。长，短之相形也。高，下之相盈也⑤。音，声之相和也。先，后之相随，恒也。是以圣人居无为之事，行不言之教。万物作而弗始也⑥，为而弗恃也，成功而弗居也。夫唯弗居，是以弗去。

传世版：

天下皆知美之为美，斯恶已；皆知善之为善，斯不善已。故有无相生，难易相成，长短相较，高下相倾，音声相和，前后相随。是以圣人处无为之事，行不言之教，万物作焉而不辞，生而不有，为而不恃，功成而弗居。夫唯弗居，是以不去。

版本重大差异：

①知美、为美：帛书乙本和传世版是“知美之为美”。可见在帛书乙本的时代，人们已经发现这句话容易有分歧，并认为老子想要表达的是“知道美为什么是美”，所以才进行了修改，加上一个“之”字。然而对于主语后加“之”的运用，全文比比皆是，本章就有不少，不至于单独在此句遗脱；而且“知美之为美”言语累赘，也不符合通篇行文风格。如果这里要表达的是知道美的概念从而有了恶的概念，那么“天下皆知”就明显多余。所以综合来看，“知美、为美”应当是两个动作，讲的是老子所处时代的社会普遍现象，而并非是“美”的概念。“知”，本义是谈

论和传授经验，使他人知道；“知美”，指谈论与传播美。“为”，做、从事，“为美”，指造作美。当天下都在谈论美、造作美的时候，也就说明整个天下德行败坏的程度已经非常深了。

②皆知善：传世版是“皆知善之为善”。“善”，好的、妥当的；当天下都在讨论什么才是好的状态时，也就说明整个天下德行缺失的现象已经非常普遍了。而传世版改成“皆知善之为善”，就从具体的社会现象降维到了个人对概念的认知，大失原意。至于为什么没有和“知美、为美”一样加上“为善”，因为“善”是没法造作的。比如我们可以探讨出一个理想社会，一个至善的“乌托邦”，但没法伪造出来。比如“善行者无辙迹”，不善之人也同样无法模仿出来，老司机可以漂亮地玩一把漂移，新手是无法通过伪装达到的。

③斯不善矣：传世版是“斯不善已”。“矣”“已”二字虽可作语气词通用，但本章中是各自为用，意义并不相同。“已”有“太多、太过”的意思，而“矣”是指已然发生，表示完成时态。

④有，无之相生也：传世版句式为“有无相生”，“相”成了“相互”的意思。而帛书版句式为“有，无之相生也”，“相”是“表示一方对另一方的动作”，是单向的而不是相互的，比如“相劝”“相问”“相信”。

⑤高，下之相盈也：传世版为“高下相倾”。下盈满则为高，但高无法盈满成下，所以“盈”字被改成“倾”字，这样才可以互相颠倒成就。

⑥万物作而弗始也：传世版为“万物作焉而不辞”。“始”作动词为“滋生”的意思，“弗始”表示“不另生事、不作干涉”，正是“处无为之事”。而“不辞”，河上公注：“不辞谢而逆止。”“辞”本义为诉讼、争讼之言；“不辞”即为不违不逆，不拂扰万物的兴起。“弗始”表达的重点在于不生事，“不辞”表达的重点在于不违逆，此处“弗始”意义更为贴切。

传世版在该句之后增添了一句“生而不有”，但《道德经》中出现的

“生而不有”，主体都是道，而不是圣人。道生天地万物，但圣人并不能造生民众百姓，圣人是善于救人，第二十七章说“圣人恒善救人”。本章的主体是圣人，因此去掉“生而不有”比较合适。

直译：

天下都在谈论美、造作美的时候，恶就已经太过深重了。天下都在谈论善的时候，不善就已经很普遍了。“有”是由“无”生成的；“难”是由“易”演化的；“长”是由“短”形成的；“高”是由“下”积满而成的；“音”是由“声”应和而起的；“先”是由“后”随从才有的。这是一个恒定不变的规律。所以圣人以无为的方式行事，以不言的方式设教。万物欣欣向荣而不干涉它们，成就万物而不依赖它们，建立功业也不去占有。只有不去占有，成功才会一直相随，而不会离去。

解读：

“**天下皆知美、为美，恶已。皆知善，斯不善矣**。”传世版是“天下皆知美之为美，斯恶已；皆知善之为善，斯不善已。”单从文字上看，差别很小，只是个别字的改动和补充，但是从句义来看，差别不小。

什么叫美？人们喜欢的就叫美；什么叫恶？人们讨厌的就叫恶。第三十一章说：“铦袭为上，勿美也。若美之，是乐杀人也。”这里的美就是赞美、喜欢的意思。什么叫善呢？认为是好的就是善，认为是不好的就是不善。所以当古人对人对事表示肯定的时候常常说“善”“大善”。

从整句来看，传世版的意思很明确：天下都知道美所以为美，那么对恶的认知就同时产生了；都知道善之所以为善，那么不善的观念也就出现了。表示美和恶是互相成就的，善和不善是同时产生的。特别是传世版还加了一个“故”字，“故有无相生，难易相成”，表示上下成因果关系，更进一步肯定了这个观念。

但是用这个观念去理解帛书版的时候，就不是那么顺畅了。首先前半句少了个“斯”字；其次前半句结尾是“已”，而后半句是“矣”；最后下文没有“故”字承接，不与上文成因果关系。

有学者说“已”“矣”二字相通，那为什么只是一句话的前后两段，却要多此一举使用通假字呢？比如《论语》中有一句话：“饱食终日，无所用心，难矣哉。不有博弈者乎？为之，犹贤乎已。”也是矣、已同出，但没人会把二者当成通假字来理解。传世版把两个字做了统一，而在帛书甲、乙本中，这两处都是一个“已”字，一个“矣”字，说明它们各自的意思并不一样。

“已”，本义指胎儿成熟，发育的过程完成；完成的状态保持得太长、太久，就衍生出了“程度太过”的意思。如孔子所说“不为已甚”，指“不做太过分的事”，“已”是过分的意思。帛书版此处的“已”，也应是“过”“太”的意思。那么这一句译为现代汉语就是“天下都在谈论美、造作美的时候，恶就已经太过深重了”。后一句“皆知善，斯不善矣”，“矣”字表示已然的事实，译为现代汉语就是“天下都在传播善的时候，这里（斯）不善就已经存在了”。

不同的版本，表达出来的是相反的意思。传世版表达的是“知美得恶”“知善得不善”，而帛书版表达的是“知美是因为有恶”，“知善是因为不善在先”。那么有一个问题：从我们还没有认知，到最初有认知，是先知道“美”，还是先知道“恶”？

有人会说美和恶是同时出现的，不过对立双方同时出现而又互相依存，只是在概念上成立。在现实中我们找不到任何一个例证是对立而又同时出现，一方消失另一方就不见的。那么不提概念，只从现实来看，美与恶的感受哪个在先，哪个在后？

可以肯定地说，一定是先有恶的感受，再有美的感受。因为婴儿的混沌无知状态，是一种类似于“合道”的状态，老子说婴儿终日号哭也不会气逆，是因为自身“和之至”。在这种状态下，正是“至美”的感受，所以才觉察不到美，而呈现无知无欲的状态。

就如庄子所说，鞋子合脚，你会忘掉自己的脚。但只要鞋子里有一粒沙子，你就会被不适打破这种无知的状态。然后取出沙子，再穿上鞋子，就感受到什么叫“美”了。而之前一直处于“至美”之中，所以感受不到美。因此，合理的逻辑是：恶造就美；不善造就善。率先打破婴儿“和之至”状态的，一定是恶与不善。

同理，“失道而后德”。可歌可泣的情感，只会在艰难险境中迸发；珍贵高尚的美德，只会在乱世中被传扬。混沌死亡开启七窍（见《庄子·应帝王》“混沌之死”），才有了我们眼前的花花世界。回想一下，有多少我们认为的美味，第一次尝试时却是相当不适，因为打破了“味无味”的合道状态，烟、酒都是如此。而食髓知味之后再想回归于“味无味”，就十分艰难了。

因此，下文也不是“有无相生，难易相成，长短相较，高下相倾，音声相和，前后相随”，而是“**有，无之相生也**。**难，易之相成也**。**长，短之相形也**。**高，下之相盈也**。**音，声之相和也**。**先，后之相随，恒也**”。

其实单从语法来看，断为“有，无之相生也”更为合适。这里的“相”，并不是“相互”的意思，而是表示“一方对另一方的动作”，是单向的。比如“相信”“相劝”“相问”，都是单向的动作。再如《道德经》第六十章“非其神不伤人也，圣人亦弗伤也。夫两不相伤，故德交归焉”，这里的“相伤”，也是指单向的动作，表示神与圣人都不伤害百姓，而不是神、圣人与百姓互相伤害。

需要注意的是，“有无、难易、长短、高下、前后”，都是反义词，唯独“音、声”二字不成反义。《诗序》：“情发于声，声成文，谓之音。”疏：“此言声成文谓之音，则声与音别。”古人认为声和音是有差别的，二者不是相反相成的关系，而是“声”生“音”的关系。

如《周礼·春官·大师》：“以六律为之音。”疏：“以大师吹律为声，又使其人作声而合之，听人声与律吕之声合，谓之为音（人声与律声相合而成音）。”

又《乐记注》：“杂比曰音，单出曰声（不同的声合成韵为音）。”

可见“音，声之相和也”才是正确的解读。

另外，传世版还把“高，下之相盈也”的“盈”字，改成了“倾”字。如果说“高”是由“下”盈满而成的，逻辑没问题，但要说“下”是由“高”盈满而成的，就不通了。这里改成“倾”字，“高”颠倒就是“下”，“下”颠倒就是“高”，这样才合理通畅。

从这里我们可以看出，为了往第二章植入“阴阳相生”的概念，修改者可谓用心良苦，而且改得极高明巧妙，以至于流传千年不绝。要知道，《道德经》全文可是有多处与“阴阳相生”概念相矛盾的语句。

第二十六章：“重为轻根，静为躁君……轻则失本，躁则失君。”

第三十八章：“是以大丈夫居其厚，而不居其薄，居其实，而不居其华。”

第三十九章：“故必贵而以贱为本，必高矣而以下为基。”

第四十一章：“天下之物生于有，有生于无。”

第四十五章：“躁胜寒，静胜热，清静可以为天下正。”

第六十三章：“天下之难作为易，天下之大作为细。”

以上都是在讲“本与末”“母与子”的关系：重为本，而重生（胜）轻；静为本，而静生（胜）躁；厚为本，而厚生（胜）薄；实为本，而实生（胜）华；贱为本，而贱生（胜）贵；下为本，而下生（胜）高；易为本，而易生（胜）难；小为本，而小生（胜）大。守住了“母”的位置，占据了本源之根，就能无往而不胜。

所以老子说“清静可以为天下正”，却不说躁动也为天下正。因为只有一个根，才能得正，如果有两个根，那不是来回颠倒、摇摆不定吗？又哪里来的正？“其无正也”，就会造成“正复为奇，善复为妖”，福祸相依而来回转换。无正，则失本。

然而这么多与“阴阳相生”概念相矛盾的地方，也依然阻止不了人们用“阴阳相生”的思维去理解《道德经》。其根本原因就在于第二章被篡改的部分太权威了。可能也曾有人怀疑过，但在“铁证如山”面前都退缩了，转而去寻找别的理解来自恰。以这样的断句来破除“阴阳相生”惯性思维的，本书应是首创。

所以这段话的意思是：“有”是由“无”生成的；“难”是由“易”演化的；“长”是由“短”形成的；“高”是由“下”积满而成的；“音”是由“声”应和而起的；“先”是由“后”随从才有的。这是一个恒定不变的规律。

“**是以圣人居无为之事，行不言之教**。”“居”是主持、处理的意思，如《逸周书》：“士居国家”，即“士主持国家之事”。圣人用无为的方式来处理事务，用不言的方式来施行教化。圣人不宣扬仁义之类的美德让人遵行，因为美德的存在需要丑恶作为土壤；圣人不推行正确（善）的标准让人奉行，因为任何正确都是依据于当下需求而来的，是随着不同的时代、不同的对象一直在变化着的，并没有固定的教条可言。

很多人在这里找不到前后文的逻辑关系，其实破除“阴阳相生”思维之后就很简单了：因为无生有，所以“无为”造生“有为”，“不言”成就“有言”。圣人无为，则百姓各自有所成就；圣人不言，则百姓各自有所欲言（心得）。这便是“我无为而民自化”的道理。

“**万物作而弗始也，为而弗恃也，成功而弗居也**。**夫唯弗居，是以弗去**。”“作”是“兴起、繁荣”的意思，“始”是“滋生、造就”的意思，“居”是“占据、占有”的意思。万物繁荣兴起而不去滋生事端，也就是不加干涉。圣人行的是无为之道，都是尽量隐藏、弱化自身意志的影响，所以不施于人、“不欲见贤”，甚至“建德如偷”才是其主旨，最终“成功遂事，而百姓谓我自然”。

因此，万物欣欣向荣而不干涉它们，化育万物而不倚仗它们，成就功业也不去占有。只有不占据这成功，功遂而身退，成功才会一直相随，不会离去。

道理很简单，功成也就意味着完结，居功也就意味着始终停留在这个完结的状态，也便不会再有新的开始、新的成功了。只有不觉得自己有什么功，自身才会一直处于“虚”的状态，才会一直有空间可以接纳新的成功。

四十七、守住本根，天下自宁（今 3 章）

帛书版：

不上贤①，使民不争。不贵难得之货，使民不为盗。不见可欲，使民不乱。是以圣人之治也，虚其心，实其腹，弱其志，强其骨。恒使民无知无欲也，使夫智不敢。弗为而已，则无不治矣。

传世版：

不尚贤，使民不争；不贵难得之货，使民不为盗；不见可欲，使民心不乱。是以圣人之治，虚其心，实其腹；弱其志，强其骨。常使民无知无欲，使夫智者不敢为也。为无为，则无不治。

版本重大差异：

①不上贤：传世版为“不尚贤”。帛书版全文仅有一处使用了“尚”字，第七十一章“知不知，尚矣”，表达的是提升、超出之意。“尚”“上”二字虽说在古时相通，但侧重还是有所不同。“上”本义是“高处、上面”，“不上贤”，是指不给予贤人高人一等的地位。而“尚”字本义是增加、超出，引申为“推崇、注重”。《道德经》是注重让人具有贤才的，所以才会讲“事善能，动善时”，讲“善人者，善人之师”，讲“善行”“善言”“善为道”，只是说不要“见贤”，显摆自己的贤才，更不要因为有贤才就自伐自矜，认为高人一等。而本章表达的意思，正是不要主动拔高贤人的地位，诱使他们自认为高人一等。

直译：

不拔高贤人的地位，使民众不互相争斗。不看重难得的财货，使民众不偷不盗。不展现容易诱发欲望的东西，使民众不作乱。所以圣人治理天下，让民众内心虚静，而腹中充实；让民众意气柔弱，而根基强健。总是让民众处于质朴自然而不妄为的状态，让那些善于使用智巧的人不敢有所行动。用无为之道治国，天下就没有治理不好的国家。

解读：

“**不上贤，使民不争**。”“贤”，有才能有才干的人。对于这样的人，不要给予他高人一等的地位，也不要去宣扬他尊贵显达的名声。王弼注：“唯能是任，尚也曷为？”只是他的个人能力在自己的岗位上得到了发挥而已，为什么要给予特别的赞誉呢？就像猫天生会抓老鼠，人们却因为这个天性而卖力地称赞它，不是很多余吗？

王弼说的虽有道理，不过贤人之所以为贤人，正是因为他们出类拔萃。同样是抓老鼠的猫，也有能力强弱之分；同样的岗位，拔尖的只有一小部分人，这部分人就是贤人。而如果人为去拔高贤人的地位，宣扬他们的名声，造成的结果就是争：争执、争斗。

打个比方，如果武功第一可以号令天下，那是不是人人都要争个第一，争得腥风血雨刀光剑影。而如果武功第一没有任何益处，又有谁还去争这个第一呢？

这个时候，就好像驴鼻子前挂的胡萝卜消失了一样，眼前的诱惑没有了，本心就回来了。那么驴子就会随自己的本意活动，爱吃草吃草，爱闲逛闲逛，互相也不争不斗了，各自都去干自己擅长的事情了。这种状态，是不是很安宁祥和，而又生机勃勃？

《道德经》推崇的正是这样的状态。人人都可以做自己喜欢做的事，做自己擅长做的事，而不是因为追求别的什么东西，比如名声、地位去做事。就像当妈妈的，并不是为了追求“模范母亲”的名声才去做个好妈妈；当护士的，也不是为了得到“最美护士”的荣誉才去做个好护士。树标杆、评最美，看似一时很有用，但从长远来看并没有好处，因为它扰乱了人们的本心，让人被欲望驱使着做事，而欲望只会越来越强盛，初心也就从此遗失了。

所以，“不上贤，使民不争”。即使贤人很少，也不要因为稀少就觉得他贵重，高人一等，要知道这少部分人的根基是不如他们的大部分人。贤人都来自大众，大众才是根本，因此要守住本，就要以大众为重，而不能因为这一小部分人就鄙夷、作践大部分人。

“圣人恒无心，以百姓之心为心”，全身心地站在百姓一边，这才是守住了本。如此看来，物稀，其实不足为贵，真正的贵，是可以让所有人都得到好处的东西，与“下”“贱”同德的东西，这才是基石。

“**不贵难得之货，使民不为盗**。”“难得之货”，指稀少的、很难得到的珍好财物。物稀，也就意味着只有极少数人可以得到，如果还要进一步拔高它的价值，宣扬它珍贵的名声，不是诱惑别人去偷去抢吗？所以不要把难得之货看得很贵重，这样民众才不会为了得到它而去做盗贼。

“**不见可欲，使民不乱**。”“可欲”，指足以引起欲念的事物。那些容易引发人们心中欲望的东西，就不要拿出来到处显摆了，更不要去大肆宣扬、推广。诸如一夜暴富、平步青云、豪奢显贵等，不要去大肆宣传，人们才不会被欲望牵引着乱来。

在老子看来，贤所代表的智巧、名声，难得之货所代表的钱财、珍好之物，可欲所代表的外来诱惑，这三者正是破坏民众淳朴的罪魁祸首。

“**是以圣人之治也，虚其心，实其腹，弱其志，强其骨**。”“心”指思虑、主观意念。“腹”指内在根基、本根。《道德经》在第十二章也说：“是以圣人之治也，为腹不为目。故去彼取此。”两章讲的其实是同一个道理：舍其末，取其本。

腹为目之本，只有肚子吃饱了，才有闲心去观花赏月，游山玩水；骨为志之本，只有内在坚实了，根本稳固了，才有底气志向于远方。所以要实其根基，而虚其心欲，不要把重心放在谋虑智巧上；要强健内在，而不追求外在，不要把重心放在声色享受上。只有这样，才不会损害自己的本根。

“志”，本义指“心之所欲，心愿所往”，是一种主观的追求。《孟子》说：“夫志，气之帅也。”以“心之所欲”来统率驱使“气”，正如第五十五章所说“心使气曰强”，是一种“强妄”的状态。如果心志过于强盛，就很容易遭受挫败。

“志”和“趣”的分别在于：趣是兴趣，发自天性；而志是意向，发自主观。志需要“立”，而趣不需要“立”。第三十三章说：“强行者，有志也。”心志强盛的人，往往会凭主观意愿强行，强行就容易失败。所以“志”要弱，不要有那么强的意气，而“骨”要强，坚实、坚韧。

“骨”，是事物内在的支撑，是事物强大的根基。我们常说一个人“骨头硬”“有骨气”，这种强才是发自内在的、真正的强，而不在于他发了什么宏大愿望，立了什么通天志向。相反，外在过于张扬，必然会损害本根；向外发挥过多，必然会疏失内在。我们要凝实自己的本根，而不要因为过强的心志和欲望损害到它。

“恒使民无知无欲也，使夫智不敢。”有人说这是在讲愚民，其实不然。无知，并不是愚昧，而是在自然舒适的状态下呈现出来的忘我状态，如鱼在水。《庄子·达生》说：“忘足，履之适也；忘腰，带之适也；知忘是非，心之适也。”鞋子舒服你会忘记（感受不到）自己的脚，腰带舒服你会忘记（感受不到）自己的腰，心里舒服你就会忘记（感受不到）

是非。是非遗忘了，没有是非了，这不正是“是非不分”的无知吗？

然而这种无知，其实只有在天下大治时，在民众生活极为和谐的状态下，才有可能实现。这时大家的内在充实而欲望寡淡，不会钩心斗角互相算计，不会为做人上人互相争斗，因而得以复归于纯朴、天真，如此才能得到这种至美至乐的幸福。

无欲，也不是人为压制住、阉割掉欲望，而是“可欲”没有了，“意气”减弱了，心中好像没有什么欠缺的了，本自圆满。这个时候，人们就会真正回归生活，回归自我。在这样的治世，那些“智者”——善于兴风作浪的人，也都不敢胡作非为了。

“**弗为而已，则无不治矣**。”要如何才能达到这种状态呢？“弗为而已”，即无为。用无为之道治国，那么天下就没有治理不好的国家。

四十八、唯有虚空，可容万物（今 4 章）

帛书版：

道盅[①]，而用之又弗盈也。渊呵，似万物之宗。挫其锐，解其纷，和其光，同其尘。湛呵，似或存。吾不知其谁之子也，象帝之先。

传世版：

道冲而用之或不盈，渊兮似万物之宗。挫其锐，解其纷，和其光，同其尘。湛兮似或存，吾不知谁之子，象帝之先。

版本重大差异：

①道盅：传世版为“道冲”。“冲”字表示“空虚”的义项，其古字为“盅”。《说文解字》：“盅，器虚也”。段玉裁说“冲行而盅废”，因为今人大多把“冲”理解为“冲涌”，而忽视其“空虚”之义。所以传世版中的“道冲”，很多人错误理解成动词，断为“道冲而用之”。

直译：

道就好像一个空虚的容器一样，但它的作用无穷无尽，因为这个容器永远也不会盈满。它是那么的幽深啊，好像万物的宗主。它挫去万物锋锐的棱角，理顺万物的纷乱与杂扰，把万物的光芒调至柔和，把万物与微尘相统一。它是那么的澄澈啊，若隐若存。我不知道它由谁所生，只知道在最早的有形之物出现以前，它就已经存在了。

解读：

“道盅，而用之又弗盈也。”“盅”这个字在帛书甲本里是残缺的，在乙本里是“冲”字，传世版为“冲”。“冲”同“冲”，而“冲”字表示空虚的义项，其古字为“盅”，指空虚的容器。《说文》：“盅，器虚也。”道就好像一个空虚的容器，但它的作用无穷无尽，因为这个容器永远也不会盈满。

“冲”字本义是水涌动，又怎么会和“空虚的容器”有关联呢？想象一下，我们用杯子接住冲涌之水，如果这个杯子的容量无限大，怎么接也接不满，那么“冲涌”的动作就可以一直持续下去。这就叫“用之又不盈”，只要不盈满，就可以一直“冲”。所以“冲”这个动作的存在，本身就代表空虚、不盈，如果盈满了，就好像上涌的泉水被加上了盖子，这个“冲”的动作也就无法进行了。

“渊呵，似万物之宗。”道这个空虚的容器，老子说它就像深渊一样，根本不知道容量有多大。它是那么的幽深啊，好像万物的宗主。

“宗主”，也就是祖先、创始者的意思。如果说道是一个空虚的容器，那么万物都在这个容器中，而且无论如何生生不息也装不满。道容纳了万物，万物都从中而来，所以说它是万物的宗主。

“挫其锐，解其纷，和其光，同其尘。”是谁在挫其锐？是道。挫谁的锐？万物。日常生活中，那些有棱有角、尖锐锋利的东西，是最容易受损的。菜刀放一放就不锋利了，因为它尖锐的部分会随着时间慢慢消磨。正如一个人锋芒毕露，往往会被社会打磨一样。

“解其纷”，再纷乱的东西，在野外放几十年也会变得有条有理。该锈的锈，该分解的分解，该被风吹走的吹走，该随雨水沉降的沉降，这就叫尘归尘，土归土，道自会把万物归置得条理分明。

“和其光，同其尘”，和是调和的意思，要把光芒调和到“光而不耀”

的程度，万物才能和谐。同是齐一、统一的意思。屋子长时间没人住，桌子上的尘土就会分布得很均匀，没有高低之分，没有贵贱之别，没有大小、多少的分别，和谐而又统一。所以说道是至公的，万物在道的治下，是高度统一而不会被区分对待的。

以上这些，讲的都是道的一些基本特性，对应于人事，就是第五十八章所说“方而不割，廉而不刺，直而不肆，光而不耀”。又割又刺，就会被“挫其锐”；又肆又耀，就会被“和其光”。

“湛呵，似或存。”“湛”是清澈透明的意思，深而又清澈，就是湛。山中的水潭里，能看到这样特别清的水，感觉好像不存在一样，扔个石头进去又有水花，似无实存，所以说“似或存”。

“吾不知其谁之子也，象帝之先。”有祖就有宗，有母就有子。“不知其谁之子”，意思是不知道它的母体是谁，不知道它从哪里来。这也意味着它才是最大的那一个，最开始的那一个，最早的那一个，所以叫“象帝之先”。

王安石说：“象者，有形之始也；帝者，生物之祖也。”认为“象帝”代表万物之始祖，包括有形之物与有生命之物。确切来说，“象帝”应指“象之帝”，“象”为有形，“帝”为始祖，“象之帝”就是最先出现的有形之物。

四十九、“不仁”方是大爱（今5章）

帛书版：

天地不仁，以万物为刍狗。圣人不仁，以百姓为刍狗。天地之间，其犹橐籥与！虚而不屈，动而愈出。多闻数穷①，不若守于中。

传世版：

天地不仁，以万物为刍狗；圣人不仁，以百姓为刍狗。天地之间，其犹橐籥乎？虚而不屈，动而愈出。多言数穷，不如守中。

版本重大差异：

①多闻数穷：传世版改为“多言数穷”。多闻是指见闻知识多，而多言是指言谈陈述多，意义相差甚远。从《道德经》中“博者不知、知者不博”“不出于户，以知天下”“塞其兑，闭其门”等语句来看，“多闻数穷”更为契合文义。北大汉简本也为“多闻数穷，不若守于中”。

直译：

天地不以仁爱对待万物，而是把万物当作祭祀时用的草狗来看待。圣人不以仁爱对待百姓，而是把百姓当作祭祀时用的草狗来看待。天地之间，不就好像一个大风箱吗？空虚而不竭尽，鼓动而风愈出。越是向外追求见闻知识，内心就会越发失去对道的把握，所以不如安守于中。

解读：

本章帛书版和传世版只有一处差别，但这一处差别很关键。帛书版是“多闻数穷”，而传世版是“多言数穷”。“多闻数穷”再怎么传抄，也不太可能变成“多言数穷”。二者字形和意义都相差甚远，很大可能是后人篡改成今天的样子。为什么要这么改呢？

“多闻”，指见闻知识多；“多言”，指言谈话语多。用我们现在的主流思维来看，“多言数穷”明显比“多闻数穷”更加合理。比如从小到大，我们应该都被长辈告诫过，要“少说多听”，“少说话多做事”，因为“言多必失”。但是“多闻”就非常被推崇了，“读万卷书不如行千里路”，“博学多闻”“满腹经纶”几乎可以说是读书人的象征。

孔子就以见识广博而著称，《史记》曾专门记载了三个故事来说明孔子的博学多闻。说有次孔子在陈国的时候，有人发现一只大鸟被箭射中。孔子认出这是东北肃慎国之箭，是周武王克商时收到的贡品，后来赐给了陈国。人们到陈国祖庙去找，果然找到了同样的箭。

又说有一次季桓子挖井挖到一个土罐，其中有个东西像羊，他故意去问孔子，说自己挖到了狗。孔子说那是“坟羊”，是一种土中怪物。孔子告诉对方还有土石之怪、水之怪等等。别人闻所未闻的东西，孔子全知道。

再说吴国伐越国的时候，打下了会稽城，在城里发现一节大腿骨，需要一辆大车来装。吴国派使者请教孔子，孔子说：“大禹曾在会稽召集各地诸侯，防风氏因到得太晚而被杀。他有三丈高，大腿骨需要用大车来装。当时最矮的人只有三尺高。”

这算是从古到今，天上地下，无所不知无所不晓了。孔子本人都如此多闻，那多闻又怎么会数穷呢？或许正是这个原因，才把“多闻数穷”变成了“多言数穷”。

《道德经》确实提倡“少言”，不过它的“少言”和普通意义上的“少说话”又不一样。“言”在《道德经》中有声令教化之意，代表主观意志的伸张。“少言”是指不要用自己的主观意志干扰事物的自然状态，引申为不要滥施政令、轻言教化。

比如《道德经》说“不言之教”“希言自然”，又说“知者弗言，言者弗知”，都是在讲言语本身就具有强加意志于他人的效果，是一种主观有为的行径。所以人要“贵言”，不要随便发言影响他人，不要轻易号令指使他人。基于这个理解，陈鼓应把“多言数穷”解释为“政令烦苛就会加速灭亡”，“数”通“速”，“速穷”就是加速灭亡的意思。

但这种理解和上文缺乏逻辑关联。上文是“天地之间，其犹橐籥与！虚而不屈，动而愈出”，明显是在讲天地万物生生不息，而下文说“治国不要政令烦苛”，上下文毫不相干。

“多闻数穷”的“数”，应是“心中有数”的数。最早人们认知数量，是从有和无的概念开始的，今天打到猎物，就是有收获；空手而归，就是无收获。后来“有”的多了，又分一、二、三和多数。再后来一二三和多也不够用了，开始“结绳”来计数。再到现在，计算机都快算不过来了。

所以，“数穷”是说需要应对的事物太多，心中的“数”已经不够用了。不够用，也就意味着心中没“数”，我们说人“心里没数”，不正是说他处于一种迷惑混乱的状态吗。因此老子说“少则得，多则惑”。如果我们专注做一件事，会容易做好；同时做三件事，就很难做好；如果数量再多，就会完全失去把握，而变得迷茫了。

中国古人认为任何事物都有一个“数”的限度，比如人生一世，草木一秋，日月轮回，四季交替，都含有数的节律，《庄子》称之为“数度”。《庄子·天下》曰：“其明而在数度者，旧法、世传之史尚多有之。”物之“数”如果得明，也就是计算到了事物的限度，对其达到全然的掌控。而这个“数”越多，就越难以掌控。

最容易把握的数，为三，为二，为一，超过了三为混沌，有无穷的变化而无从把握。如果可以把万事万物归而为一，以一贯之，就能始终得以把握。所以老子讲“无为”，又说“恒无欲也，以观其妙”：守“无”而观之，则无所不能容；持“无”而为之，则无所不能为。

而越是“多闻”，心神越是分散脱离于“中”，就越容易“数穷”。因此，“不若守于中”，不如守着那个三二一，不如守着那个道，这样就终生不会迷惑。老子讲“不出于户”，“不窥于牖”，“塞其兑，闭其门”，其实讲的都是“守中”的道理。

“**天地不仁，以万物为刍狗**。**圣人不仁，以百姓为刍狗**。”“刍狗”，草扎的狗，古人祭祀所用。包括我们现在的某些仪式，还要用到猪、牛、羊三牲，而这些大的牲畜在古时候比较珍贵，普通百姓用不起，会用狗来祭祀。后来真狗也不用了，改用草扎的狗来代替，这跟用陶俑代替真人殉葬是一个道理，其实是一种时代的进步。

《庄子·天运》篇中描述了祭祀的场景，说刍狗在还没有摆上去的时候，会被装在竹制的箱笼里，身上披着绣有图案的饰物，祭祀主持人要在斋戒后才能迎取它。但是等到祭祀完毕，它就被随手扔掉，路人随便踩，捡柴的人捡回去烧火做饭。

所以“天地不仁，以万物为刍狗”，万物在天地眼中，就像祭祀用的草狗一样。当在案台上摆着的时候，也就相当于我们存活在天地间的时候，天地好像很重视你，拿出各种东西来奉养你，我们日常用度不都是从天地中索取的吗？但是死了以后，也就随手被扔掉了，天地既不因为你是名人而挽留你，也不会因为你有多大贡献而痛惜。

天地爱我们吗？那我们也问问自己，爱那祭祀用的草狗吗？并不爱。我们做出敬重的姿态、恭敬的神色，并不是因为草狗本身，换一个别的东西摆在上面还是一样的，因为我们并没有对它投注感情。但也正是这样，我们才不会用自己的主观意愿去干涉它，打着爱的名义去强迫它，而是以无偏私的心来对待它，如此才能做到真正的公平公正，而它也能得到纯任自然的状态。

其实说的还是“无为”的道理。第十七章说“太上，下知有之。其次，亲誉之”，人人亲近并赞誉的国君，为何只能居“其次”？因为他是有为之君、施仁政之君。君爱民则民“亲誉”君，但君主和百姓有了情感上的往来，就会相互牵绊，相互干涉，彼此都失去了自然的状态。

因此，“圣人不仁，以百姓为刍狗”。然而这“不仁”，实为最大的仁，因为它意味着圣人没有偏私，也没有主观意志的施加，百姓只是知其有之，而不会受到搅扰。

“**天地之间，其犹橐籥与！虚而不屈，动而愈出**。”“橐籥”，是古人打铁所用的鼓风机，这个东西只要一拉动，就会源源不断的有风吹出。“虚而不屈”，“屈”是“竭尽、枯竭”的意思，“虚而不屈”是说它空虚而不会竭尽。打个比方，一个气球吹起来，气球里面有空间，这叫“虚”；而如果把气放完，气球就瘪下来了，里面的空间也消失了，这叫“屈”。

天地之间，不就好像一个大风箱吗？空虚而不竭尽，只要一鼓动，就会源源不断的有风吹出。鼓动风箱吹出来的是风，那鼓动天地吹出来的是什么呢？是万物。因此，这里的“动而愈出”指的是万物生生不息。

“**多闻数穷，不若守于中**。”万物生生不息，如果每一物都要去见识认知的话，那么终其一生恐怕也是不够的。《庄子》说：“吾生也有涯，而知也无涯，以有涯随无涯，殆已！”一物便有一知识，万物层出不穷，则知识源源不断。现在的博学多闻，过上几百年就会变成孤陋寡闻，然而智慧的光，哪怕再过千年也仍然闪耀，启迪后人。

五十、谷神不死，万物不穷（今6章）

帛书版：

谷神不死，是谓玄牝。玄牝之门，是谓天地之根。绵绵呵若存，用之不堇[①]。

传世版：

谷神不死，是谓玄牝，玄牝之门，是谓天地根。绵绵若存，用之不勤。

版本重大差异：

①堇：帛书甲、乙本都为“堇”字，学者多认为通“勤”，但是解读出来又是“竭、尽”的意思，与“勤”字义不合。而“堇”字本就有“少、不够”的义项，《博雅》：“堇少也。”所以，取本义即可，“用之不堇”，意思是无论怎么用也不会不足。

直译：

空虚永存，运行不止，这就是玄奥的母体。这个母体的生育之门，是天地得以产生的根源。它的运行就像丝一样细微，而又连绵不断，无论怎么使用，都不会竭尽。

解读：

“**谷神不死，是谓玄牝**。”“谷”是山谷的谷，它的特性就是“空虚”。有个成语叫“虚怀若谷”，是说人的胸怀就像山谷一样空虚、宽广。

“神”，是“神韵”的神。我们说一个人看上去很有精神，眼睛炯炯有神，其实是在说他内在很活泼，很灵动。神，体现的是一种内动。天地之间，就存在这种内动，因为天地万物是在不停运转着的。这种运转让人难以捉摸，难以预计，犹如高深莫测之“神”在背后推动一般。

第三十九章说“神得一以灵，谷得一以盈”，表示“神”之根本在于运行不歇，“谷”之根本在于空间充盈。“谷”和“神”连在一起，空虚而内在又运行不止，正是第五章所说的“橐籥”，大风箱。风箱是中间空虚，而内在又不停地运动，于是风源源不断地产生出来。

“谷神不死”：谷不死，指空虚永远不竭尽；神不死，指运行始终不停歇。“谷神不死”，体现出来就是谷内源源不断有生命之水产生。故《尔雅》以“水注溪”来解释“谷”字。

“牝”指雌性、母体；“玄”指玄奥，深不可测；“玄牝”，指玄奥的母体。把“谷神”称作“玄牝”，是因为二者都具备造生之能。

“**玄牝之门，是谓天地之根**。”这个母体的生育之门，是天地得以产生的根源。连天地都是从“玄牝”中生出来的，所以深不可测。第五章说“天地之间，其犹橐籥与”，现在连天地都从中而生，那么这个“橐籥”可就不是在天地之间了，而是在“道盅”。

道，也是空虚而永不竭尽，运行而永不停歇的。所以道的空虚（谷），再加上道的运行（神），就像一个深不可测的生育之门一样，造生了天地万物。

“**绵绵呵若存，用之不堇**。”“绵”，本义是指把丝连接起来，织成帛，这就要求丝不能断绝。同时丝又很细微，我们常说“绵薄之力”。“绵绵呵若存”，是指道的运行，就像丝一样细微，让我们察觉不到，同时又连绵不断，一时一刻都不曾停止。

“堇”，少、不够的意思。“用之不堇”，无论怎么用也不会缺少，也就是用之不尽。道的这种功能，造生万物的功能，是永远用之不尽的。

五十一、不自生而得长生，无私而成其私（今7章）

帛书版：

天长地久。天地之所以能长且久者，以其不自生也，故能长生。是以圣人退其身而身先，外其身而身存。不以其无私与？故能成其私。

传世版：

天长地久。天地所以能长且久者，以其不自生，故能长生。是以圣人后其身而身先，外其身而身存。非以其无私邪？故能成其私。

版本重大差异：

无。

直译：

天地长远恒久。天地之所以能够长久，是因为天地不自己去生发万物，所以才能长久。圣人把自身（意志）放在百姓的后面而不强施于人，因而能得到众人的追随；把自身（作为）放在百姓的外面而不妄作有为，因而能得到众人的爱戴。这不正是因为圣人没有自己的私欲吗？因此成就了他自己。

解读：

“**天长地久。天地之所以能长且久者，以其不自生也，故能长生。**”“天长地久”，我们都知道，天地是很长久的。李白有一首诗：“今人不见古时月，今月曾经照古人。古人今人若流水，共看明月皆如此。”古人和我们，都像流水一样逝去了，而天地常在。

那天地为什么可以长久呢？《道德经》说：“以其不自生也，故能长生。”常有人对本章提出疑问，认为第二十三章讲的“天地而弗能久”，和此处的“天长地久”互相矛盾。其实只要能正确理解“自生”，两章之间的关系便一目了然。

“自生”，与“自见”“自矜”的句式一样，可以直读为“生”由“自”而出，即使用自己的力量来生发万物。第二十三章说：“飘风不终朝，暴雨不终日。孰为此？天地，而弗能久，又况于人乎！”天地动用自己的力量制造狂风暴雨，都不能持久，又更何况人有为治国呢？力由己出，则很快就会竭尽，所以才会“炊者不立”，不能长久持续。

《庄子·天道》中说：“古之王天下者，知虽落天地，不自虑也；辩虽雕万物，不自说也；能虽穷海内，不自为也。天不产而万物化，地不长而万物育，帝王无为而天下功。故曰莫神于天，莫富于地，莫大于帝王。”

意思是说：古代治理天下的人，智慧即使可以冠盖天地，也从不亲自去思虑；辩才即使可以克胜万物，也从不亲自去言说；能力即使可以称雄海内，也从不亲自去作为。上天不亲自生产，而万物化育；大地不亲自成长，而万物繁衍；帝王不亲自作为，而天下大治。所以天因此而成就神妙，地因此而成就富饶，帝王因此而成就伟大。

“天长地久”，原因就在于天地不使用自己的力量生发化育万物，而是让万物“自化”。第五十九章中也讲到“长生久视之道”，关键在于一个“啬”字，爱惜自己的精神而不妄作有为，故得以长久。正因为不亲自施恩于万物，不亲身造福于万物，所以表现出来才会是“天地不仁，以万物为刍狗”。

“是以圣人退其身而身先，外其身而身存。”圣人之于百姓，就相当于天地之于万物。“圣人”在第五章中也是对标“天地”，讲“天地不仁”“圣人不仁”。因此，天地不自生而治天下，圣人不有为而治理国家。这里的“退其身”，是指把自身（意志）放在百姓的后面，以百姓之心为先；“外其身”，是指把自身（行为）放在百姓的外面，不要强力施为、强行干涉。

“身先”，是指得到百姓追随。第二章说“先，后之相随”，有人愿意追随着你，才能说你是身先。“身存”，是指得到百姓爱戴关心。“存”，本义指问候，《说文》：“存，恤问也。”这里指关注、留意，即关心和爱戴的意思。

“不以其无私与？故能成其私。”不正是因为圣人无私欲吗？因此成就了他自己。无私，体现在圣人不以自身的意志为先，不把自己的主观意志施加给百姓；无欲，体现在圣人秉持无为之道，不搅扰百姓，不强施于民，因而百姓得以自然生活，自行化育。

五十二、“上善若水”与儒道理念之争（今8章）

帛书版：

上善似水。水善利万物而有静[①]，居众人之所恶，故几于道矣。居善地，心善渊，予善天[②]，言善信，政善治，事善能，动善时。夫唯不争，故无尤。

传世版：

上善若水。水善利万物而不争，处众人之所恶，故几于道。居善地，心善渊，与善仁，言善信，正善治，事善能，动善时。夫唯不争，故无尤。

版本重大差异：

①有静：帛书甲本为“有静”，乙本和北大汉简本为“有争”，传世版为“不争”。“利而不争”则有为的意味居多，“利而有静”，则无为的意味居多。水本自有静而安定的属性，《庄子》说水“内保之而外不荡”，只要停下来，就能长久保持静定的状态。如果说水奔忙着去“利而不争”，便与其静定之性相违背了。况且动荡之水，往往还有凶险的意味在其中。

②予善天：传世版为“与善仁”。“予”和“与”都有“给予”的意思，但“天”与“仁”相差甚远。《道德经》全文对“仁义”并非持肯定态度，且第五章直言“天地不仁”“圣人不仁”。此处当取“予善天”，给予也要顺天应物，符合对方所需，而不能强行施予。北大汉简本也为“予善天”。

直译：

最上乘的“善”就好像水一样。水之“善”在于，有利于万物而又安然守静，处在众人都厌恶的地方，所以与道很接近。居住之“善”，在于依托大地。用心之“善”，在于渊博宽广。施予之“善”，在于顺天应物。言语之“善”，在于坦诚有信。为政之“善”，在于安定无为。处事之“善”，在于发挥所长。行动之“善”，在于把握时机。正因为不争，所以从来不会有过失。

解读：

“**上善似水。水善利万物而有静，居众人之所恶，故几于道矣**。”“善”，形容高明、美好。“上善”，最上乘的高明，极致的完美。只有以道行事才能达到这种极致的完美，所以“善”又有“得道、有道”的意思。

有人说这里的“善”是“善于”的意思，其实并不准确。如《庄子》说“盗亦有道”，善于为盗的人，善于偷、善于抢的人，也能称为“上善”吗？“上善似水”，水可是不偷不抢而有利于万物的。如果仅仅把“善”定位于手段和方法的高明，就会失去其根本——“德”。

失去了德，“善于”便可用来作恶。《庄子·盗跖》说：“何适而无有道耶？夫妄意室中之藏，圣也。入先，勇也。出后，义也。知可否，智也。分均，仁也。五者不备而能成大盗者，天下未之有也。”圣、勇、义、智、仁，是圣人提倡和教导的，却能用来更好地为盗，因为这五者都不是真正的上德，而只是手段和方法。

“上德不德，是以有德”，无目的、无方法的自然呈现，才是“上德”；“上德”的行为，才能称为“上善”。后来“善”被用以形容品性良好、品德出众，原因即在于此，不仅是因为善于从事，更重要的是因为有德，其自然行为产生的效果是正向的、美好的。所以最上乘的善就好像水一样，水之善在于，有利于万物而又安然守静，处在众人都厌恶的地方，与道很接近。

这里也可以从“水善”处断句，“水善，利万物而有静”。包括下文“居善地”部分，也可断为“居善，地。心善，渊。予善，天。言善，信。政善，治。事善，能。动善，时”。都是先提出“善”的概念，然后进行描述。

“水善利万物而有静”，帛书版的“有静”被传世版改成了“不争”。“不争”和“有静”呈现的场景并不一样。“利万物而不争”，类似于水到处奔忙做好事，利益大众而从来也不求回报。换成“有静”，意象就不一样了，变成水静静地就在那里，万物如有所需尽管来随意取用。

这两者都是利万物，但其中的差别不简单，甚至涉及理念之争。一个是主动有为，儒家所推崇；一个是静而无为，道家所推崇。“不争”在《道德经》全文中多处出现，肯定是符合道家理念的，但放在这里，明显是“有静”比“不争”更合适。“不争”，便也意味着有可“争”存在，只是选择了“不争”，而事实上水利万物，是“无可争”的。

“**居善地**。”居住之善，在于依托大地。水是最为亲近大地的，《易》有“水地比”卦，即描述水顺着大地流动的亲和之象。水就算生于高山之上，仍然会潺潺下行，最终依地而居。《道德经》说“高以下为基”，水总是选择居住在低下的地上，正是守住了根本，所以称为“善”。因此善于居住的人，会选择居住在大地之上。

“**心善渊**。”用心之善，在于渊博宽广。渊本是形容水之深的，水可以形成大海一样渊深而又博大的存在，正是因为它有渊深博大的心胸，容纳百川。因此，善于养护心灵的人，会选择让心怀博大宽广。

“**予善天**。”施予之善，在于顺天应物。这里的“予善天”，被传世版改成了“与善仁”。《道德经》全篇对仁并非正向的肯定，比如“天地不仁”“圣人不仁”“大道废，案有仁义”“绝仁弃义”“失道而后德，失德而后仁”等。所以，“与善仁”明显与《道德经》主旨不符。

“予”，给予，使人得到；“善”，高明、完美；“天”，自然的。“予善天”意思是说，最高明的给予，是顺天应物自然发生，而不是强行施予。有句话叫“天予不取，反受其咎；时至不行，反受其殃”，出自《史记》，是道家代表人物范蠡所言，讲述的正是“顺应自然”的道理。

范蠡曰：“会稽之事，天以越赐吴，吴不取。今天以吴赐越，越其可逆天乎？且夫君王蚤朝晏罢，非为吴邪？谋之二十二年，一旦而弃之，可乎？且夫天与弗取，反受其咎。时至不行，反受其殃。”

当年越王卧薪尝胆打败了吴王以后，又觉得吴王可怜，想放过他。范蠡就说，吴王之所以落到今天这个下场，正是因为当年天赐越国给他他不要，才让您有机会东山再起。这就是逆天的下场，今天您也要逆天而行吗？天赐予的你不要，就会有祸事发生；机会来了你不行动，自己反而会遭殃。

这里的“天与弗取”，“与”是给予的意思，并不是待人、交往的意思。所以“与善仁”明显是被篡改了，把“天”改成了“仁”。正确的应该是“予善天”，下一句接“动善时”，和范蠡所说“天与弗取，反受其咎。时至不行，反受其殃”刚好相应。

施予，哪怕是无偿施予，也要讲究方式方法，对方才会欣然接受。水可利万物，是因为它被万物所需要，在它们需要的时候出现，所以从来不会被拒绝。最高明的给予，在于顺天应物，而不是强迫对方接受。为什么《道德经》说“夫礼者，忠信之薄也，而乱之首也”，因为礼的存在形式正是强迫对方接受，“上礼为之而莫之应也，则攘臂而扔之”，谁不听从就围攻谁。

“**言善信**。”言语之善，在于坦诚有信。水，澄澈而清，明明白白地把自己展露在世人面前，从不弄虚作假。大家不会怀疑它，而都听从于它。有信，而后才会有从；“信不足”，则“案有不信”。因此，善于发言、善于施令之人，会选择有信。

“**政善治**。”为政之善，在于安定无为。治是“大治”“治世”的治，安定之意。水是利万物而有静，最喜安定的，可以造福四方。为政的关键也在于安定，不滥施政，不侵扰百姓，不乱折腾，则民自化自安，天下治矣。因此，善于为政之人，会选择安定。

“**事善能**。”处事之善，在于发挥所长。做自己擅长的事，就会得心应手，因为具备这方面的天赋和能力。水，以天下之至柔可以驰骋于天下之至坚，同样是因为自身具备柔弱的秉性，故而可以无往不利，攻坚强则能胜。因此，善于做事之人，会选择发挥自己所长。

“**动善时**。”行动之善，在于把握时机。水，乘时而下，随势而成，哪里低就流向哪里，雨季到了就奔涌而至，随方就圆，与时迁徙，行动从来不会遭受阻碍。因此，善于行动的人，会选择合适的时机。

这七条综合起来看，便是“不争”。居住在地，而不争高；心怀宽广，而不争执；顺天应物，而不争强；言之有信，而不争巧；无为施政，而不争功；处事有方，而不争能；应时顺势，而不争先。

“**夫唯不争，故无尤**。”“尤”，过失、罪过。正是因为不争，所以从来不会有过失，不会有过错。

五十三、功成容易，身退难（今9章）

帛书版：

持而盈之，不若其已。揣而锐之，不可长保也。金玉盈室，莫之守也。贵富而骄，自遗咎也。功遂身退，天之道也。

传世版：

持而盈之，不如其已。揣而锐之，不可长保。金玉满堂，莫之能守。富贵而骄，自遗其咎。功遂身退，天之道。

版本重大差异：

无。

直译：

把持至盈满，不如停下来。锻打至尖锐，无法保持长久。金玉填满屋子，不能守护得住。富贵而骄纵，只是徒留祸端。功业成就了，事情做成了，就不要再牢牢把持，而是退去放下，这才是符合天道的做法。

解读：

“**持而盈之，不若其已**。”“持”，把持、握住不放。“盈”，满；“盈之”，使达到盈满的状态。“已”，停止。与其一直把持使之盈满，还不如赶紧停下来。

举个例子，酒席宴会上，谁会拿着斟满的酒杯到处跑？别人给你倒酒，你看酒快满了，就要赶紧放在桌子上。因为拿着盈满的东西，是需要非常小心的，而且不管有多小心，拿久了都会洒出来。所以，不如赶紧放下来吧，别再端着了，很危险。

《道德经》第六十四章说“其安也，易持也”，安稳的东西最容易把持。比如空杯子，你怎么拿它都不会动荡，不会洒。所以说持盈不如持虚，虚而待物的时候，容器还没有装上东西的时候，事物还没有发动起来的时候，最安稳，最容易把持。

“**揣而锐之，不可长保也**。”“揣”这里读“追”音，捶击、锻打的意思。“锐”，尖锐；“锐之”，使之达到尖锐的状态。古时要把铁棒打出锐利的尖角来，需要不断绕着捶击，这叫“揣而锐之”。为什么不可长保呢？因为尖锐的东西非常容易受损，你再怎么保养，它也会不断磨损、钝化。天道本身，就是“挫其锐”的，所以不能保持长久。

“**金玉盈室，莫之守也**。”就算金银财宝堆满了屋子，也不能守住。财货人人都想要，积累过多就会遭人觊觎，明抢暗斗无数，又能防得了几回呢？所以第十二章说“难得之货，使人之行妨”，身上带着贵重物品，连走大路都不能坦坦荡荡，而是心神不安处处提防，更何况塞满屋子？最基本的人身安全都得不到保障。

“**贵富而骄，自遗咎也**。”“贵”，尊贵，也就是有权；“富”，富裕，也就是有钱。有钱又有权，却又骄纵蛮横，只会给自己惹来祸端。这样的例子太多了，举都举不过来。

其实道理很简单，第三十九章说“贵以贱为本，高以下为基”。当人处于高贵的位置时，往往难以做到处下守柔，而是慢慢骄横起来，骄横的对象就是在你之下的人。本身人在高处，就很容易立身不稳跌落下来，何况还自毁根基，怎么能不倒塌？因此说“自遗咎也”。

“**功遂身退，天之道也**。”功业成就了，事情做成了，也就该放下了。不要一直端着，会洒，洒落的时候会很难堪。尖锐的棱角形成了，就不要想着它能一直保持锐利；金玉满堂，也不要以为能够牢牢守住；有钱又有权，就收敛一下自己的姿态吧，免得惹来灾祸。

这便是本章所要表达的意思，极致的状态不可长久。第二十三章说："飘风不终朝，暴雨不终日。孰为此？天地而弗能久，又况于人乎！"天地营造的极致状态尚且不能持久，何况是人呢！

五十四、修道者观照自身的六大准则（今10章）

帛书版：

载营魄抱一，能毋离乎？抟气致柔，能婴儿乎？涤除玄鉴，能毋疵乎？爱民治国，能毋以智乎①？天门启阖，能为雌乎②？明白四达，能毋以知乎③？生之畜之，生而弗有④，长而弗宰也，是谓玄德。

传世版：

载营魄抱一，能无离乎？专气致柔，能婴儿乎？涤除玄览，能无疵乎？爱民治国，能无知乎？天门开阖，能无雌乎？明白四达，能无为乎？生之、畜之，生而不有，为而不恃，长而不宰，是谓玄德。

版本重大差异：

①能毋以智乎：传世版为“能无知乎”。“毋以智”是“不使用智巧”的意思，与《道德经》第六十五章“以智治邦，邦之贼也，以不智治邦，邦之德也”相呼应。而“爱民治国，能无知乎”，就有些不知所云了，此处应取“能毋以智乎”。王弼注为“治国无以智，犹弃智也。能无以智乎，则民不辟而国治之也”，说明王弼注本此处也为“毋以智”。

②能为雌乎：传世版为“能无雌乎”，明显讹误。王弼注为“治身当如雌牝，安静柔弱，治国应变，合而不唱也”，可见王弼注本此处也为“能为雌乎”，后人妄改。

③能毋以知乎：与前文“毋以智”格式对应，表示“不使用知见”的意思。我们通过视、听、思等方式建立起来的，对外界的认知和见解，叫“知见”，因为受到个人主观的制约，所以具有很强的局限性，不足以

达到“明白四达”。因此第二十二章说“不自视故彰，不自见故明”，第四十七章说“不行而知，不见而明”，正是“毋以知”而明白四达的表现。传世版改成“能无为乎”，与前文缺乏逻辑关联，此处应取“能毋以知乎”。

④生而弗有：传世版为“生而不有，为而不恃”，多加了一个“为而不恃”。或是为了与第五十一章讲“玄德”的部分相统一，五十一章原文为“生而弗有也，为而弗恃也，长而弗宰也，此之谓玄德”。不过，本章突出致虚无为，故以帛书版为准。

直译：

形体与魂魄合抱守一，能做到不分离吗？结聚精气而致柔和，能做到像婴儿一样吗？清洗杂念，涤荡心镜，能做到没有瑕疵吗？爱护百姓，治理国家，能做到不运用智巧吗？万物芸芸，出生入死，能做到柔弱安静，生之畜之吗？知晓天下，通达明白，能做到不使用知见吗？生成万物，畜养万物。生养万物而不占有它们，统领万物而不主宰它们，这就是最深远的德。

解读：

“**载营魄抱一，能毋离乎？**”“载”，装载，把待运输的物品或人员装入车舆；“载营魄”，把“营魄”装载在一起。“营魄”，“营”指身体，“魄”指魂魄。这句话的意思是说，形体和魂魄合抱守一，能做到不分离吗？

“营”字本义是指“在四周垒土而居”，在四周拱卫、护持，故而又有“营护”“营养”等义。中医里的“营气”，发挥的正是营养身体的作用。这里的“营”养护的是魂魄，因为身体是魂魄的居所，离开了身体就会魂销魄散。所以第三十三章说“不失其所者，久也”，第二十六章说“君子终日行，不离其辎重”，不离开养护自己的根本。因此二者要抱一，不可使分离。

魂魄怎么会离开身体呢？相信大家都有过走神的经历，思绪不由自主地就飘远了，心神旁骛，离开了它原本所在的位置，这其实就是神散了。人年纪越大，越不容易集中精神，以致目光都难以汇聚，这便是神“失其所”的表现，所以才要“守于中”。

“抟气致柔，能婴儿乎？”“抟”，本义是指“把东西揉弄成球形”；“抟气”，把气凝聚成团。气需要向中凝聚，而不是向外散失。庄子说“气聚而生，气散而死”，气能凝聚，代表有生命力；气若散失，人体就要开始走下坡路了。

《道德经》第五十五章中说婴儿是“骨弱筋柔而握固”的状态，它的手可以握得很紧，正是因为精气凝聚，是生命力旺盛的表现。人死了叫“撒手人寰”，手是撒开的，因为气散了。“抟气致柔”，抟住了气，就能致柔。柔是“生”的表现，《道德经》说“柔弱微细生之徒”。

这句话的意思是说，结聚精气而致柔和，能做到像婴儿一样吗？

“涤除玄鉴，能毋疵乎？”“鉴”，在古代指镜子；“玄鉴”，是指那个玄奥的、无形的、至大的、可照天地万物的镜子，其实就是我们的内心，心镜。《庄子》说“圣人用心若镜，不将不迎”，心若明镜，以照万物。

我们照镜子，都知道要把镜子打磨光滑，擦干净，不然就照不清楚，会模糊失真。那么用心镜照万物也是一样的，心若是有了瑕疵，照出来的万物也会失真。心的瑕疵是指什么呢？我们的主观欲望，我们的私心杂念。先入为主而有了主观的欲念和私心，那么看万物就好像戴上了有色眼镜，被自己的主观干扰，不能观察到万物的真实模样。

这句话的意思是说，清洗杂念，涤荡心镜，可以做到没有瑕疵吗？

“爱民治国，能毋以智乎？”第六十五章说“以智治邦，邦之贼也，以不智治邦，邦之德也”，它的上一句话是“民之难治也，以其智也”。那为什么想要民不变得智多，却要求统治者不要以智治邦呢？

有一种现象，长期被捕捞的鱼，慢慢就学会了躲渔网；长期被捕捉的鸟，慢慢就学会了躲圈套。人们感叹说，现在这鱼这鸟怎么越来越聪明了！为什么这些原本头脑简单的小动物们，竟然可以与人的智慧相对抗了呢？就是因为有太多的人用智巧来捕杀它们，如果它们不能变得更加聪明，恐怕将有灭顶之灾。

有人常说别人傻，觉得自己聪明，还很自豪，其实有这种心理的人才是真的傻。别人是不需要那么聪明就能活得很好，而你是不努力聪明就难以生存，就像到处被下套的鸟，整天被垂钓的鱼一样。

这句话的意思是说，爱护百姓，治理国家，能够做到不运用智巧吗？

“天门启阖，能为雌乎？”“天门”是个什么门，众说纷纭。有说是头顶囟门的，启阖是心神出入；有说是鼻孔的，启阖是一呼一吸；有说是天下的，启阖是治乱兴衰。《庄子》中有两处提到天门，第一处是在《天运》篇：“其心以为不然者，天门弗开矣。”第二处是在《庚桑楚》篇：“天门者，无有也，万物出乎无有。”

“其心以为不然者，天门弗开矣”，这是老子在和孔子讲道，说如果你心里对道没有正确的认知，就不可能见到它。这里的“天门”，就好像天上的一道门户，上面居住着道，打开了就能见道，关闭了就无法见道。

“天门者，无有也，万物出乎无有”，万物从“无有”而出，天门便是“出生入死”的门户，出来谓之生，进入谓之死。《道德经》第五十六章有讲“出生入死”，生死出入的门户就是“天门”。

这两处“天门”有个共同点，它的背后居住的都是“道”，只不过一个是对心启阖，开则以心印道，闭则不能闻道；一个是对身启阖，开则造生万物，闭则收藏万物。那么本句后面讲“能为雌乎”，雌具备的显著特点，便是柔弱安静，可以生养万物，因此这里应该是指对身启阖的那个“天门”，出生入死的门户。

这句话的意思是说，万物芸芸，有生有灭，不过它们都有一个共同的母体，能做到像那个母体一样柔弱安静，生之畜之吗？

“明白四达，能毋以知乎？”按照“爱民治国，能毋以智乎”解为“不以智治国”的句式，本句应解为“不以知明白四达”。“知”，识也，指我们认识外界并获取信息的手段，包括视、听、嗅、触、思等，如：以视，得见知；以听，得闻知；以思，得认知。不使用“知”的手段而能做到明白四达，正合《道德经》所说“不行而知，不见而明”，“不出于户，以知天下”。

我们现在追求明白四达，基本都是通过读万卷书，行万里路，不断增长见闻知识去实现，但老子不是这样。他讲“不出于户，以知天下。不窥于牖，以知天道”，认为“其出也弥远，其知弥少”。更甚者，连对外视听的门户也要关闭，“塞其兑，闭其门”，最终达到“不行而知，不见而明”。老子认为，这样才是真正的通达明白。

因为道不可见，不可闻，不可以思维辨知，故而不追逐外象，不拘于外物，不运用心智，如此才能知“道”。庄子说：“吾生也有涯，而知也无涯，以有涯随无涯，殆已！”他认为一味追求见闻知识的广博是很不明智的行为，行为本就不明智，又怎么能通过不明智的行为，做到通达明白呢？故而“知者不博，博者不知”。

“生之畜之，生而弗有，长而弗宰也，是谓玄德。”生成万物，畜养万物，生成万物而不占有它们，统领万物而不主宰它们，这就是最深远的德。

五十五、有之以为利，无之以为用（今 11 章）

帛书版：

卅辐同一毂，当其无，有车之用也。埏埴为器，当其无，有埴器之用也。凿户牖，当其无，有室之用也。故有之以为利，无之以为用。

传世版：

三十辐共一毂，当其无，有车之用。埏埴以为器，当其无，有器之用。凿户牖以为室，当其无，有室之用。故有之以为利，无之以为用。

版本重大差异：

无。

直译：

三十根辐条共同汇集在一个车轮毂上，正在于轮毂有了中空的地方，才有车的作用。揉和泥土制作器具，正在于泥土有了中空的地方，才有器具的作用。开凿门窗，正在于墙壁有了中空的地方，才有房屋的作用。所以说，“有”之所以可以给人便利，是因为有空无可以让人使用。

解读：

“**卅辐同一毂，当其无，有车之用也**。”“卅”，三十。三十根辐条互相间隔，共同穿插在车轮毂上，组装成了一个车轮。而车轮要想装配车身，也需要车轮毂中间有孔。正是因为有了这些中空的地方，才有了车的作用。

古代的车，车轮是非常重要的部分，早期人们使用实的圆木来做车轮，可一旦负载过重就很容易沿木纹断开。后来人们不再使用整块的木头，而是用车毂与车辐组装车轮，并对车轮边缘进行加固；再到现代，车轮直接充上气了。可见车轮的发展，也是一个不断从“有”趋向于“无”的过程。

“埏埴为器，当其无，有埴器之用也。”“埏埴”，河上公注：“埏，和也；埴，土也。谓和土以为器也。”揉和泥土制作器具，正在于泥土有了中空的地方，才有器具的作用。同样地，陶器、瓷器的发展也是不断从粗重趋于轻薄，从小容量趋于大容量的一个过程。

“凿户牖，当其无，有室之用也。”“户牖”，门窗、门户。开凿门窗，正在于墙壁有了中空的地方，才有房屋的作用。以前的房子，窗子门户都比较窄小，而随着现代建筑学的发展，塑造的可用空间也是越来越大。

“故有之以为利，无之以为用。”所以说，“有”之所以能给人便利，是因为存在空无可以让人使用。“有”，这里指成形的器具、用具之类，可以为人所用；“无”，这里指器具内的空间，可以让人使用的部分。

《淮南子》是这样解释的：“鼻之所以息，耳之所以听，终以其无用者为用矣。物莫不因其所有，而用其所无。以为不信，视籁与竽。”

鼻子之所以能呼吸，耳朵之所以能听见声音，都是因为它们空虚的地方在发挥作用。天下万物可以被人使用的，都是凭借它们实有的部分，而用着它们空无的部分。如果你不信，请看籁和竽。籁和竽都是用竹子做的吹奏乐器，正是通过中空的竹管发声。

这一章，看似很简单，其实不然。很多人把这一章当成“有无相生”的证据，说车轮毂中间的孔正是从轮毂开凿出来的，陶器之所以有容量也是由于陶土做的器身，房屋也是因为有四壁才围出了空间，所以“有”

能生“无”。于是“有”和“无”在这里得到了统一，它们相互发生，而“利”和“用”相互显著。

比如，王安石还特别强调：“今知无之为车用，无之为天下用，然不知所以为用也。故无之所以为用者，以有毂辐也；无之所以为天下用者，以有礼乐刑政也。如其废毂辐于车，废礼乐刑政于天下，而坐求其无之为用也，则亦近于愚矣。”

意思是说：现在的人只知道无可以让车发挥作用，无可以在天下发挥作用，却不知道是如何发挥作用的。无之所以能让车发挥作用，正是因为有车轮毂和车辐等实体的东西，无之所以能在天下发挥作用，正是因为有礼乐刑政等具体实操的东西。如果车没了车轮毂和车辐，天下没有了礼乐刑政，而坐求“无”来发挥作用，这也是愚昧了。

听起来好像很有道理，可并没有真正领会老子在本章所要表达的意思，有这样三个问题：

1. 车轮毂的无、陶器的无以及房子的无，它们是同一个无吗？明明是不同材质造就出来的。

2. 车轮毂、陶土、砖头，这些实有的东西，可以制造无吗？也就是说，它们拥有的无，真的是因为它们才存在的吗？

3. 实有和虚无，到底是以什么样的方式结合在一起的？

第一个问题，很明显，不管是车轮毂的无，陶器的无，还是房子的无，它们都是同一个无。因为空间的空无本身，是无差别的。

那么问题就来了，明明是不同的材质，造生出来的怎么会是同一个东西呢？我们只听过同一个母亲生出不一样的孩子，但好像从没听过不同的母亲生出同一个孩子吧？那就只有一个可能，谁是母亲谁是孩子，被我们给搞反了。根本就不存在所谓的“有”生“无”，而从来都是“无”生“有”。

第二个问题，车轮毂的空间、陶器的空间、房子的空间，它们真的是木土石方造生出来的吗？并不是。实有，并不具备造生“无”的能力，“无”是本来就存在的，一直都有的。你把房子拆了，房子内原有的空间就不存在了吗？恰恰相反，正因为有空间的存在，砖头才能砌出四壁，泥巴才能制成陶器。若没有空间，想象一下，砖头、泥巴这些实有，会以什么样的形态存在？或者说，它们根本就不能存在。有“无”，而后才能生“有”。

第三个问题，实有和虚无是以什么样的方式结合来造就天下万物的呢？万物是个统称，指具备自身性质的事物。同样的材质，可以构成不一样的事物，具备不一样的性质，那么它们的根本区别在哪里？

打个比方，一只杯子，把它压成碎末，前后并没有发生质的变化，但性质完全不一样。此前是杯子，此后是玻璃碴，二者的差别又在哪里呢？其实就在于“无”。正是“无”的变化，让它变成了另一种事物。

所以，万物都是实有与“无”的结合。那么最后还有一个问题：“实有”和“虚无”真的结合在一起了吗？它们真如部分注家所说，是你中有我，我中有你，互生互成的关系吗？可以参考鱼和水的关系，鱼是真正处于水中，因为有鱼的地方没有水，它把水给割裂开来了。但是万物存在于空间，它们也割裂了空间吗？

五十六、欲望，遮蔽人向道的途径（今 12 章）

帛书版：

五色使人目盲。驰骋田猎使人心发狂。难得之货，使人之行妨。五味使人之口爽。五音使人之耳聋。是以圣人之治也①，为腹不为目，故去彼取此。

传世版：

五色令人目盲，五音令人耳聋，五味令人口爽，驰骋畋猎令人心发狂，难得之货令人行妨。是以圣人为腹不为目，故去彼取此。

版本重大差异：

①是以圣人之治也：传世版去掉了“之治”二字，意义改变很大。“圣人之治”，对应《道德经》第三章：“是以圣人之治也，虚其心，实其腹，弱其志，强其骨。”讲的是圣人如何治理天下，属治国方略。去掉“之治”，就成了个人修养，描述的是两个层面的问题。

直译：

绚丽色彩，会让人视力受损，不能正确地辨识事物。纵情追逐猎物，会让人心态受损，心浮气躁而狂乱难收。难得的稀有财货，会妨碍人行正道。厚味佳肴，会让人味觉受损，失去品味淡然的能力。美妙乐曲，会损害人的听力，让人听而不闻，昏聩莫名。因此，圣人治理天下，只会注重经营民众赖以生存的根本，而不会偏向于声色浮华。所以摒弃那些让人偏离正道的物欲，而是守住根本。

解读：

“**五色使人目盲**。”这里的“目盲”并不是指眼睛瞎，而是指不能正确地辨识事物，引申为不明事理。庄子说“五色乱目，使目不明”，韩非子说“目不能决黑白之色，则谓之盲”。帛书甲本原文为“五色使人目明”，就和我们说“眼被亮瞎”一个意思。眼睛被五色致眩，晃得白茫茫一片不能视物，即“目明”之意，后来或是为了防止误解而改成“目盲”。

“五色”，也不是专指青、赤、黄、白、黑五种颜色，而是指缤纷的、绚丽的、鲜亮的色彩，泛指引人注目的视觉刺激。这里的“五色”一定是吸引人的，不然我们看两眼就看不下去了，不会导致“目盲”。

绚丽的色彩，容易损害视觉。有报道说，父母为了哄小孩子每天让他玩手机，结果很快就高度近视。我们可以试一下，盯住五光十色的屏幕看一段时间，再看别的地方，就会有重影，这说明正常视觉已经受到影响，导致不能正确地辨识事物。引申开来，是说目光追寻色彩的刺激，就会失去清明，黑白不分。

“**驰骋田猎使人心发狂**。”有一种现象，大家开车的时候应该曾经历过，就是想开得更快。这其实是收不住心的表现，也就是本句说的“心发狂”。开车尚且会收不住心，更何况“驰骋田猎”，前面还有猎物在吸引着你的心，更难收得住。

所以，长此以往，心就会失常：失去安宁，很容易躁动；失去平和，很容易激动。引申开来，是说内心放纵追逐外物，就会失去安宁，不能守中。

“**难得之货，使人之行妨**。”身上揣着很贵重的物品，走路都不能坦坦荡荡，因为要防丢、防盗，所以要避免往人多的地方走。然而人多的地方，是大路。避开大路，专挑人少的小路走，这就是“行妨”，妨碍你走大路、行正道的意思。

引申开来，是说一味追求利益、贪求财货，就会走上偏邪小路，而难行正道。所以“贵富而骄”的有钱人，是不会和老百姓同路的，更别说“以百姓之心为心”了。求钱求财，也就无法走上为道这条路，因此“圣人无积”。

“**五味使人之口爽**。**五音使人之耳聋**。”这里的“五味”，也不是专指酸、苦、甘、辛、咸五种味道，“五音”也不是专指宫、商、角、徵、羽五个音阶，而是指调五味制成的厚味佳肴，调五音作出的美妙乐曲。这二者，都是可以使人沉溺其中的感官享受。

“爽”是丧失、差错的意思，有个词叫“屡试不爽”。这里的口爽，指味觉差失。长期吃口味重的食物，味觉会出现偏差，清淡点的味道就尝不出来，这便是“五味使人之口爽”。引申开来，是说失去了清淡之味，也就相当于远离了道，因为道是“淡呵其无味”的。

“五音”就更凶了，据说孔子在齐国听到了《韶》乐，竟然三个月尝不出肉的滋味。食肉都不知味了，耳朵里还能听得进别的声音吗？这就叫“耳聋”，耳朵没法再保持清静，以致失去了听见声音的能力。

还有个“余音绕梁”的故事，说一位叫韩娥的善歌者，经过齐国的时候因路费用尽，便在齐国都城的雍门卖唱。唱完以后，余音三日不绝，听众都聚在雍门不肯散去。真的是余音绕梁三日不绝吗？其实是绕耳不绝，在听众的耳朵中回响。那么这三天，听众的耳朵都被韩娥的歌声塞满，是不是“耳聋”了？

至于那些靡靡之音就更不用说了，去迪厅待一晚上，保证到明天耳朵里还嗡嗡的，各种杂音回响，这就是“五音使人之耳聋”。引申开来，是说耳朵追寻声音的刺激，就会失去清静，导致听觉受损。

圣人的“聖”字，本义是指听觉敏锐，闻声而知情。要具备敏锐的听觉，就需要双耳时刻保持清静的状态，心神守中。同样地，口能准确分辨味道，需要时刻保持清淡的状态；目能明察细微的端倪，需要时刻保持清明的状态；心能自如地应对事物，需要时刻保持安定的状态。

万事万物都有一个与道相合的状态，《道德经》第三十九章说“天得一以清，地得一以宁，神得一以灵，谷得一以盈，侯王得一而以为天下正”，这些“得一”的状态，正是它们各自持道所得的常态。因此，耳的常态为静，目的常态为清，口的常态为淡，心的常态为宁。

守住了这些常态，也就守住了本。如果耳朵总想听好听的，眼睛总想看好看的，嘴巴总想吃好吃的，内心总想追逐外物，眼耳口舌心都被外在的欲望牵引着，就会偏离于常，远离于道，而失去根本。因此，守本才是最重要的，圣人治理国家，也同样以守本为第一要务。

“**是以圣人之治也，为腹不为目，故去彼取此**。”“圣人之治”，对应《道德经》第三章：“是以圣人之治也，虚其心，实其腹，弱其志，强其骨。”讲的是圣人治理天下，会注重对“腹”的经营，而不偏向对声色的经营。

这里的“腹”，并不是专指吃饱肚子，而是指“赖以生存的根本”；“目”，也不是专指视觉享受，而是指“让人偏离根本的诱惑”。在老子那个时代，可总结为“重农耕，轻礼乐”。但传世版去掉“之治”二字，就变成了个人修养问题，追求安饱不追求声色，只是你个人的事，而与政治理念无关。

第三十八章也说：“居其实，而不居其华。”饱腹为实，悦目为华，所以取其实用，而弃其浮华。因此，圣人治理天下，只会注重经营民众赖以生存的根本，而不会偏向于声色浮华。所以摒弃那些让人偏离正道的物欲，守住根本。

关于欲望，很多人认为满足了欲望才能得到舒爽，但事实是，不断地追求满足欲望，只会让自己得到舒爽的阈值越来越高。一开始可能一碗蛋炒饭就很满足了，到后来满桌的山珍海味也会口中无味，心中无感。欲望是个无底洞，无法一直得到满足，只会变得越来越难以满足，越来越需要满足，越来越容易不满足，最终堕入深渊无法自拔。唯有平淡，可以恒久长远。

五十七、养生，比治理天下更重要（今 13 章）

帛书版：

宠辱若惊，贵大患若身。何谓宠辱若惊？宠之为下，得之若惊，失之若惊，是谓宠辱若惊。何谓贵大患若身？吾所以有大患者，为吾有身也，及吾无身，有何患？故贵为身于为天下①，若可以托天下矣②。爱以身为天下，如何以寄天下③？

传世版：

宠辱若惊，贵大患若身。何谓宠辱若惊？宠为下，得之若惊，失之若惊，是谓宠辱若惊。何谓贵大患若身？吾所以有大患者，为吾有身，及吾无身，吾有何患！故贵以身为天下，若可寄天下；爱以身为天下，若可托天下。

版本重大差异：

①贵为身于为天下：传世版为“贵以身为天下”，与帛书版意义相差很大。“贵为身于为天下”意思是“把修养自身看得比治理天下更加重要”，而“贵以身为天下”意思是“用珍视自身的态度去治理天下”，二者表达的重点刚好相反。

②若可以托天下矣：传世版为“若可寄天下”。“托”有“托举、承负”之意，而“寄”有“依赖、依附”的意思。如河上公把“寄”解为“寄立”，认为“不可以久也”，只是暂存、寄居；而把“托”解为“托其身”，认为“长无咎也”，“寄”“托”意义相反。不过《说文》认为“寄”“托”等义，寄就是托，托就是寄，包括王弼、陈鼓应在内的诸多

注家均作此解释。此处取“寄”“托”同义。

③如何以寄天下：传世版为“若可托天下”。“寄”与“托”如果是反义，那么更换了“寄”与“托”二字，也就完全颠倒了本章所要表达的意思。“寄”与“托”如果是同义，那么把“何以”改成“可以”，也反转了本章所要表达的意思。“可以”与“何以”，一个用陈述表达肯定，一个用反问表达否定，此处取帛书甲本“如何以寄天下”。

直译：

受到恩宠或折辱都如同惊吓，重视大的忧患胜于自己的性命。什么叫“宠辱若惊”呢？受宠是因为把自身放在下位，因此得到来自上位的恩宠就会惊喜，失去了又是惊恐，这叫“宠辱若惊”。什么叫“重视大的忧患胜于自己的性命”呢？我之所以有大的忧患，是因为我有自己的身体，如果连身体都丧失了，又还有什么可忧患的呢！所以，把养护自身看得比治理天下更重要，这样就可以承托起天下了。总是不顾惜自身而治理天下，这样拿什么来寄托天下？

解读：

“**宠辱若惊，贵大患若身**。”这里的“患”字，本义指“担忧、忧虑”，如“患得患失”。“大患”是指大的忧虑、心腹之患。忧虑什么呢？可以是得失，可以是荣辱，可以是名声，总之不会是自己的性命，不然也不会说“贵大患若身”了。

“若”，比较，及得上；“贵大患若身”，在“大患”与“身”之间作比较，“大患”为“贵”。重视大的忧患胜于自己的性命，其实是太过于看重得失。所以前一句说“宠辱若惊”，得到了恩宠也好，受到了折辱也好，都会感到心惊。

“何谓宠辱若惊？宠之为下，得之若惊，失之若惊，是谓宠辱若惊。”什么叫“宠辱若惊”呢？“宠”，《说文》：“尊居也。”使人处于尊贵的位置，叫“宠”。然而这个尊贵的位置是别人给予的，来自外界，有失去的风险，失宠则为辱。所以说“宠之为下”，接受外来的尊荣，必定要把自身放在下位，放在从属的位置，这样才能得到来自上位的恩宠。

人若是拥有自己的独立地位，如庄子在《逍遥游》中所说“举世誉之而不加劝，举世非之而不加沮”，全天下人都称赞我，我也不为所动；全天下人都反对我，我也不觉沮丧。这样的人，又还有谁能给他宠辱呢？比如天地，人们又如何能加封或贬低得了它呢？

“宠之为下”，先把自身看得“轻”了，把自己的独立地位丧失了，才会受到宠或辱。失去了独立地位，只属于附庸，自然会把来自上位的宠辱看得特别重要，得之若惊，失之若惊，此为“宠辱若惊”。

道家讲“贵身”，因为“身”才是自己的根本。守住根本，把修养自身看得比治理天下还重要，精神也就始终内守于中而不外驰，也就不会依附于外物，而为之宠辱若惊了。

“何谓贵大患若身？吾所以有大患者，为吾有身也，及吾无身，有何患？”什么叫“重视大的忧患胜于自己的性命”呢？我之所以有大的忧患，是因为有自己的身体，如果连身体都丧失了，性命都没有了，又还有什么可忧虑的。“名与身孰亲？身与货孰多”，你所忧虑的那些名利得失，和自己的性命相比，哪一个更加重要呢？

“故贵为身于为天下，若可以托天下矣。”“托”指“托举、承负”，“托天下”指可以承负得起天下之重。所以，把养护自身看得比治理天下更加重要，这样就可以承托起天下了。因为“重为轻根”，守重而能举轻，只有把自身看得比天下还要重，才有可能托举起天下。

换句话说，人若托举天下而为天下王，便是天下之本根，如果轻视自己的身体，也就相当于轻视本根，又如何能把天下托付给他呢？以一人之身，寄天下百姓，这身得有多么重要啊！所以第二十六章说：“若何万乘之王，而以身轻于天下？轻则失本，躁则失君。”为什么拥有万辆兵车的大国王者，还要轻率地凭自身在天下行事呢？如此轻视，就会失去根本；如此浮躁，就会失去主宰。因此，守住本根，是治理天下的第一要务。

这种思想在《庄子》中体现得更加分明。《让王》篇中说：“道之真以治身，其绪余以为国家，其土苴以治天下。”大道的精华用来调理身体，大道的剩余用来管理国家，大道的糟粕才用来治理天下，这就是道家的“贵身”理念。

而传世版改成“贵以身为天下”，意思就完全变了。很多人理解成“用珍视自身的态度去治理天下”，甚至“珍视自己的身体是为了治理天下”，这也就是把治理天下看得比治理身体更重要，恰与道家贵身理念相违背。

“爱以身为天下，如何以寄天下？”“爱”，本义指喜爱、喜好。《说文》解释为“行走的样子”，意为“用行动表达内心的爱意”。不过此处“爱”的对象可不是身，而是“为天下”，为了治理天下而不顾惜自己。“如”，这样，然后。“寄”是“委托、托付”的意思，“寄天下”是指把天下委托、托付于我。

意思是说，如果作为君王，还要舍身参与到治理天下的具体事务中，总是事必躬亲死而后已，这样拿什么来寄放天下呢？天下寄于你一身，而你却轻易地把身消耗了、丧失了，天下还能指望得上你吗？还能放心地把自己寄放在你这里吗？

郭店楚简本此处为“爱以身为天下，若可以去天下矣”，表达的意思同样是“爱以身为天下”者最终会失去天下。

《庄子》说："生生者不生。"创造生命的存在，不会参与到生命的进程中去。故而好的统帅指挥作战，不会自逞勇武冲锋陷阵；英明的君王领导民众，不会亲自参与臣民的纷争；有道的圣人承托天下，不会自恃己能以身有为于天下。

五十八、执“今”之道还是执“古”之道？（今14章）

帛书版：

视之而弗见，名之曰微①。听之而弗闻，名之曰希。捪之而弗得，名之曰夷。三者不可致诘，故混而为一。一者，其上不皦，其下不昧。绳绳不可名也，复归于无物。是谓无状之状，无物之象，是谓忽恍。随而不见其后，迎而不见其首。执今之道②，以御今之有，以知古始，是谓道纪。

传世版：

视之不见名曰夷，听之不闻名曰希，搏之不得名曰微。此三者不可致诘，故混而为一。其上不皦，其下不昧。绳绳不可名，复归于无物，是谓无状之状，无物之象。是谓惚恍。迎之不见其首，随之不见其后。执古之道，以御今之有，能知古始，是谓道纪。

版本重大差异：

①名之曰微：传世版把“微”和“夷”调换了位置，但是“微”与“夷”的含义并不相同；下文的“随而不见其后，迎而不见其首”也被颠倒了语序。

②执今之道：传世版改成“执古之道”，严重破坏《道德经》主旨，违背了道家思想要义。结合本章上下文来看，正是因为道“随而不见其后，迎而不见其首”，无法看到首尾，而只能看到其经过当下的样子，才要“执今之道，以御今之有”。

直译：

看也看不到，称之为“微”；听也听不见，称之为“希”；摸也摸不着，称之为“夷”。这三者的区别很难界定，所以混同为一来看。这个“一”，它上面不显光明，下面也不觉暗昧，延绵不绝而莫可名状，只能把它归结为“无”的存在。“无”，并不是说它什么也没有，而是具备没有形状的形状，没有形体的形象，恍惚不明。跟随着它，看不到它的末尾；面向着它，看不到它的前端。把握住它着落在当下的样貌，用来驾驭当下的现实，由此得知其中的规律，进而窥见它本始的面貌。这就是认知“道”的纲领。

解读：

“**视之而弗见，名之曰微。听之而弗闻，名之曰希。捪之而弗得，名之曰夷。**”这是老子在试图对道进行描述。道是一种什么样的存在呢？首先，看是看不见的，可以称之为“微”；然后，听也是听不见的，可以称之为“希”；再有，摸也是摸不着的，可以称之为“夷”。

“微”，本义为“隐蔽、隐匿”，隐而不可见，所以“视之而弗见，名之曰微”。“希”，本义指“麻布织得不密”，引申为“空洞”，空洞而无声，所以“听之而弗闻，名之曰希”。“夷”，本义指“讨伐、平定”，引申为“平顺、平滑”，摸上去非常丝滑，感受不到阻碍，所以“捪之而弗得，名之曰夷”。

要说这三者有什么区别，是很难界定的。因为看不见的，一般也听不到；听不到的，一般也摸不着；摸不着的，一般也看不到。所以“**三者不可致诘，故混而为一**”。这微、希、夷三者，也就不要去深究它们有什么区别了，直接混同为一来看。

“**一者，其上不皦，其下不昧。绳绳不可名也，复归于无物。**”这个

“一”，它的上面不显光明，它的下面也不觉暗昧，延绵不绝而莫可名状，只能把它归结为“无”的存在。

可以想象一下，一个看不见听不到摸不着的东西，在我们的意识中会以什么样的形象存在呢？恍恍惚惚，昏昏默默，既不光明，也不昏暗，因为它是超脱了物质世界二元对立的存在。

在物质世界中，万物无非分为两种，要么大要么小、要么长要么短、要么上要么下、要么明要么暗，都是可以一分为二来看的。但这里的“一”之所以为“一”，是因为不能分割为“二”来看，用明和暗、上和下都不能形容它，故而“一者，其上不皦，其下不昧”。

“绳”的本义是指“可以无限接续延长的索带”，“绳绳”这里读“敏敏”，形容连绵不绝的样子。可以无限延长而不断绝，也就意味着无法知道它的头和尾在哪里。

那么问题来了，我们要对一个事物进行认知、下定义，首先就要知道它的边界。《管子》说“物固有形，形固有名”，只有知道了它的边界，才能知道它的形，进而为它命“名”。“绳绳不可名也，复归于无物”，这个东西连绵不绝，看不到它的边界，也就无法对它进行定义，而只能把它归结为“无”的存在。因为只要是“有”，必定是有边界的。

“**是谓无状之状，无物之象，是谓忽恍**。”“无”，并不是说它什么都没有，而是具备没有形状的形状，没有形体的形象，是一种恍惚不明的存在。就好比我们在意识空间中想象出的“风”，它存在的状态就是“无状之状，无物之象”，惚惚恍恍。

“**随而不见其后，迎而不见其首**。”跟随着它，看不到它的末尾；面向着它，看不到它的前端。因为它是无限延绵而不断绝的，所以看不到它的头和尾。

看不到它的头和尾，也就意味着只能看到它行走在当下的样子，所以“**执今之道，以御今之有，以知古始，是谓道纪**”。把握住它着落在当下而显现出来的样貌，用来驾驭当下的现实，就可以得知其间的规律，进而窥见它本始的面貌。这就是认知“道”的纲领。

帛书版的“执今之道，以御今之有，以知古始”，传世版只改动了一个字，把“执今之道”改成了“执古之道”，一下就把道家从“与时迁移，应物变化”的顺应自然，变成了“拘泥古法，复古为用”的固执守旧。

“与时迁移，应物变化，立俗施事，无所不宜”，出自司马谈在《论六家要旨》中对道家的评价。

与时迁移，是说道家之术随着天下时势的变化而发生迁移。

应物变化，是说道家之术应对不同的事物使用不同的方法。

立俗施事，是说道家之术根据现有的风俗、习惯而制定措施。

无所不宜，是说道家之术因为其“顺势变迁”的核心而无所不适。

这便是古人对道家思想的总结，十分贴切。老子在《道德经》中指出“道可道也，非恒道也”，凡是固定下形迹，有了成法的所谓“道”，都不是那个真道。因此当孔子怀揣上古圣贤的六艺之术前来向老子讨教的时候，老子善意地劝说道：“你看重的‘六艺’，都是先王留下来的遗迹，又哪里是他们的真实内涵呢？脚印是脚踩出来的，你现在的学习，不过是在承袭他们留下来的成品，就好像研究人的脚印而忽略了他的脚一样。”（《庄子·外篇·天运》）

同样的脚，踩出来的脚印却没有一个是完全相同的，因为踩到的地方不一样。拿踩在泥地里的脚印作为准则去对标沙地，这不是自取其辱吗？所以才要“执今之道”来“御今之有”。时过境迁，法术也要随之而变，用一成不变的古法来治国，非道家之道。

而在《庄子》中，更是旗帜鲜明地反对“尊古”。《外物》篇中有云：

“故曰至人不留行焉。夫尊古而卑今，学者之流也。且以狶韦氏之流观今之世，夫孰能不波？”意思是说：得道的人是能随世而行不固执的人，尊崇古代而鄙视当今是学者之流的短见。况且用古人的观点来观察当今的时代，又怎么能不偏颇呢？

既然道家认为用古代的观点来观察当今的时代，尚且是不合时宜的，又怎么会“执古之道”来“御今之有”呢？

五十九、老子眼中的有道者，是什么表现？（今15章）

帛书版：

古之善为道者①，微妙玄达，深不可识。夫唯不可识，故强为之容。曰：豫呵其若冬涉水，犹呵其若畏四邻，严呵其若客，涣呵其若凌释，敦呵其若朴，浑呵其若浊②，旷呵其若谷。浊而静之，徐清③。安以重之，徐生④。保此道不欲盈，夫唯不欲盈，是以能敝而不成⑤。

传世版：

古之善为士者，微妙玄通，深不可识。夫唯不可识，故强为之容。豫焉若冬涉川，犹兮若畏四邻，俨兮其若容，涣兮若冰之将释，敦兮其若朴，旷兮其若谷，混兮其若浊。孰能浊以静之徐清？孰能安以久动之徐生？保此道者不欲盈，夫唯不盈，故能蔽不新成。

版本重大差异：

①古之善为道者：传世版为“古之善为士者”。为“道”者和为“士”者是有差别的，善为道者必善为士，善为士者却不一定善为道，因此有“上士闻道”一说。

②浑呵其若浊：“浑”，帛书甲、乙本均为“湷”，通“浑”，而传世版为“混”。“混”“浑”二字虽可通用，但此处取“浑”字浑沦未相离之意，表示浑素天真、质朴未散的状态。而“混”字很容易让人理解成“混杂”的意思，所以此处用“浑”字更加贴切。另外，传世版还把该句与下一句“旷呵其若谷”调换了位置，或为承接下文“浊而静之”。

③浊而静之，徐清：传世版为“孰能浊以静之徐清”。这样一改，成

了拥有两个主语的病句不说，意义也发生了很大的变化，把对自然现象的描述，变成了对行为准则的考量。

④安以重之，徐生："重"，传世版为"动"。在《道德经》中，"重"与"静"等列，而非"动"与"静"等列。对应第二十六章："重为轻根，静为躁君。""动"的繁体字为"動"，左半边恰好是"重"字，因此被后人顺势改动也未可知。虽然在帛书版中，"动"写为"勭""僮"或"蹱"，但"童"与"重"字形亦十分相近。

⑤敝而不成：传世版为"蔽不新成"，直接与《道德经》第二十二章"敝则新"相矛盾。"新"和"成"，本是不相同的两个概念，被传世版用在一起混成了一个概念，前后不通。

直译：

古时善于以道行事的人，玄妙不可言，通达不可测，幽深而难以认知。正是因为难以认知，所以只能勉强形容他的面貌。他小心审慎的样子就好像严冬冒着寒冷履冰过河；他迟疑戒惕的样子就好像害怕四方邻国前来围攻；他庄重肃穆的样子就好像自己在做宾客；他涣散不羁的样子就好像冰凌将要消融；他敦厚朴实的样子就好像没有雕琢的素材；他浑素天真的样子就好像江河的浑水；他静寂幽远的样子就好像空旷的山谷。奔流的浊水安静下来以后，就会徐徐澄清。万物在安稳沉静的状态下，就会有生机萌发。持守这个道理的人不会追求盈满，只有不追求盈满，才能不与母本分离，而得以守住自己的根。

解读：

"**古之善为道者，微妙玄达，深不可识。夫唯不可识，故强为之容。**""古之善为道者"说的是古时善于以道行事的人，而传世版改成

“古之善为士者”，就下落了一个层级。因为善为道者必善为士，而善为士者不一定善为道。所以才有“上士闻道”之说，有“善为士者不武”之说。“善为士”仅仅只是“善为道”的一个方面而已，“不武”也只是“不争”的表现之一。

古时得道之人行事，玄妙不可言，通达不可测，幽深而难以认知。因为难以认知，所以只能勉强形容他的面貌。“**曰：豫呵其若冬涉水，犹呵其若畏四邻，严呵其若客，涣呵其若凌释，敦呵其若朴，浑呵其若浊，旷呵其若谷**。”他小心审慎的样子就好像严冬冒着寒冷履冰过河；他迟疑戒惕的样子就好像害怕四方邻国前来围攻；他庄重肃穆的样子就好像自己在做宾客；他涣散不羁的样子就好像冰凌将要消融；他敦厚朴实的样子就好像没有雕琢的素材；他浑素天真的样子就好像江河的浑水；他静寂幽远的样子就好像空旷的山谷。

小心审慎，是因为“慎终若始”，故而战战兢兢，如履薄冰。

迟疑戒惕，是因为“勇于不敢”，故而踌躇迟疑，畏缩不前。

庄重肃穆，是因为“轻则失本”，故而安以稳重，去其轻佻。

涣散不羁，是因为“道氾呵”，故而不羁不拘，不形不器。

敦厚朴实，是因为“见素抱朴”，故而取其敦朴，弃其浮华。

浑素天真，是因为“愚人之心”，故而不别高下，不辨是非。

静寂幽远，是因为“保此道不欲盈”，故而虚怀若谷，常保清静。

传世版把“浑呵其若浊，旷呵其若谷”前后位置互换，可能是为了承接下一句“浊而静之，徐清”，但是这两个地方的“浊”根本是两回事。

前一个“浊”只是“若浊”，真正要表达的其实是“浑”，浑素天真之质朴。就好像“大巧如拙”并非真拙，而只是要表达其巧一样，这里的“浊”也并非真浊。但第二个浊就是真浊了，“浊而静之，徐清”，浊水静置则会澄清，是一种自然现象。

“浊而静之，徐清。安以重之，徐生。保此道不欲盈，夫唯不欲盈，是以能敝而不成。”“浊而静”“安以重”，其实是清静的状态，懂得持守清静的人不会追求盈满。《道德经》第四十五章说“清静可以为天下正”，正者，不偏不倚而守中。如果盈满了，就会外溢，就会脱离于中。就好像我们如果被物欲吸引而往外追求，内心就会失去清静，因为脱离了中。

“敝”原本是“陈旧、破败”的意思，这里指守住根本。就像树有根有叶，叶子每年都是新的，而根一直都是那个旧的，守根是谓“敝”。《道德经》第二十二章说“敝则新”，守住了那个旧的根，每年都可以得到新的叶子。

“新”和“成”是有差别的。老树发新叶叫“新”，把树砍了做成器物叫“成”。失去了更新之能，而落定下来不再变化，从此固定谓之“成”，其实是毁也。所以说“大成若缺，大器免成”。

庄子在《齐物论》中说：“其分也，成也；其成也，毁也。”一个事物完成，也就同时从它的母体之中分离出来，是毁也。就像树木被砍斫成琴，琴成而树毁一样。“不欲盈”，盈满则溢出，也就是从母体分离，守母的状态终止，是毁也。因此“夫唯不欲盈，是以能敝而不成”。

本章前半段的内容，是在对“古之善为道者”的状态进行描述，但“浊而静之，徐清”是在讲现象。传世版为了强行把二者捏合在一起，加上“孰能”二字，成了“孰能浊以静之徐清？孰能安以久动之徐生？”王弼是这么解释的：“浊以静，物则得清；安以动，物则得生，此自然之道也。孰能者，言其难也。”

“浊以静，物则得清”，对应“浊以静之，徐清”，但是在句前加上“孰能”二字就有问题了，因为单句中出现了两个主语：“孰能”的主语是人，而“浊以静之”的主语是物。

语法出了问题，连带着断句也出现了问题。正常断句的话，前面加“孰能”二字，就变成“孰能浊以静之，徐清”，主语混乱，不知所谓。所以只得不断句，直读“孰能浊以静之徐清？”佶屈聱牙，且牵强之极。

除了语法不通，此处语义也大有问题。传世版把“安以重之，徐生”的“重”字改成了“动”，主要目的应该是贴合“动静阴阳”之说。按部分注家所称，“浊为动，继之以静则徐徐而清；安为静，继之以动则徐徐生”。动静相对相成，有“静之”就该有“动之”，如此方合阴阳。

其实，“动”也即“躁”，在《道德经》中是无法与“静”等列的，而只能作为从属。所谓“静为躁君”“躁则失君”。而能与“静”等列的，恰好是帛书版此处的“重”。《道德经》第二十六章有云：“重为轻根，静为躁君。”

因此，这句话的意思是：浊的状态在经过“静”之后，会呈现出“清”；安的状态在经过“重”之后，会呈现出“生”。“生”，可理解为生机，清阳、焕然之状。这个状态，有过静坐或站桩经历的人更容易体会。

“重”，是一个松而下沉的过程。浑水静置，其浊物下沉，便是“重”的动作。所以“浊而静之”与“安而重之”是相承相接的。浊而静则清，清静则安，安以重则清扬生机焕然。

万物都需要经过“安以重之”，才能“徐生”。种子要种下来不能扰动，往下生根而后才能发芽成长；动物要休息入眠，体松意沉而后才能恢复精力；重症的人要安然静卧，沉心休养而后才能焕发生机。所谓“安生”，安以重之，而后得以生。至于“安以动之”，又从何说起呢？

六十、观天地万物，在于“观复”（今16章）

帛书版：

至虚极也，守情表也[①]。万物旁作，吾以观其复也。天物云云[②]，各复归于其根。归根曰静，静，是谓复命[③]。复命常也，知常明也。不知常，妄。妄作，凶。知常容，容乃公，公乃王，王乃天，天乃道，道乃久，没身不殆。

传世版：

致虚极，守静笃，万物并作，吾以观复。夫物芸芸，各复归其根。归根曰静，是谓复命。复命曰常，知常曰明，不知常，妄作，凶。知常容，容乃公，公乃王，王乃天，天乃道，道乃久，没身不殆。

版本重大差异：

①至虚极也，守情表也：传世版是“致虚极，守静笃”。“情”，实情、情状，真实的呈现。“表”，表率、准则。达到虚无的极点，恪守实情的准则。“极”与“表”都有准则的意思，前后呼应，故取帛书版作“守情表也”。“守情”被改为“守静”，一方面是因为“情”多被理解成欲念，另一方面是因为“守情”之法知者甚少，故被后人妄改。北大汉简本为“至虚极，积正督”。“督”，本义指察看、审视，又有矫正、纠正之义；“积正督”，指反复用中“正”来审察自身。中“正”而无偏，即达其实“情”；审察于自身，即得其“表”率，与“守情表”含义相同。

②天物云云：传世版把“天”改成了“夫”，把内涵丰富的“天物”改成了空洞的“夫物”，意境全失。“天物”，指自然生长的事物；“天物

云云”，形容的正是在到达虚静的过程中，万念滋生变化的状态，然而只需要“观”，它们最终便会“复”归于根。帛书甲本是“天物雲雲”，就像流云一样，变化万千而又形象恍惚，如《吕氏春秋·圜道》：“云气西行，云云然。”帛书乙本是“天物袨袨”，释为“天物魂魂”，形容的也是恍惚变幻的意象，如《山海经·西山经》“南望昆仑，其光熊熊，其气魂魂”，非常符合我们意识中万念纷纭、万象纷呈的状态。然而换成“夫物芸芸”，形容万物像杂草一样繁多，就从天上掉到了地上，从意象固化成实体，是名副其实的天壤之别。北大汉简本也为“天物云云”。

③静，是谓复命：北大汉简本为“静曰复命”，而传世版去掉了“静”字。帛书版和北大汉简本的表达，是“静”谓之“复命”，而传世版的表达，却是“归根”谓之“复命”，二者有区别。

直译：

达到虚无的极点，恪守实情的准则。万千物象蓬勃兴起，而我静观它们仍会返还的地方。物象变幻多端，最终各自返还它们的本根，返还本根的状态，就叫作“静”。持守住了静，也就得以复归于生命之源起。复归于生命之源起，就知道了其中的规律。把握住了规律，就叫作“明”，否则叫作“妄”。在不遵从规律的情况下妄为，就会遭受挫败。掌握了规律，就可以容纳万事万物。按照规律对待万事万物，就是“至公”。“至公”者，可以为王。王匡正天下，就能让万物复归于自然；万物复归于自然，则天下有道。依托于道，则能获得长久，终身都不会遭遇危险。

解读：

“**致虚极也，守情表也**。”“至”，到达、达到。“虚”，空无、虚空；

心中虚无，即无杂念、无妄想，精神空明纯粹的状态。“极”，极点，最高的，不能更进一步的，因而是不变的，引申为准则。“致虚极也”，达到虚无的极点，即达到虚空无染而不起主观心的状态。

“情”，实情、真相，真实的呈现；“守情”，恪守实情，即内心达到诚、真、无偏私的状态。“表”，是表率、准则的意思，《大戴礼记·主言》：“上者民之表也，表正则何物不正。”“守情表也”，指恪守实情的准则，内心达到无偏私的状态。因为只有在这种不受自我主观干扰的状态下，以客观无私的“用心若镜”来查知，才能得到万事万物终极的“真情”，证验到“道”。

“情”字本义是指外界事物引发的内心感应，为何与真实联系在一起呢？《荀子·正名》说“性者，天之就也；情者，性之质也”，认为“情”是天赋真性的真实呈现。《左传》“民之情伪尽知之矣”，也是以情为真。看不见，听不着，触不到，却又明明白白地知道它真实存在着，这就是得其真情的表现，正是认知“道”的必要条件。

对于“道”的描述，第二十一章说：“其情甚真，其中有信。”《庄子·大宗师》说：“夫道，有情有信，无为无形。”“有情”，真实存在；“有信”，可验可证。第十章说：“涤除玄鉴，能毋疵乎？”以至诚至真，让自己的内心无有瑕疵，犹如明镜一般。如此才能查知实情，证验到“道”。

“**万物旁作，吾以观其复也**。”在无主观心、无偏私的状态下，就可以去“观”，因为此时得“正”。“旁”原义指四方，形容广泛、普遍之意；“作”是“产生、兴起”的意思；“观”是“查看、审视”的意思；“复”是“返还、往而仍来”的意思。万物蓬勃兴起，其实也指万千念头丛生，而我静观它们最终仍会返还的地方。四方之物最终仍会回归于中，“观其复”，也就是“守中”，与“畏四邻”的意义相同，畏惧四方之邻来犯，也是指“守中”。

“天物云云，各复归于其根。归根曰静。”“天物”，指自然生长的事物，这里也用来形容内心万念纷呈的状态：念头自然生长，不受人的控制。“云云”是形容周流运转、演化不息的样子。“归根曰静”，直译是“回归到根源称之为静”。为什么说回归到根源就叫作“静”呢？想象一下，白天大街上纷纷攘攘全是人，而到了半夜，大家都回家休息了，是不是就安静下来了？

“家”“住所”，是养护我们成长的地方，其实就相当于我们每个人的根，因此《道德经》说“不失其所者，久也”。而作为“住所”，必须要满足两个条件：一是空虚，空虚才能容身；二是安静，安静才能养人。所以天下的根源，万物的本根，它的状态是空虚而安静的，如第四十五章所说，“清静可以为天下正”。

“静，是谓复命。”“命”字本义是“发号施令”，古人有“天命”论，认为万物都是遵从上天的命令而生。因此这里的“复命”是指复归于天之命令所出的地方，也就是见到了万物之母——“道”。本句指持守住了清静，也就能够复归于生命之源起，得以见“道”。

“复命常也，知常明也。不知常，妄。妄作，凶。”“常”是“恒定”的意思，在这里指“规律”，因为规律本身便意味着不变，故用“常”来指代。如《荀子·天论》：“天行有常，不为尧存，不为桀亡。”

见到了“道”，也就知道了天下万物运作的规律，知道了规律，叫作“明”，否则叫作“妄”。在不知道规律的情况下妄为，就会遭受挫败。

“知常容，容乃公，公乃王，王乃天，天乃道，道乃久，没身不殆。”“知”，是执掌、把握、主持的意思，如“知县”“知政”；“容”是包容、容纳的意思，“知常容”，指把握了道的规律就可以容纳万事万物。为什么“知常”就可以“容”？

首先说物，我们作为人肯定不会对万物都持包容的态度，必然会有所取舍，有所喜恶。比如我们划分“益虫”“害虫”，对益虫加以保护而对害虫坚决消灭。但站在道的角度上就不一样了，天下万物都由道而生，在道这里它们各自都有存在的理由，当然就能包容万物，如《道德经》第二十七章所说“物无弃材，是谓袭明”。而要想做到“物无弃材”各尽其用，就需要“知常”，“知常明也”。

其次说事，我们对一些事情的发生不能接受，主要原因在于“不能理解”。理解了，知道前因后果了，也就可以用客观的眼光去看待了，而不至于被情绪所左右。

比如对于死亡，极少有人会不抗拒死亡不害怕死亡的，但庄子在妻子死后却“鼓盆而歌”，因为他对生死理解得非常通透。他说：“察其始而本无生，非徒无生也而本无形，非徒无形也而本无气。杂乎芒芴之间，变而有气，气变而有形，形变而有生，今又变而之死，是相与为春秋冬夏四时行也。人且偃然寝于巨室，而我噭噭然随而哭之，自以为不通乎命，故止也。”

在庄子眼中，人本从无中而生，无形而至有形，无生而至有生，无我而至有我。死，只不过是从有极有限之生命，复归于无极无限之永恒而已。就像在外面游玩了一圈又回来了，白天困倦了晚上又沉睡了一般，如同春夏秋冬四季轮换，自然而然地发生，又有什么好畏惧的呢？

所以，无论对事对物，只要我们掌握了其中固定不变的规律，就可以做到“能容”。一切按照规律行事，不偏不倚，无喜无恶，就是“至公”。《道德经》说“天地不仁”“圣人不仁”，正是因为他们在按规律行事，而不会去施行什么仁义。

“公乃王”，我们常说“公正”，把公与正联系在一起，而这里的“王”，其实也是“匡正”的意思。《法言·先知》：“昔在公，征于东方，四国是王。”李轨注：“王，正。”董仲舒在《春秋繁露》中对“王”的一项定义便是“匡”，他说“王者，方也；王者，匡也”，认为王需要用正直而方的德行匡扶天下。因此唯有“至公”，才能匡正天下，行王之事。故而“至公”者，如天地、圣人，可以为王。

“王乃天”，“天”指天然的、自然的；王匡正天下，于是可以让万物都回归自然的状态。正如第六十四章所说：“能辅万物之自然。”“天乃道”，万物都复归于自然，于是道得以通行于天下。“道乃久”，依托于道，则能获得长久，如此终身都不会遭遇危险。

六十一、对我们最好的，反而感受不到（今 17 章）

帛书版：

太上[①]，下知有之。其次，亲誉之。其次，畏之。其下，侮之。信不足，案有不信。犹呵，其贵言也。成功遂事，而百姓谓我自然。

传世版：

大上，下知有之。其次，亲而誉之。其次，畏之。其次，侮之。信不足焉，有不信焉。悠兮其贵言。功成事遂，百姓皆谓我自然。

版本重大差异：

①太上：古时“大”“太”相通，帛书版原文也是“大上”，但因解读不同而存在差异。王弼注解为“大人在上，故曰大上”，把“大上”解成“大人在上”。而帛书是讲依次排序，“大”通“太”，“太上”是“最好、最上”的意思，后接“其次”“其下”。如《左传》“太上有立德，其次有立功，其次有立言”，即次第之义。

直译：

最好的国君，民众只是知道有这么一个存在。次一等的国君，民众亲近并赞誉他。再次一等的国君，民众畏惧他。最次的国君，民众侮辱谩骂他。信用不足，才会不被信任。审慎啊！好的国君会非常看重自己的发言施令。事情做成功了，百姓都说“我们本来就是要这样做的”。

解读：

“**太上，下知有之**。”“太上”，指最好的、最高的。最好的什么呢？国君、君王。因为后文还有“亲誉之”“侮之”，对象应指人，而不是时代、世道、制度。

最好的国君，民众都只是知道有这么一个存在。就像我们都知道“上天”的存在，但没有感受到上天有强行的意志施加于我们一样。不过这个“上天”又是绝不能拿掉的，它的作用之大，无可替代，不可或缺，只是我们“日用而不知”。

“**其次，亲誉之**。”次一等的国君，民众亲近并赞誉他。人人亲近，且人人赞誉，这样的国君应该是我们心目中的“明君”才对，为什么排到第二位呢？

在《道德经》中，老子是将“圣人”与“天地”相比拟的，圣人为一国之王，而天地统管万物，比国王大多了。那么作为万物之一的我们，会去赞颂天地，会去亲近天地，会去为它歌功颂德吗？并不会。那是天地把万物管理得不好吗？并不是。实际上是因为天地把万物管理得太好了，我们才不会去给它歌功颂德。

第三十二章说“天地相合，以雨甘露。民莫之令而自均焉”，也没见到天地发号施令，一切都是自然而然地发生；也没见天地培育扶持万物，万物却自然而然地长成。天地无功也无名，又该如何去歌颂呢？

明知天地统管万物，我们为什么不去亲近它呢？因为“天道无亲”，它按规则行事，不会有远近亲疏之分，对所有人都是无分别的，所以亲近它没有用。那疏远它呢？也不行，它对你是不离不弃的，尽管看上去若即若离。再怎么亲近它也仍然隔着那么远，再怎么疏远它也仍然距离这么近，所以我们不会去向它表达亲近之情。

那么，“太上”是一种什么样的状态呢？《道德经》第五十六章说：

“不可得而亲，亦不可得而疏。不可得而利，亦不可得而害。不可得而贵，亦不可得而贱。故为天下贵。”这才是天下最贵重的太上之君。而人人赞誉的国君，可亲近，可颂名，施功立德，恩惠百姓，无法做到“至公”不说，也已经远远偏离太上“无为”之道了。

“**其次，畏之**。”再次一等的国君，百姓对他很畏惧，因为他以“威”来统治百姓。《道德经》第七十四章“民不畏威，则大威将至矣”，说的正是这种情况。统治者们高压统治，骚扰地方，对百姓剥削逼迫，令百姓不得安生，所以百姓会畏惧。

“**其下，侮之**。”最次的国君，百姓开始侮辱谩骂他。如《道德经》第五十三章说“朝甚除，田甚芜，仓甚虚。服文采，带利剑，厌食而资财有余。是谓盗竽，非道也哉”，百姓已经开始在骂他是强盗，是无道昏君了。到了这一步，基本就是民心尽失，离“蹶”不远了。

“**信不足，案有不信**。”百姓是如何失去对国君的信任呢？因为国君失信在先。水可以做到“言善信”，在于它澄澈无染，至真至诚。而如果国君凭自己的私心欲望行事，也就失去了被百姓信任的前提。

发言、施政，必然是要先得到民众的信任。商鞅变法时，在秦国都城的南门放了一根三丈长的木头，并宣布，谁能把木头从南门搬到北门，就可以得“十金”的奖赏。但是没有人相信，商鞅又把奖赏提高到“五十金”。后来有人将信将疑，试着把木头从南门搬到了北门，商鞅立即兑现奖励。通过这样的方式取信于民，而后商鞅才能顺利推行变法。

“**犹呵，其贵言也**”。“犹”，踌躇迟疑的样子。“贵”，看重、重视。“贵言”，因为重视而不轻易出言。好的国君，在发言之前都会审慎再三，而从不轻易发号施令。

“**成功遂事，而百姓谓我自然**。”事情办成了，百姓都说“我们自己就是要这样做的啊”。国君非常看重自己的发言，从不轻易发号施令，所以百姓感受不到国君的影响，都认为把事情做成功了，完全是自主所为。这就是“我无为而民自化”“我无事而民自富”的道理。

六十二、道家“绝仁弃义”的内在逻辑（今 18 章）

帛书版：

故大道废，案有仁义①。智慧出，案有大伪。六亲不和，案有孝慈。邦家昏乱，案有贞臣。

传世版：

大道废，有仁义；慧智出，有大伪；六亲不和，有孝慈；国家昏乱，有忠臣。

版本重大差异：

①案有仁义：有人把“案”作“安”讲，读成反问句，其实没必要这样强行去通融。“案”字本义是指“用于放置食物的木盘”，落下而放置，表达肯定之意，在这里作“于是、就”讲。与第十七章“信不足，案有不信”用法相同。

直译：

所以大道被废弃，“仁义”就开始被推崇了。智慧已产生，大的伪诈就开始出现了。六亲不和睦，“孝慈”就开始被提倡了。国家已昏乱，忠贞之臣就开始被赞扬了。

解读：

这一章很容易理解，但其背后蕴含的意义非同小可，类似观点在《道德经》中被多次提及，是道家比较重要的理念之一。

“故大道废，案有仁义。”“废”，是废弃的意思。可能有人会疑惑，大道怎么能被废弃呢？《中庸》不是说“道也者，不可须臾离也；可离，非道也”，人们连片刻离开“道”都不可能，又如何去废弃“道”呢？

这里就要说到“恒道”与“非恒道”。有“先天地生”“独立而不改”的道，它无处不在，造生天地万物。这个道，便是《中庸》所说“不可须臾离”的道，称之为“恒道”。

而《道德经》第三十二章又说，“譬道之在天下也，犹小谷之与江海也”。小河流很多，统归于大海，如果把大海比作大道的话，小河流就相当于大道的分支，作用于不同的事物。这些依赖于具体事物而呈现的道，就是“非恒道”。

万事万物都有一个与道相得的状态，《道德经》第三十九章说：“天得一以清，地得一以宁，神得一以灵，谷得一以盈，侯王得一而以为天下正。”这些“得一”的状态，就是它们各自遵从于道所得的中正常态。而这些常态，都是可以被偏离的。

天有清时，有不清时；地有宁时，有不宁时；神有灵时，有不灵时；谷有盈时，有不盈时。侯王有道则为天下之正，无道则被天下所蹶。因此，当这些事物偏离它们本有的中正常态时，则为“废弃”大道；向这个中正常态靠拢的过程，则为“修道”；重新回复到中正常态，则为“得道”。

当人类群体偏离了“有道”的中正常态时，“仁义”就开始被推崇了，这便是“大道废，案有仁义”所要表达的意思，“仁义”不过是偏离大道之后的产物，它立足的根基便是“失正”。

“智慧出，案有大伪。六亲不和，案有孝慈。邦家昏乱，案有贞臣。”同样地，当人们背弃了敦厚朴实的中正常态而使用智慧时，大的欺诈行为就开始出现了。当六亲之间和睦相处的中正常态被抛弃以后，孝顺与慈爱就开始被提倡了。当国家清明安宁的中正常态消失以后，忠贞之臣就开始被赞扬了。

庄子在《马蹄》篇中说："素材没有被分割，谁还能用它雕刻出酒器；白玉没有被破开，谁还能用它雕刻出玉器；人的自然本性不被废弃，哪里用得着仁义；人固有的天性和真情不被背离，哪里用得着礼乐；五色不被错乱，谁还能够调制出文彩；五声不被搭配，谁还能够应和出六律。分解原木做成各种器皿，这是木工的罪过；毁弃人的自然本性以推行所谓仁义，这就是圣人的罪过。"

仁义固然是很华丽的品质，却是分割素材雕饰而成。"朴散则为器"，当人们开始重视并赞赏"器"的时候，"朴"也就不可能再保持了，从此走上废弃"大道"的路。这种状态不改变，"道"就永远回不来。所以第十九章才说要"绝仁弃义""绝圣弃智""绝巧弃利"，目的正是要打破当下流行的"定式"和"酱缸"，制止逆乱循环，而试图重新回归于"大道"。

只有当不再推崇"仁义"的时候，人们才有可能以清虚的状态重新关注"大道"。只有当不再赞许"智慧"的时候，人们才有可能以淳朴的状态重新回归真实。只有当不再赞赏"孝慈"的时候，六亲才有可能以自然的状态重归和睦。只有当不再赞扬"贞臣"的时候，国家才是真正的清明安宁。

这其中的内在逻辑可能不太好理解，《庄子》把仁义比作胶水，那么就拿破损的瓷器打个比方。

完整的瓷器如果摔坏了，可以用胶水把碎片重新黏合起来。而大道废弃、六亲不和、国家昏乱，就相当于完整的瓷器被摔坏。在这个时候，如果有人用仁义聚拢人心，用孝慈处理六亲关系，用忠贞挽救国家，那么仁义、孝慈、忠贞就起到了胶水的作用。

首先，用胶水粘补碎瓷器，就像以"和大怨"的方式来修复破裂的关系一样，“有余怨”是必然的结果，“焉可以为善”？这不能说是好的处理方法，因为裂痕难消。

其次，胶水不属于原来的瓷器，它完全是一个新东西，就像错乱五色得来的文彩，调和五音作出的乐曲一样。毕竟原系统已经被打碎了，只有使用系统之外的新东西才能起到拼合的作用。

不过，这个新东西如果和碎瓷器掺杂在一起，瓷器就永远失去了重归原来的无损状态的机会。

但奇怪的是，有很多人喜欢这种“美”。仁义之华丽，忠孝之贞烈，无不炫人耳目，让人心动神驰。就像如今有人故意把茶壶弄破，然后用铜、银、金把破损处锔起来一样。他们觉得很美，比原来浑然一体的状态更美，特别是那金灿灿的锔线，在他们眼中简直美不胜收。

最后，哪怕用胶水把碎瓷器勉强拼接起来，瓷器也已经遍身是裂纹，不堪再用了，随时都可能分崩离析。

那么，如果要让破碎的瓷器重新回归原来的无损状态，就不能想着用外物去拼接，而且还要把这些系统外的新东西清除出去。尽管它们都很华丽，但是我们要“居其实，不居其华”。这就是道家批判仁义、反对礼乐的内在逻辑。

六十三、为什么要“绝圣弃智”？（今19章）

帛书版：

绝圣弃智，民利百倍。绝仁弃义，民复孝慈。绝巧弃利，盗贼无有。此三言也，以为文未足，故令之有所属：见素抱朴，少私而寡欲。绝学无忧①。

传世版：

绝圣弃智，民利百倍；绝仁弃义，民复孝慈；绝巧弃利，盗贼无有。此三者，以为文不足，故令有所属，见素抱朴，少私寡欲。

版本重大差异：

①绝学无忧：传世版把“绝学无忧”后置于第二十章，不过细审上下文，应当在此章。“绝学无忧”的“绝学”，绝的是上文“圣智”之学、“仁义”之学、“巧利”之学，而非下文“唯与呵”之学、“美与恶”之学。百姓开启是非之心，开始辨别美善丑恶，是因为国家治理无道，让他们有了恶与非可以分别。不想着从根本上解决问题，却只想通过蒙蔽百姓辨别是非的觉悟，断绝他们分辨美恶的能力，来达到所谓天下太平，这才是罪恶的“愚民”之术。

直译：

抛弃“圣明”的谋算，放弃“智巧”的手段，民众就可以获得百倍的好处。抛弃“仁爱”的偏私，放弃“义理”的制约，民众就会重新恢复孝与慈。抛弃“机巧”的心思，放弃“功利”的行为，盗贼就不会出现。以上三个说法，还不足以作为遵守的依据，所以更进一步明确它们的主旨：表现出本真，恪守住纯朴，减损私心和欲望。如此则无须学习治国的技巧，也不会再为治理国家而忧虑。

解读：

“绝圣弃智，民利百倍。”“圣”，并非指《道德经》通篇所讲的“圣人”，而是最高层次的智谋。“聖”字本义近于聪，指听觉敏锐。《文子》说：“闻而知之，圣也；见而知之，智也……闻未生，圣也；先见成形，智也。”智者需要先见到才能知道，而圣者可以在见到之前就能知道，“圣”比“智”要高一个层次。

《庄子·盗跖》：“夫妄意室中之藏，圣也。”能凭空推测出房子里藏了什么好东西，这就叫“圣明”。“绝圣”，是指放弃这样的圣明智谋，不做能够明察秋毫之圣君；“弃智”，也不做善于驱策百姓之智君。《荀子》所谓“聪明圣知，守之以愚”。

这便是在告诫统治者，不要运用智谋巧虑来算计百姓。第十章说：“爱民治国，能毋以智乎？”管理、役使百姓的智巧手段，便是要弃的“智”。第五十八章说：“其政闷闷，其民惇惇。其政察察，其邦夬夬。”明察入微之政，便是要弃的“圣”。不以圣、智治国，百姓不会被处处谋算，而能像大鱼在深渊中一样安然生息，就会得到百倍的好处。

“绝仁弃义，民复孝慈。”第十八章讲到“大道废，案有仁义”，所以第十九章就要“绝仁弃义”。关于道德仁义之间的关系，第三十八章说：“故失道而后德，失德而后仁，失仁而后义，失义而后礼。”

天下失道失德，便有人用“仁爱”来聚拢人心，希望能够达到和谐相处的状态。然而“爱”本身就是一种偏私，有偏私就意味着必然会失衡，不能长久。所以当“仁爱”行不通之后，“义”就出现了。

“义”者，“宜”也，表示合适的、合乎要求的意思。《释名》曰：“义者，宜也，裁制事物使合宜也。”把事物“裁制”到合乎要求的状态，即为“义”。因此“义”是会被强制执行的，无论是被自我强制，抑或是被他人强制。所谓“正义”“公义”“大义”，都是指必须遵循的道理。

从以内在的仁爱让大家互相凝聚在一起，再到用外在的限制把大家强行约束在一起，已经偏离“道”越来越远了，因此要“绝仁弃义”，抛弃“仁爱”的偏私，放弃“义理”的制约，这样民众才有可能重新走回正路，复归孝慈。

我们常把仁、慈联系在一起，但在《道德经》中，仁和慈差别很大。慈属于“上德”，是一种众生平等的大爱，如“慈和遍服”；而仁属于“下德”，是一种体现差别的偏爱，如“亲亲为大”。天地待众生如一而无偏私，故而“天地不仁”，只有“不仁”才能有“慈”。

“孝”，常被作为一种居高临下的要求，作为一种强制遵从的道理，但越是这样反而越得不到发自内心的真孝。只有去除外在的约束，才能有真正的“孝”，即“绝仁弃义，民复孝慈”。

第十八章说“六亲不和，案有孝慈”，“孝慈”其实也是六亲失和之后的产物，那这里又讲“民复孝慈”是不是就前后矛盾了呢？

本章说的是，只有不再推崇“仁义”的时候，天下才有机会重归于“大道”。只有不再赞赏“孝慈”的时候，六亲才有机会重归于和睦。在“绝仁弃义”而大道复归之后，六亲得以和睦，此时才可说“民复孝慈”。

然而，这种状态是不能通过颂扬忠孝、提倡慈爱达到的。《庄子》说“相濡以沫，不如相忘于江湖”。天下无道的时候，鱼儿相濡以沫的状态，可以说是很有爱的。但是天下有道，鱼儿的“有爱”表现出来就不再是“相濡以沫”了，而是“相忘于江湖”，因为大环境变了。如果要抱住“相濡以沫”的那种爱不放，就必须保证它产生的前提——“泉涸”，也就是天下失道。

同样名为“爱”，但表现完全不一样，区别就在这里。因此，通过有道而得以恢复的孝慈，和六亲不和显现出来的孝慈，是完全不同的两种状态。其实，我们看古往今来的忠孝小故事就能理解，诸如“卧冰求鲤”“彩衣娱亲”“埋儿奉母”，其行径根本就与“道”无关。所以，这里讲的“绝仁弃义，民复孝慈”与“六亲不和，案有孝慈”并不矛盾。

“**绝巧弃利，盗贼无有**。”本句与第十八章“智慧出，案有大伪”相呼应。智慧产生了，大的伪诈就开始出现了。比如那些会投机取巧的人，有人称赞他们聪明、能干；那些能够欺诈获利的人，有人认为他们精明、强干。这样“聪明”的人，其实就是老子所说的“为奇者”“智者”，在整个大环境都推崇“机巧”的时候，他们是最能兴风作浪的。就像《庄子》说的“窃国者诸侯”，连国家都能偷到手的大盗也出现了。

所以，不推崇机巧，不提倡功利，盗贼才不会出现。如第三章所说“使夫智不敢。弗为而已，则无不治矣”，让那些“智者”不敢出来兴风作浪，这样就不会有治理不好的国家。

“**此三言也，以为文未足**。”此三言，是指以上三种说法，“绝圣弃智”“绝仁弃义”“绝巧弃利”。“文”，《说文解字·序》：“盖依类象形，故谓之文。其后形声相益，即谓之字。文者，物象之本。”“文”是事物成象的依据，故而有“水文”“天文”等词，用以描述自然界中有条理的现象。又有“文章”“条文”等词，用以描述我们系统的、有逻辑的论证。“以为文未足”，就是说以上三种说法，还不足以作为遵循的依据，还需要再深入明确一下主旨。

“**故令之有所属：见素抱朴，少私而寡欲**。”“见素”，表现出朴素，把身外杂七杂八的装饰都扔掉；“抱朴”，持守住质朴，把内心乱七八糟的智巧都抛弃。“少私”，不要总想着满足自己；“寡欲”，不要总想着向外索求。“少私寡欲”合用，指的是减少个人私欲。所以更进一步让它们有所归属：表现出本真，恪守住纯朴，减损私心和欲望。

做到这些，就可以“**绝学无忧**”：不用再费心学习治国的技巧和方法，也不会再为国家治理不好而忧虑，因为已经达到了认知的极致。《庄子》说：“学者，学其所不能学也；行者，行其所不能行也；辩者，辩其所不能辩也。知止乎其所不能知，至矣。”已经到了“学”所能达到的极致，就在“学”的层面上知止。为什么终极奥义会被称为“绝学”，因为一旦掌握就不需要再学其他的了。

另外，“见素抱朴，少私而寡欲”，也正需要“绝学”才能达到。第四十八章说“为学者日益，闻道者日损”，如果一直没有达到认知的极致（闻道），而始终都处于外求的状态（求知），又如何做到“损之又损”（绝学）呢？求“损之又损”，就不能持续“为学”。而第六十四章说“学不学”，正是本章“绝学”之意，即持守住素朴，保有本源之道。

六十四、有道之人与俗人有什么不一样？（今 20 章）

帛书版：

唯与呵，其相去几何？美与恶[①]，其相去何若？人之所畏，亦不可以不畏人[②]。望呵，其未央哉！众人熙熙，若飨于大牢，而春登台。我泊焉未兆，若婴儿未咳。累呵，如无所归。众人皆有余，我独匮。我愚人之心也，沌沌呵。俗人昭昭，我独若昏呵。俗人察察，我独闷闷呵。忽呵，其若海。恍呵，其若无所止。众人皆有以，我独顽以俚。我欲独异于人[③]，而贵食母。

传世版：

绝学无忧。唯之与阿，相去几何？善之与恶，相去若何？人之所畏，不可不畏。荒兮其未央哉！众人熙熙，如享太牢，如春登台。我独泊兮其未兆，如婴儿之未孩。儽儽兮若无所归。众人皆有余，而我独若遗。我愚人之心也哉！沌沌兮！俗人昭昭，我独昏昏；俗人察察，我独闷闷。澹兮其若海，飂兮若无止。众人皆有以，而我独顽似鄙。我独异于人，而贵食母。

版本重大差异：

①美与恶：传世版为“善之与恶”。“善”“恶”相对的话，很容易让人把“善”理解为“善良”，但是《道德经》中的“善”，并没有“善良”的意思。所以此处应为“美”“恶”相对，与《道德经》第二章“天下皆知美、为美，恶已”相应。

②不畏人：传世版为“不畏”，意义相差很大。传世版的“人之所

畏，不可不畏”，指“别人所畏惧的，我也要畏惧”，顺从流俗之意。而帛书的“人之所畏，亦不可以不畏人”，却是指“人所畏惧的，也会很畏惧人”，完全是不同的表达。北大汉简本也为“人之所畏，不可以不畏人”。

③我欲独异于人：传世版为“我独异于人”，和第二十四、六十六章一样，也是见不得“欲”字。“欲”在这里指想要达到的目的，“我欲”，指我想要的、我所追求的。“我欲独异于人”，是说我所追求的与众人不一样；而改成“我独异于人”，就变成我自身与众人不一样了。此处王弼注文是“人者皆弃生民之本，贵末饰之华，故曰，我独欲异于人”，也同样有“欲”字，只是位置有所变动，而经文中的“欲”字则直接被删除。北大汉简本也为“我欲独异于人”。

直译：

众人应诺的与众人呵斥的，它们之间的差别有多大？众人喜欢的与众人讨厌的，它们之间的差距有多远？人所畏惧的，也不能不畏惧人。看不到边际啊！没有尽头的样子。众人兴高采烈，好像参加盛大的筵席，又好像春天登上高台眺望美景。但我却独自停留在尚未萌动的漠然领域，好像婴儿还不会开口嬉笑。颓唐失意啊！好像无处可以归依。众人都有富余，唯独我好像还有不足。我真是有一颗愚人的心啊，混混沌沌。俗人都能看得清楚明白，唯独我好像昏聩不明；俗人都能辨得细致入微，唯独我好像浑浑噩噩。若无所知啊，好像大海一样广漠；恍然不觉啊，好像没有止境。众人都目标明确有所作为，唯独我愚顽不灵，粗陋不堪。我的追求总是和俗人不一样，因为我看重的是固守本根。

解读：

“**唯与呵，其相去几何？**”“唯”，有个词叫“唯唯诺诺”，允诺答应的意思。“呵”，怒责、呵斥的意思。允诺与呵斥，它们之间有什么差别呢？换句话说，我认可的就允诺，我反对的就呵斥，那么我所认可的与我所反对的，本质上有什么不一样呢？

“**美与恶，其相去何若？**”人们认为是好的，称之为“美”；人们认为是不好的，称之为“恶”，那么这“美”与“恶”又有什么本质的不同呢？我讨厌并反对的东西，与我立场不一样的人就会接受；我喜欢并接受的东西，与我立场不一样的人就会反对。人们都只是站在自己的立场，出于自己的主观认知在分别而已。

“**人之所畏，亦不可以不畏人**。”我们认为的“美”，换个立场可能就是“恶”，就好像人人都害怕的东西，其实它也会害怕人。比如虎狼，人人害怕，但现在只能在动物园里安身，几近灭绝。我们因为害怕虎狼而去伤害它们，殊不知虎狼也会因为害怕我们而来伤害我们。

人自从有了主观认知，就会凭自己的私心行事。为什么大家会互相防范，互相伤害？因为各自站在不同的立场，各有各的私心。这样的私心不绝，这种彼此防备、互相伤害的情形就是无止境的，没有边际。“**望呵，其未央哉！**”

因此第四十九章说：“圣人恒无心，以百姓之心为心。善者善之，不善者亦善之，德善也。”“以百姓之心为心”，就不会与百姓站在对立的立场；“善者善之，不善者亦善之”，就是在以“德善”行事，而不是出于自己的私心行事。

但这样一来，没有私心的“我”，与各怀私心的众人就有了明显的不同。“**众人熙熙，若飨于大牢，而春登台**。”大家都熙熙攘攘，好像参加盛大的筵席一样兴高采烈，又好像在春天登上高台眺望美景一样胸怀激荡，因为私心得到了满足。而我呢？“**我泊焉未兆，若婴儿未咳**。”“未兆”，《道德经》第六十四章也出现过：“其未兆也，易谋也。”在这里是指“兆头还没有显现的时候”，即生机未萌发、万物未萌动的漠然寂静状态。“泊”字本义是“停船靠岸”，在这里是“停留、停靠”的意思。（“泊”还有“澹泊、恬静”的意思，不过该义项很有可能是由此章衍生而来，所以此处不取。）

我独自停留在生机不显的漠然领域，即“无”的状态。“天下之物生于有，有生于无”，“无”是万物的母态。停留在这个状态中，对外界的表现就是漠然不动，寂静无声，所以“若婴儿未咳”，就好像婴儿还不会开口嬉笑。

“**累呵，如无所归**。”“累”是指颓然失意的样子。当年孔子周游列国，在郑国和众弟子走散了，弟子们到处寻找。有个人告诉子贡说：“东门有人，其颡似尧，其项类皋陶，其肩类子产，然自腰以下不及禹三寸，累累若丧家之狗。”（《史记·孔子世家》）

那个人描述的对象就是孔子，孔子周游列国而得不到任用，颓然失意的状态就好像一条无家可归的狗。“累呵，如无所归”是指颓唐失意啊，好像无处可以归依，与“丧家之犬”的状态差不多。因为他独自处于“无”的领域，在众人熙熙、兴高采烈的环境中，可不正是格格不入，“无”处可以归依。

“**众人皆有余，我独匮**。”我们知道，往杯子倒水倒多了，就会往外流；有余，就会外泄。这里的“有余”指外施，即有为的状态。众人看起来好像都心志旺盛，想要有所发挥，有所作为，而我呢？收敛精力（治人事天，莫若啬），聚敛精神（不出户，不窥牖，塞其兑，闭其门），小心翼翼（犹兮、豫兮），而不敢为（无为、不争）。所以我和众人不一样，不是“有余”的状态，而是“缺乏”的状态，“我独匮”。

“**我愚人之心也，沌沌呵**。”“愚人之心”，其实是指“混沌之心”，不别上下，不分尊卑，不论远近，没有亲疏，这便是“混沌”。然而这样的人在俗人看来，就是个“愚”人，没开窍。

所以才会“**俗人昭昭，我独若昏呵**。**俗人察察，我独闷闷呵**”。俗人都能看得清楚明白，我却目昏眼拙，弄不分明；俗人都能辨得细致入微，我却心窍不通，浑浑噩噩。“闷闷”，指心思不得舒展，不言不语浑浑噩噩的样子。

“俗人”，帛书甲、乙本均作“鬻人”。“鬻”字本义为“粥”，可以养人，故《庄子》有“天鬻”之说，指有道者受食于天，与本章“食母”异曲同工。“鬻人”指失去了给养而不得不叫卖维生的生意人。后人将“鬻人”释为“俗人”，十分贴切。芸芸众生，莫不背离了道而失去“母”的育养，他们用尽精明智巧，算计些蝇头小利，却终生流离失所丧失根本，其实十分可悲。

“**忽呵，其若海**。**恍呵，其若无所止**。”我这个恍恍惚惚的混沌状态啊，就好像大海一样深远宽广，探不到底，也摸不到边，好像没有止境。

“**众人皆有以，我独顽以俚**。”“以”是原因、目的的意思，“有以”，就是有明确的目标，有目的可作为。众人都目标明确有所作为，而我呢？“顽以俚”，冥顽不灵，像石头一样愚顽不堪，一无所用，粗鄙而让人瞧不起。

那我为什么会成这样呢？因为“**我欲独异于人，而贵食母**”。我的追求和俗人不一样，我看重的是“食母”。“食”是“依赖、依靠”的意思，如“大夫食邑，士食田，庶人食力”。而我“食母”，依赖自己的根本、根源，也就是“道”。所以我的选择是固守本源，不外施，不外逐，而无为。

六十五、古人是如何觉知有“道”的？（今 21 章）

帛书版：

孔德之容，唯道是从。道之物[①]，唯恍唯忽。忽呵恍呵，中有象呵。恍呵忽呵，中有物呵。幽呵冥呵，中有情[②]呵。其情甚真，其中有信。自今及古[③]，其名不去，以顺众父。吾何以知众父之然也，以此。

传世版：

孔德之容，惟道是从。道之为物，惟恍惟惚。惚兮恍兮，其中有象；恍兮惚兮，其中有物。窈兮冥兮，其中有精；其精甚真，其中有信。自古及今，其名不去，以阅众甫。吾何以知众甫之状哉？以此。

版本重大差异：

①道之物：传世版是“道之为物”，把“道”往“物”的方向靠。“物”，这里指事物的内容或实质，“道之物”是把道当作“物”来探究，来形容和描述，而不是说“道就是物”。但“道之为物”，却是明明白白地说“道”是“物”。也有人把“道之为物”理解成道生万物的过程，牵强不通。

②中有情：传世版是“中有精”，同样是在把“道”物化。“情”，指“实情、情状、情形”，代表真实存在。无论是虚的“状”，还是实的“物”，都可通用。而“精”是指“物的细微成分”，专用于物。把“道”作“精微”之物来讲，以“有”作为本源，并不符合道家贵“虚”、贵“无”的一贯宗旨。北大汉简本为“中有请”，“请”通“情”。

③自今及古：传世版为“自古及今”，更改了“今”与“古”的顺序，正好可以与第十四章被篡改的“执古之道，以御今之有”相对应。而取帛书本的“执今之道，以御今之有，以知古始”，则此处正应该是“自今及古”才对。北大汉简本也为“自今及古”。

直译：

“德”之所以表现出深远的样子，是因为它遵从于道。探究“道”的内质，只是模模糊糊而又渺渺茫茫的形态。惚惚恍恍的，就会觉察到它的意象了。恍恍惚惚的，它进一步显现出形体了。它是那么的幽远，又是那么的深邃，其中存在可以让我们察知的实情。它呈现出来的情状是那么真实，其中对应着固定不变的规律。从当下到远古，都存在它的名字，用来顺应万物本源的意志。我如何知道万物的本源是什么样的呢？就是通过这种方法。

解读：

“**孔德之容，唯道是从**。”“孔”字本义指“窟窿、洞穴”，引申为“深远、深邃”。《淮南子》言“孔乎莫知其所终极，滔乎莫知其所止息”，“孔”字即为深远义。第六十五章讲“玄德深矣，远矣”，便是此处“孔德”呈现的样貌。“德”，之所以表现出深远而莫知其极的样子，正是因为它遵从于道。

也有人把“孔”理解为“甚、大”的意思，不过从“上德不德”“建德如偷”“广德如不足”来看，德呈现出来的样貌大概率不是“甚、大”，而是深邃、深远，难以捉摸，即“玄”。

“**道之物，唯恍唯忽**。”“物”，指事物的内容或实质。对“道”的实质进行探究，只是模糊渺茫的形态。老子进一步对探究出来的“道”进行描述：“**忽呵恍呵，中有象呵**。”惚惚恍恍的，就会觉察到它的意象了。“**恍呵忽呵，中有物呵**。”恍恍惚惚的，它进一步显现出形体了。

“**幽呵冥呵，中有情呵**。”“幽”，昏暗、深远；“冥”，幽暗、深邃。它是那么的幽远，又是那么的深邃，其中存在可以让我们察知的实情。这里的“情”是“实情”的意思，表示可以认知到的事物的真实情状。

“**其情甚真，其中有信**。”它呈现出来的情状是那么的真实，因为其中对应着固定不变的规律。“信”，我们说一个人言而有信，意指他说出来的话会真实发生，这便是规律性。因此，“信”代表的是“有迹可寻”，而不是虚幻缥缈的、变化无常的不可捉摸。比如潮来潮去、日升日落、月圆月缺，以及“信风”，都是指到时便会发生的、呈规律性的现象。

“**自今及古，其名不去，以顺众父**。”从当下一直到远古，都存在它的名字。存在它的名字，是说它的作用和影响一直都在，并且可以被人所认知。至于把它称为“道”，还是“大”，并无影响，因为那不是它的“恒名”。

“众父”，指万物的本源；“顺”，本义指“沿着一个方向”，引申为“遵循、沿袭”。从今天到远古，它都在其中发挥着作用，就好像一条绳索，贯穿古今。因此，我们从当下沿着绳索望过去，就能看到万物的本源，也就是“众父”。

“**吾何以知众父之然也，以此**。”我是如何知道万物的本源是什么样的呢？就是通过这种方法。这和第十四章中所说的“以知古始”是差不多的意思。

六十六、自恃己能，不可持久（今24章）

帛书版：

炊者不立①。自视者不彰②，自见者不明，自伐者无功，自矜者不长。其在道，曰余食赘行。物或恶之，故有欲者弗居③。

传世版：

企者不立，跨者不行，自见者不明，自是者不彰，自伐者无功，自矜者不长。其在道也，曰余食赘行。物或恶之，故有道者不处。

版本重大差异：

①炊者不立：传世版为“企者不立”。王弼与河上公注本均把“企”理解为“尚进、进取”，表示这样人会失去安稳的状态，故而“不立”。但《道德经》并没有反对人进取，如“自胜者强”“成功遂事”等，只是要“知止”，“功遂身退”，因此这里取“炊者不立”。《荀子·仲尼》说“可立而待也，可炊而僥也”，意思是可以站着等，烧一顿饭的工夫就好了。可见“炊”在老子的时代就表示“不持久”，类似我们说“一炷香的时间”。“炊者不立”，是指烧火的人站不久，因为烧火的过程不会持久。“炊”又同“吹”，吹嘘之意，吹嘘的过程也同样不能持久。另外，传世版还加了一句“跨者不行”，用于和“炊者不立”对应，而帛书甲、乙本均无此句。北大汉简本也为“炊者不立”，而无“跨者不行”一句。

②自视者不彰：北大汉简本为“自视者不章”，传世版为“自是者不彰”。“自是”，自以为是，而“自视”，是由己而视之。“彰”，显明、显著。“自视者不彰”，“视”与“彰”表示一个动作造成相应的结果，比如

我们常说“看得不显明”；但换成“是”与“彰”就不存在这样的对应关系了。因此，帛书版的“自视者不彰”更加符合此处文义。

③有欲者弗居：传世版为“有道者不处”。“有道者”和“有欲者”是有差别的，“有欲者”不一定是“有道者”，而“有道者”也可以处于“有欲”的状态。因为想要有所作为，所以需要“用人”，所以不能遭“物”所恶。“物”，万物，指众生。因此，当取“物或恶之，故有欲者弗居”。北大汉简本也为“有欲者弗居”。其实《道德经》从来都不反对“有欲”，不反对人的主观能动性。老子在第一章就指出“故恒有欲也，以观其徼”，这里的“有欲”正是有所为的状态。“为而弗争”也好，“为而弗恃”也好，“无为而无不为”也好，老子对“为”都不反对，他反对的是强行施加自己意志的妄作之有为。

直译：

吹嘘之人，不能有所建树。执着于自己的眼光看待事物之人，看不明白。固守自己的成见理解事物之人，不得真相。自我夸耀之人，不能成就功业。自作高贵之人，不能得到敬重。用“道”来审视这些行为，就像多吃的饭食一样是负担，就像多余的动作一样是累赘，大家都会厌恶它。因此，想要有所作为的人，不会去做这样的事情。

解读：

“**炊者不立**。”“立”，站立，引申为建树。“炊”，炉灶吐火以烧煮食物，这个过程比较短暂，不能持久。古人用木柴来烧火做饭，而木柴燃烧的时间是很短的，需要踞守在炉灶前不断续柴，所以不能久站。“炊”又同“吹”，口嘘出气，这个过程同样也不能持久，一口气吹出，很快就会气力竭尽而终止。后来，“吹嘘”成了吹牛、说大话的意思，或许根源就在这里。

吹嘘的人不能有所建树，因为对外都是由自己输出，容量有限而很容易竭尽。后文中的“自视者”“自见者”“自伐者”“自矜者”均为“吹者”，和吹嘘一样，他们输出的东西都是由“自”而出，用的是一己之力，就像木柴燃烧自己一样不能持久，因而无法“立”得住。《老子想尔注》和《道德真经次解》于此处作“喘者不久”，道理相同。

其实，本章的句式和第二十三章一样，“希言自然。飘风不终朝，暴雨不终日”，前一句是总结，后两句是说明。“炊者不立”是总结，应该加句号与后文分隔，后文都是说明。

“**自视者不彰**。”“自视”，即“视”由“自”而出，用自己的眼光去看待事物。“彰”是“显著”的意思，指看得清楚、明白。庄子在《逍遥游》中说：“故夫知效一官，行比一乡，德合一君，而征一国者，其自视也，亦若此矣。”这里的“自视”，就是用自己的眼光去看待，不过“视”的是自己，自己看待自己。所以，“自视者不彰”，用自己的眼光去看待事物的人，就会看不清楚，看不明白，因为每个人的眼光都有局限。

“**自见者不明**。”很多注本把“自见”理解为自我显摆、自炫于众。但上句“自视者不彰”，是“视”与“彰”对应，本句理当是“见”与“明”对应，视而不彰、见而不明，方才语义通顺。如果把“见”解为显摆、自炫，显摆得不“明”、自炫得不“明”，就不通了。因此，这里的“自见”，不应理解成“自现”，而应解为“见”由“自”而出。“自见者不明”，用自己的“成见”去理解、判断事物的人，就会“不明”，因为每个人的见识都有局限。

“明”在《道德经》被多次提到。如“见小曰明”“自知者，明也”“用其光，复归其明”“是谓微明”等，均表示对事物的本质有所把握，得以见其细微、知其真情的明“道”状态。

以自己的成见为标准，用自己有限的认知去看世界，是不能得到真相的。因此，我们才需要掌握规律，用“道”来进行认知和判断，借助“道”来观天下，观万物，观妙、观徼、观复。唯有如此，天地万物的真相才得以显明。

“**自伐者无功**。”“伐”是“夸耀自己”的意思，“自伐”，“伐”由“自”而出，自己夸耀自己，这样的人必定无功。“功”字本义指“功业、功绩、功劳”，依靠自夸是建立不了功绩、成就不了功业的，和“炊者不立”是一个道理。

“**自矜者不长**。”这里的“长”字，很多人理解为“长久”。自矜者不能长久，比较牵强，因为自作矜贵并不是为了长久，而是为了成为“长”，“官长”的长。自矜自傲而把姿态摆得很高的人，成不了官长，因为得不到自下而上的敬重。这与《道德经》第二十八章“圣人用则为官长”、第六十九章“不敢为天下先，故能为成事长”是相对应的。

“**其在道，曰余食赘行**。”“在”，指审察、审视；“其在道”，指用道来审视这些行为。“余”指多出来的；“食”指饭食、食物；“余食”，多吃下去的饭食。吃饭如果吃撑了，那多吃进去的食物，就成了自身的负担。

“赘行”，“赘”指多余的、不必要的；“行”，行为、动作；有个成语叫“画蛇添足”，就是典型的“赘行”，多余的行为反而招致失败。本来刚好吃饱，结果非要多吃，于是美食反倒成了负担；本来刚好妥当，结果非要画蛇添足，于是行动反倒成了败笔。用“道”的原则来审视自伐、自矜的行为，就好像多吃的饭食、多余的行为一样是负担。

“**物或恶之，故有欲者弗居**。”这句话在第三十一章也曾出现过，“夫兵者，不祥之器也。物或恶之，故有欲者弗居”。“物或恶之”，是说就算不从道的角度去审查，只是站在“物”自身的角度去判断，他们也会厌恶这些行为。因此，想要有所作为的人，不会去做这种事情。

“有欲者弗居”，“有欲者”指想要有所作为、有所成就的人。但凡想要做事成功，就别去干“物或恶之”的事，因为做事需要“用人”，如果遭到他们的厌恶，就难以成事了。“物”，指自己以外的人、事、物，这里指众人、众生。

六十七、“曲全”不是“委曲求全”（今22章）

帛书版：

曲则全，枉则正[①]，洼则盈，敝则新，少则得，多则惑。是以圣人执一，以为天下牧[②]。不自视故彰，不自见故明，不自伐故有功，弗矜故能长。夫唯不争，故莫能与之争。古之所谓曲全者，岂语哉！诚全归之。

传世版：

曲则全，枉则直，洼则盈，敝则新，少则得，多则惑。是以圣人抱一，为天下式。不自见故明，不自是故彰，不自伐故有功，不自矜故长。夫唯不争，故天下莫能与之争。古之所谓曲则全者，岂虚言哉！诚全而归之。

版本重大差异：

①枉则正：传世版为“枉则直”。有句话叫“宁向直中取，勿向曲中求”，有个成语叫“矫枉过正”，曲与直相对，枉与正相对。而“正”和“直”是有区别的，比如孔子说“以直报怨”，他说的“直”明显就不是“正”的意思。本句是“枉”与“正”相对，所以取“枉则正”。

②是以圣人执一，以为天下牧：传世版为“是以圣人抱一，为天下式”。抱一而为天下式，有垂拱而治的意思，但执一而为天下牧，就有遵循某种法则治理天下的意思。从后文“不自视故彰，不自见故明，不自伐故有功，弗矜故能长”来看，应当是有法则依从的状态，故此处取“是以圣人执一，以为天下牧”。

直译：

曲折行事，可以得到圆满的结果；柔弱弯曲，可以达到合道的效果。低洼处下，可以获得充盈的空间；持守根本，可以得到进步更新。少私寡欲则与道相契合，放纵欲望则陷入迷乱。所以圣人执守这个原则，用来治理天下。不执着于自己的眼光去看待事物，因而道理得以彰显。不固守自己的成见去认知事物，因而真相得以显明。不自我夸耀，故而有功。不自作高贵，故而为官长。正是因为不争，天下无人可与之相争。古人说的“曲全”这个道理，可不仅仅是一句空话，而是真的能够达到至善完满。

解读：

“**曲则全**”，很多人理解为“委曲求全”，其实并非如此。这里的“全”并不是“委曲求全”的“苟且保全”，而是“十全十美”的“精致完美”。“全”字本义是“完美无瑕的玉”，引申为完美、圆满。有个词叫“一竟全功”，也是表达“完满”的意思。

曲折行事，可以得到圆满的结果。因为曲，所以避开了障碍，看似绕远了，其实可以更顺利地达到目标。而且由于避开了障碍，不正面相争的同时也保全了自己，不受到任何损伤而又能更快达到目标，这便是“全”，圆满、周全。

《周易·系辞》：“曲成万物而不遗。”万物各有所向，各自不同，只有“曲”，才能将每一个都照顾到，才能做到“周全”。所以，“周”一定是曲线，而且“周”字本就有“遍及”“完备”之义。

帛书甲本为“曲则金”，“诚金归之”。高明认为“金”是“全”的误字，也有人坚持“金”就是本字。其实，即使此处确为“金”字，表达的也应该是“周全”之意。古人常用“金城”形容城池牢固，无懈可击，而“无懈可击”，本身就代表防御周全、处处都照顾到位的意思。

“**枉则正**。”“正”，指符合道的状态。“正”在《道德经》中出现的频率很高，如“不辱以情，天地将自正”“侯王得一而以为天下正”“清静可以为天下正”“我好静而民自正”等。那么要如何达到“正”呢？“守一”“清静”“好静”，以及文中没有明确指出的“处下”“柔弱”“不争”“退其身”“外其身”，等等。

“守”“静”“下”“柔”“弱”“后”“外”等状态，是不是看上去很委曲、很屈伏，有种约束弯曲自身而不得伸展之义？然而它们却能达到“全”“正”这样的圆满状态，这便是“曲则全，枉则正”。

“**洼则盈**。”低洼可以获得充盈的空间。第三十九章说“谷得一以盈”，“谷”便是低洼的状态，而越是低洼的山谷，空间便越是充盈。因为足够“处下”，空间足够大，是以能获得充盈。

“**敝则新**。”“敝”，陈旧、破败，形容故旧之物，这里指本根故土。守住本根，就可以获得更新。我们看大树，树的叶子年年更新，而根始终还是那个根。所以只要守住了那个陈旧的老根，守住了“母”而不分离，那么年年都有新鲜叶子，时时都会得到更新。

“**少则得，多则惑**。”“少”指追求得少，个人私欲少。“得”指得法、契合，这里指与道相契合。“多”，指超出所需，过多的意思。少私寡欲，追求得少，则心神专一而与道相合；放纵欲望，欲求过多，则心神狂乱而陷入迷惑。

“**是以圣人执一，以为天下牧**。”所以圣人执守这个原则，来治理天下。“牧”在古代有“统治、管理”的意思，“以为天下牧”，也就是用来治理天下的意思。

“**不自视故彰，不自见故明，不自伐故有功，弗矜故能长**。”我们的眼光有限，看不了太近也看不了太远。因此，用自己的眼光去看万物，就会有不能到达的地方，是谓不明。

我们的认知也有限，对于无边的宇宙而言不过是沧海一粟。站在自己的立场，用自己的成见去看万物，把宇宙万物都囊括在自己的成见中，同样是不明。因此，《庄子》说“是以圣人不由，而照之于天”。不由己见，而是用天的视角去认知，用道的见识去查证，以客观的规律来“照”，这样才能看得真切。

自称自赞，效用也同样有限。吹嘘的人，很快就会吐尽气息；自夸的人，很快就会说辞用尽。只有被众人认可得来的荣誉名声，才会经久不衰；只有被众人抬举得来的尊贵地位，才会历久弥坚。

不执着于自己的眼光去看待事物，因而道理得以彰显；不固守自己的成见去认知事物，因而真相得以显明。不自夸自赞，故而功业有成；不自作高贵，故而为长为尊。

“**夫唯不争，故莫能与之争**。”这一章的“曲”“枉”“洼”“少”等状态，都是不争的状态，但可以造就圆满的结果。而争显（自视）、争是（自见）、争功（自伐）、争高（自矜）等状态，恰好造成相反的结果。因此，不争才无人可与之相争。

“**古之所谓曲全者，岂语哉！诚全归之**。”“曲全”是句古语，表示曲折才能达成圆满。直来直去会遇到障碍，正面相抗会遭到损伤，只有曲折行事，才能得竟全功。所以，“曲则全”，又岂止是一句话而已，是真的可以曲而得全啊！

六十八、越是领导者，越要讲道、德（今23章）

帛书版：

希言自然。飘风不终朝，暴雨不终日。孰为此？天地，而弗能久，又况于人乎！故从事而道者同于道[①]，德者同于德，失者同于失。同于德者，道亦德之[②]。同于失者，道亦失之[③]。[④]

传世版：

希言自然。故飘风不终朝，骤雨不终日。孰为此者？天地。天地尚不能久，而况于人乎？故从事于道者，道者同于道，德者同于德，失者同于失。同于道者，道亦乐得之；同于德者，德亦乐得之；同于失者，失亦乐得之。信不足焉，有不信焉。

版本重大差异：

①故从事而道者同于道：传世版是“故从事于道者，道者同于道”，多了一个“道者”，为误入，当删。《淮南子》引用此处文本亦为“从事于道者同于道”。

②同于德者，道亦德之：传世版是“同于道者，道亦乐得之；同于德者，德亦乐得之”，字句出入很大，意义差别也很大。“德”只是一个形容状态的概念，不像“道”一样是独立的真实存在，所以“德亦乐得之”无从谈起。因此取帛书“同于德者，道亦德之”，如果持守于“德”，那么道也不会放弃他，主语始终是“道”，因为“德”只是“道”通行于万物的呈现而已。

③同于失者，道亦失之：传世版是“同于失者，失亦乐得之”。“失”作主语并不妥当，而且它也只是一个空泛的概念，并不具备明确的内涵。从上句的“失者”可以看出，这里“失”的是道与德。“德”是“道”通行于万物的呈现，把德失去了，那么道也就会失去他，与上句“道亦德之”相对应，因此这里取“道亦失之”。

④［信不足焉，有不信焉］：这句话帛书版中没有，疑为错简。原为今本第十七章内容，重复出现在本章，当据帛书版删除。

直译：

不发言施令，万物得以自然化育。狂风不能刮一整天，暴雨不能下一整日，谁制造的狂风暴雨？天地强力施为都不能长久，更何况是人呢？所以用道的行为方式从事，就会获得“有道”的结果；用德的行为方式从事，就会获得“有德”的结果；用失道失德的行为方式从事，就会获得“失道失德”的结果。有德之人，道也会得到他；失德之人，道也会失去他。

解读：

“希言自然。”直译为“不发言施令，让万物自然化育”。“希”字常指稀少、罕见，如“知我者希”，但在《道德经》中也有“静寂无声”的意思，如“听之不闻名曰希”“大音希声”。大道之言是无声的，第三十五章说“道之出言也，……听之不足闻也”。“希言”，即无声之言。

“言”在《道德经》中有“声令教化”的意思，指用命令强制运作，用声教强行灌输。“希言自然”是说不要去做这样的事情，而是让万物自发从事，自作自化，因此第二章说“圣人居无为之事，行不言之教”。

“飘风不终朝，暴雨不终日。”原因就在这里。哪怕像狂风一样的强力催扫，哪怕像暴雨一样的强制灌输，也都是无法持久的。狂风刮不了一整天，暴雨下不了一整日。

“**孰为此？天地，而弗能久，又况于人乎！**”狂风暴雨是谁造成的呢？天地。以天地之伟力，做出这种强行施为的事情，尚且不能长久，更何况是人呢？什么狂暴的政令能够一直持续，什么违背人性的教化能够永远存在？终将消散殆尽。

很多人误解了“自然”的含义，认为“自然”是想做什么就做什么，其实并不是这样。“自然”，是指“万物得以秉承道赋予的正德自作自化”。天地万物“唯道是从”，从而得到一种“中正常态”，这个常态就是万物之正“德”的体现。

比如“天得一以清，地得一以宁，神得一以灵，谷得一以盈，侯王得一而以为天下正”，清是天之正德，宁是地之正德，灵是神之正德，盈是谷之正德，“为天下正”是侯王正德，偏离了这个常态，就是“非自然”的状态。

如暴怒哀伤，虽然出于天性，但并不是人的常态，故而“非自然”，不能持久。再如狂风暴雨，虽出于天地，但同样是一种非自然状态，因为偏离了“天清”“地宁”的常态，偏离常态的行为就不能持久。

“**故从事而道者同于道，德者同于德，失者同于失**。”这里“道”和“德”的概念要分清楚。“从事而道者”，是指用道的行为方式去做事。道的行为方式，是赋予万物正德，让万物各自归于它们的“中正常态”。

第二十七章是这样描述的：“是以圣人恒善救人，而无弃人。物无弃材，是谓袭明。”圣人在这里用的就是道的行为方式，让人都能找到适合自己的位置，故无弃人，是谓救人。让物都能发挥自己的用处，故无弃材，是谓“袭明”。“袭明”也就是指“遵循道的范式”，如此可“辅万物之自然”，让万物都复归于它们的“中正常态”。

如“侯王得一而以为天下正”，在第五十七章中有详细解说：“我无为而民自化，我好静而民自正，我无事而民自富，我欲不欲而民自朴。”侯王以“无为”“静”“无事”“不欲”等遵从于道的方式“得一”，从而令天下万物自正，故而又有“清静可以为天下正”。

“德者同于德”，这里有省略，整句应作“从事而德者同于德”。“从事而德者”，是指用德的行为方式去做事。德是什么行为方式呢？以中正常态莅临万物，且“无以易之”。“德”是万物遵从于道而获得的“中正常态”，而不为物所动、不为事所易，方能称为常态。

因此，第四十九章说“善者善之，不善者亦善之，德善也。信者信之，不信者亦信之，德信也”。其发自德之善，是不会为对象所改变的；其发自德之信，是不会因人而异的。不变不易，谓之“恒”，“恒德不离”“恒德乃足”“恒德不忒”，这便是德的行为方式。

比如水之常态是柔弱，且不会改变。第八十章说“天下莫柔弱于水，而攻坚强者莫之能胜也，以其无以易之也”，水的柔弱没有谁可以令其发生改变，始终如一，持之以恒，因此攻克坚强无往不胜。综合来讲，“道”的行为方式是让万物有德；“德”的行为方式是以恒德对待万物。

“失者同于失”，这里应作“从事而失者同于失”。失去了什么呢？失道失德。用非道非德的方式从事，就会得到失道失德的结果。

“**同于德者，道亦德之。同于失者，道亦失之**。”第二个“德”通“得”，得到的意思，表示互相不分离。“德”是“道”通行于万物的呈现，持守以“德”，也就是守住了“道”，道便不会离开他；失去了“德”，那么道也会失去他。所以“天道无亲，恒与善人”，道不会特别亲近谁，但总是和善人在一起。

六十九、什么是“道法自然”？（今25章）

帛书版：

有物混成，先天地生。寂呵寥呵，独立而不改①，可以为天地母②。吾未知其名，字之曰道，吾强为之名曰大。大曰逝，逝曰远，远曰反。道大，天大，地大，王亦大。国中有四大③，而王居一焉。人法地，地法天，天法道，道法自然。

传世版：

有物混成，先天地生。寂兮寥兮，独立不改，周行而不殆，可以为天下母。吾不知其名，字之曰道，强为之名曰大。大曰逝，逝曰远，远曰反。故道大，天大，地大，王亦大。域中有四大，而王居其一焉。人法地，地法天，天法道，道法自然。

版本重大差异：

①独立而不改：传世版为“独立不改，周行而不殆”，加了一句“周行而不殆”，北大汉简本是“偏（遍）行而不殆”。“周行”，大多被理解为“循环运行”，其实把道的运行理解为周而复始，是有问题的。天地日升日落，万物生灭枯荣，看似周而复始，然而决定这日升日落、生灭枯荣的“道”，却并非周而复始，它始终是固定不变的，也就是“独立不改”。此处去掉“周行而不殆”更合适，因为误解了道的运行方式。道生之、畜之、长之、育之、亭之、毒之、养之、覆之，用的都是同一个道，而并不是“生”有个生之道，“畜”有个畜之道，长、育、亭、毒、养、覆，都只是一个道。王弼将“周行”解为“无所不至”，勉强可通，但“道”

又有“不行而至”的意思，且不存在“殆”或“不殆”的状态。

②可以为天地母：传世版为“可以为天下母”。天地之母，更符合“道”先天地生的定义，在天地还没有出现之前就已经有“道”了，所以“道”是生成天地万物的母体。而“天下母”，就缺少了这个含义，此处当取“可以为天地母”。北大汉简本也是“以为天地母”。

③国中有四大：帛书甲本并不避讳刘邦之“邦”字，没有统一把“邦”改为“国”，但文中仍然“邦”“国”合用，可见二者字义有差。“邦”字本义为“封界”，指有边界的领地，而“国”指无边界的领域。帛书甲本中“国中有四大”与第五十九章“莫知其极，可以有国”均用“国”字，意思应相同。传世版“域中有四大”，把“国”字改为“域”，虽不为过，但如此一来就与第五十九章“可以有国”失去了对应。本句是讲道、天、地、王都具备“莫知其极”之“大”的属性，因此都可以有“国”，通行于无边无际的领域。北大汉简本为“或中有四大”，“或”是“国”的早期文字，释义即为邦、国。

直译：

有个东西混同而成，在天地还没有出现的时候就已经存在了。它寂静而又空虚，独立存在而又恒定不变，是造生天地万物的母体。我不知道它的名字，称呼它为“道”，勉强形容它为“大”。大到无论时间如何流逝也无法消减它；大到无论空间如何远去也无法脱离它；大到无论如何颠倒反转也无法隔绝它。道大，天大，地大，王也大，无穷的领域中像这么大的东西有四个，王就是其中之一。人守法于地，地守法于天，天守法于道，而道守法于自己。

解读：

"有物混成，先天地生。""混"字本义是"混合掺杂"，混同为一体的意思。帛书甲、乙本均为"有物昆成"，"昆"本就有众多、亲密、共同之义，通"混"。用在此处主要有两个意思：其一，形容"道"一体而不可分割；其二，表示"道"统领一切而无所遗漏。

不可分割很容易理解，混合掺杂才叫"混"，如果各自分离就不是"混"的状态了。而万物"混"同为一之后，就不再是"物"的形态了，好比彩虹的七种颜色混同为一之后，就变成了无色。因此"有物混成"，混成之物为虚，为无，为道，因为"天下之物生于有，有生于无"。

至于"统领"则是在第三十二章中讲到，"譬道之在天下也，犹小谷之与江海也"。小谷统归于江海，则江海统领百川，这便是"混"的状态。

"有物"，说的是"道"，但并不是说道是物，而是说"有一个东西"，用来指代"道"。就像我们常说这个东西、那个东西，并非实指。这句话的意思是说，有个东西混同而成，在天地还没有出现的时候就已经存在了。"混同"，表示"道"是一切的开端，是造生一切事物的初始，所以它统领一切。

"寂呵寥呵，独立而不改，可以为天地母。""寂"和"寥"，现在多把这二字合用，形容空虚寂寞。其中"寂"是指静默、没有声音；"寥"是指空虚、空旷，二者合用其实就是"虚静"的状态。老子说"致虚极也"，"清静可以为天下正"。

"独立而不改"，独立同样有两个意思：其一，独一无二；其二，无待。"独一无二"，是指不存在第二个与它相当的东西，哪怕是自身分割为二也不可以。不像"高"会有个对立面叫"下"，"美"会有个对立面叫"恶"，道是不存在对立面的，分阴分阳一分为二在它身上行不通，因为它独立为一而超脱了对立，所以不可分割。

“无待”，是指不依赖于任何存在而存在，只有这样才是真正的“独立”。“独立而不改”，独立存在，独一无二，恒定不变。

万事万物总是千变万化的，而这变化中存在不变的规律，不变之中又有不变，最终指向的唯一一个永恒不变的东西，就是“道”。所以这句话的意思是说，道这个东西寂静而又空虚，独立存在而又恒定不变，是造生天地万物的母体。

“**吾未知其名，字之曰道，吾强为之名曰大**。”我不知道它的名字，称呼它为“道”，勉强给了它一个定义叫“大”。因为不知其名，才用“有物”来指代。“名”本义是指对事物确立认知以后，对其进行定义命名；“字”是“名”的别称，用以称呼。而“道”这个东西先天地而生，超越了我们的认知，所以“不知其名”。

“**大曰逝，逝曰远，远曰反**。”逝、远、反，这三个字就和“希”“微”“夷”的用法一样，用三个字从不同角度来形容同一个概念。

“逝”是流逝、远逝的意思，孔子说“逝者如斯夫，不舍昼夜”，指的是时间层面。无论时间如何流逝，它也不会消散，一直存在，这便是“大”。

而“远”是空间层面。无论多远的距离，它仍然能够到达，无处不在，这便是“大”。

至于“反”，是对立层面。比如时间之外（无时间的状态）、空间之外（无空间的状态），它是不是还存在呢？无论如何否定，如何反转，也仍然隔绝不了它，这便是“大”。

正是反的反，反是正的反，我们常说非此即彼、非彼即此，就能说明这个“反”字涵盖的范围之大。拿远近来说，十米之内和十米之外，这一组“反”就囊括了一切距离。十年之前和十年之后，这一组“反”

也囊括了一切时间。由此可见“反”之大。

而从概念上讲，有和无对立，是和非对立，贵和贱对立，那么“有”拥有的东西，“无”就没有；“是”拥有的角度，“非”就没有；“贵”拥有的地位，“贱”就没有，因此这些都不能称之为大。无论有无、高下、贵贱，它们都摆脱不了的东西，才是“大”。也就是说，“大”是不被对立双方、正反两面、是非两端所限制的。所以道、天、地、王，都是独一无二的，没有自己的对立面存在。

《道德经》第三十四章讲“道氾呵，其可左右也”，左、右也是一组“反”，用来形容大道之广博；后文又讲“可名于小”“可名于大”，大、小也同样是一组“反”。大道之下，无所不及，这才是真正的“大”。

“**道大，天大，地大，王亦大**。”符合“大”定义的还有三个，天、地、王。天，是不是过去现在将来它都在，无论四方远近它都在，无论日夜、阴晴、春秋，它依然在？地也是一样的。至于王，是不是有帝王的影响力能够横贯古今，遍及六合，泽被万民？不论臣民罪犯、男女老少、士农工商，都承受到他的福祉，这也是“大”。

所谓“天无二日，土无二王，尊无二上”，道、天、地、王，都只能有独立的一个，这便是“独立而不改”。

“**国中有四大，而王居一焉**。”为何说“国中”？因为《道德经》第五十九章说“莫知其极，可以有国”，不知道它的边界在哪里，也就是“大”了。故而唯“四大”可以有国，可以保有无边无界的领域。

“**人法地，地法天，天法道，道法自然**。”这里的“法”并不是“效仿”的意思，而是“遵法、守法”的意思。“效仿”只是模仿行为，而“遵法”，是指了解法则并遵行，二者具有本质区别。人们常有误解，认为人要效仿天地而为，其实并非如此。人不是地，不是天，更不是道，能力有差秉性各异，天能行而人不能行，道能达而人不能至，又该如何去效仿？只能“遵法”，遵守它们的法则，依从它们的范式；而后去“效法”，运用它们的法则，持守它们的范式。

人处于地的领域中，当遵地之法则；地处于天的领域中，当遵天之法则；天处于道的领域中，当遵道之法则。就像公司有规章制度，作为职员直接面对的是公司规章；执掌公司之后，直接面对的是国家法律；领导国家之后，直接面对的是国际公约；而整个人类作为一体，直接面对的就是地球生态法则了。地之上，又有宇宙，宇宙之上，还有道。而道遵照的法则是它自己，也就是“自然”，由“自”而“然”之。

并不是说“道”之外还有一个“自然”，自然只是对一种状态的描述，遵循道所赋予的正德而运作的状态。人、地、天都可以“自然”。道之德，即道自身的本然呈现，所以“道法自然”。

七十、不离辎重，才能活得轻松（今 26 章）

帛书版：

重为轻根，静为躁君。是以君子终日行[①]，不离其辎重。唯有环观，燕处则超若。若何万乘之王，而以身轻于天下[②]？轻则失本，躁则失君。

传世版：

重为轻根，静为躁君。是以圣人终日行不离辎重。虽有荣观，燕处超然，奈何万乘之主，而以身轻天下？轻则失本，躁则失君。

版本重大差异：

①是以君子终日行：传世版为“是以圣人终日行”。“君子”与“圣人”并非一类，君子在先秦是指“君王之子”，泛指地位高贵的人。此处讲“终日行，不离其辎重”，随从车辆众多，明显讲的是贵人这个群体，而非特指圣人，因此当取“君子”。北大汉简本也为“君子”。

②以身轻于天下：传世版为“以身轻天下”，少了个“于”字。“于”是“在”的意思，表范围。“以身轻于天下”指轻率地凭自身在天下（行事），不爱惜自身的意思，和第三十章“以兵强于天下”解法相同。而“以身轻天下”指“因为自身而轻率地对待天下”。一个是强调以身为本，不要轻率地对待它、耗费它，哪怕是治理天下这样的大事；一个却是强调治理天下不能因为个人原因而轻率对待，看重的是治理天下，正好把道家的“贵身”理念绕过去了。这其实和第十三章的改动是一样的，第十三章把“贵为身于为天下”改成“贵以身为天下”，也是出于相同

目的。北大汉简本也为“以身轻于天下”。

直译：

重是轻的根本，静是躁的主宰。所以君子终日在外行走不离开辎重，只有辎重随身，营寨环绕，生活起居才能表现出很悠然的样子。为什么拥有万辆兵车的君王，却轻率地凭自身在天下行事呢？过于轻浮，就会失去根本；过于躁动，就会失去依托。

解读：

“**重为轻根，静为躁君**。”王弼是这样解释的：“凡物轻不能载重，小不能镇大。不行者使行，不动者制动，是以重必为轻根，静必为躁君也。”

按王弼的说法，物轻承载不了重物，物小镇压不了大物，所以重为轻根。让事物动起来的，是那个不动的东西；让事物静下来的，还是那个不动的东西，所以静为躁君，静主宰着动。听起来很有道理，可用在本章却不太合适。

首先，这里的“重”并不是指重量，也不是指大小；其次，就算是指重量和大小，物轻也未必不能载重，物小也未必不能镇大。小小的蚂蚁尚且能举起超过自身体重400倍的重物，更何况是“国中四大”之一的王呢！

如“万乘之王”，以一人之身承托天下之重，以一人之微承载万千之众，既要“受邦之垢”，又要“受邦之不祥”，所以才要格外“贵身”。再如“天下之难作于易，天下之大作于细”，易为难之母，小为大之本，所以才有“圣人终不为大，故能成其大”。由此看来，王弼的解释可谓十分牵强，且与《道德经》文义不合。

“重”其实是“沉稳、安定”的意思，是一种属性。如第十五章所说“安以重之，徐生”，在安稳的状态下镇之以“重”，就会有清扬生机萌发，向上升起，故而为“轻”，所以叫“重为轻根”。如果有练习内家拳“松沉”劲力，或者有打坐调息的经历，就能有所体会。直观一点来描述，就好像放风筝，风筝轻盈地在天上飞，下面必须有根线牵住它，必须有个沉稳的、能定住它的东西，让它有本根可以依托，不然就飘散了，消失了。

“静为躁君”，第四十五章讲“躁胜寒，静胜热，清静可以为天下正”，躁可胜寒，而静可制躁，因此“静为躁君”。清静的状态是天下万物的本源状态，处于这个状态之中，万物得以休养生息，所以清静是天下万物的依托，万物依赖于清静而能得正。

“**是以君子终日行，不离其辎重**。”“君子”在先秦是指地位尊贵的人，这样的人出门必前呼后拥，辎重相随。古时不像我们现在交通便利，到处都能找到食宿，那时出了城几乎就是荒郊野地，必须随身携带补给，不然就得忍饥挨饿。比如孔子周游列国被困陈蔡，一众人连饿了七天，差点出人命。

所以《庄子》说：“适莽苍者，三餐而反，腹犹果然；适百里者，宿舂粮；适千里者，三月聚粮。”出门在外“不离其辎重”，也就是守住了自己的根本，有了存身的依托。

“**唯有环观，燕处则超若**。”这一句，很多人把“燕处超若”理解成了超然于物外，与老子立论恰好相左。前一句还说不离辎重，后一句就要超然物外了，自相矛盾。另外，这里的“观”字读四声，指楼台亭阁之类的建筑物，而不是“观看”的观。

结合上文“君子终日行，不离其辎重”，“环观”，应是指车队在野外安营扎寨的景象。“环”是环绕的意思，把大车环绕成一个圈；“观”是设置高台的意思，作观察哨之用。环观把人围在中间，就很安全，还有吃有喝，因此“燕处则超若”。

“燕处”是闲居的意思，“超若”是超然的意思，结合在一起就是悠闲自在的样子。为什么身在野外，生活起居也可以是一副很悠闲自在的样子？因为有辎重，有环观。为什么君王一定要住在戒备森严的深宫内院？也是同样的道理。有“重”在，所以能表现得很“轻”松，这就是“重为轻根”。

“**若何万乘之王，而以身轻于天下？**”可是，君子出门在外都懂得要把自己保护好，那些拥有万辆兵车的君王，为何却不懂得这个道理呢？轻易地役使自己的身体，凭自己单薄的力量去行治天下之事，这不就像孤身一人独行于野外，又岂能不失败呢？

“**轻则失本，躁则失君**。”轻的根本，在于有重作为支撑；躁的依托，在于有静作为本源。过于轻浮，就会失去自己的根本；过于躁动，就会失去自己的依托。

七十一、什么样的人，可称为“善人”？（今27章）

帛书版：

善行者无辙迹，善言者无瑕谪，善数者不以筹策。善闭者无关钥而不可启也，善结者无绳约而不可解也。是以圣人恒善救人，而无弃人。物无弃材①，是谓袭明。故善人，善人之师②，不善人，善人之资也。不贵其师，不爱其资，唯智乎大迷，是谓妙要。

传世版：

善行无辙迹，善言无瑕谪，善数不用筹策，善闭无关楗而不可开，善结无绳约而不可解。是以圣人常善救人，故无弃人；常善救物，故无弃物，是谓袭明。故善人者，不善人之师；不善人者，善人之资。不贵其师，不爱其资，虽智大迷，是谓要妙。

版本重大差异：

①物无弃材：传世版为“常善救物，故无弃物”，强行与上文“常善救人，故无弃人”对应，其实是画蛇添足。人也属于物，人与物是从属关系，而非平行关系。帛书原文由“善救人，而无弃人”，延伸至“物无弃材”，正是层层递进，从人到万物，从个别到普遍。所以此处当取“物无弃材”。北大汉简本也为“物无弃财（材）”。

②善人之师：传世版改成了“不善人之师”，看上去更容易理解一些，表示贤良之人教授无知之人，然而这并不是本章要表达的意思。善人，是指有道之人，如上文所说善行者、善言者。这类善人，唯善人能识，可引为师友。因为他们行无迹，言无声，被褐而怀玉，故“不善人”

不能识。那么，善人若为不善人之师，岂不是自寻烦恼？俗人昭昭察察，要如何才能教会他们无为大道？这种逆势努行之举，非善人之所为。北大汉简本也为“善人，善人之师也”。

直译：

善于行走的人，不会留下车辙马迹。善于言说的人，不会留下疏漏过失。善于计算的人，不会依赖筹码。善于闭藏的人，不使用门闩插销别人也打不开。善于束缚的人，不使用绳索捆束别人也解不开。所以圣人总是善于救人，而不会抛弃人。万物都能各得其用而不被遗弃，这就可以称得上是遵循了道。所以有道之人，可为有道之人的师友；无道之人，可为有道之人的资材。不珍视自己的师友，不爱惜自己的资材，终不过是大糊涂中的小聪明而已，这是个精深微妙的道理。

解读：

“**善行者无辙迹，善言者无瑕谪，善数者不以筹策**。”善于行走的人，不会留下车辙马迹，否则只是强行而已，因为违背了外物的意愿，与其相抗而留下了痕迹。那如何才是不强行呢？因物乘势，应时而行，运用万物自然的运行，达到行进的目的，是谓不行之行，是谓善行。所以善于行走的人，不会乘坐车马，而是能够乘万物，御六气，游无穷，臻于逍遥之境。

善于言说的人，不会留下可被指摘的过错。要知道，没有滴水不漏的言辞，任何想要表达的意思只要落于语言，就必然会有词不达意的地方，会有顾及不到的疏漏。像我们的法律条文，都是经过千锤百炼，尚且可以被人寻到漏洞可钻，更何况普通言辞了。

因此，要想做到言无疏漏，就不能使用语言，是谓“不言之言”。不通过自己的语言来传达意图，而是运用万物，借喻故事，启其自知，让人自行领会。不言之言，又如何会留下过错呢？

“言”在《道德经》中有“声令教化”之义，“善言”，又可引申为“善于施政，善于教化”。“不言之教”，是善于教化；“希言自然”，是善于施政。

“善行”，又可引申为“善于行动，善于做事”。善于做事的人不会留下蛛丝马迹，而是完美地隐藏于自然之中，没人能看出他在其中发挥的作用，是谓“无为”。故善行者无为，善言者不言；无为故无功，无功故无名。

“善数者不以筹策”，善于计算的人不会依赖筹策。如果筹策在手才能进行计算，又如何称得上“善数”呢？“善数者”，数在心中，可应无穷。如何做到心中有数，其一不多闻，多闻则数穷；其二需守中，守中则得正，以正可量万物，正如《庄子》所说，“得其环中，以应无穷”。

“**善闭者无关钥而不可启也**。”善于闭藏的人，不会像普通人一样，使用关钥来封闭门户。我们家家户户都是通过大门来进出，用门闩和抵木来封门，然而并不能阻止盗窃，防止强盗破门而入。而真正会闭藏的人，如《庄子》所说，“藏天下于天下”，无关钥可解，无门户可入。常人都是闭门以拒外，藏小之于大；而藏天下于天下，则无内外之分，无小大之别，又如何能得其门而入呢？是谓善闭。

“**善结者无绳约而不可解也**。”善于捆束的人，不使用绳索别人也解不开。《庄子·胠箧》说：为了对付撬箱子、掏口袋、开柜子的小偷而做防范准备，必定要收紧绳结、加固门闩和锁钥，这就是一般人所说的聪明做法。可是一旦大强盗来了，就背着柜子、扛着箱子、挑着口袋快步跑了，还唯恐绳结、门闩与锁钥不够牢固呢。

本章的“闭”“结”讲的正是关闭门户，收紧绳结，目的是防丢防盗。但用绳索来缠绕打结，却总会有断裂解开的时候，不能称为“善结”。真正解不开的结，是无结可以解。本自浑然一体，无间而不可分，又何须用绳索来结缠呢？所以庄子才说“藏天下于天下”，与天下为一体而已。只有散了朴，成了器，有了自我之形，与外介然有分，才需要使用绳索来结缠，使用胶水来黏合。

所以，用名声来区分贤愚，用地位来区分贵贱，用立场来区分是非，就会丧失浑然之朴，与外物有分而相靡相刃，倾慕虚华的名象而给自身设下桎梏樊笼。正如庄子所说，“终身役役而不见其成功，苶然疲役而不知其所归”，“天刑之，安可解”！只能终生承受倒悬之苦。

“**是以圣人恒善救人，而无弃人**。”因此圣人不宣扬名声，不崇尚贤能，不追逐是非，不引导欲望，使民众得以保有真情常性，远离倒悬之苦，是谓善救人。

我们常以“有用”“无用”来区分物，有用的留下，无用的丢弃；用“贤愚贵贱”来区分人，以贤为贵而尊崇之，而以愚为贱而鄙弃之。然而在圣人这里，任何事物都有用，任何人都不会被抛弃。第六十二章说：“人之不善也，何弃之有？”圣人以道治理天下，则不善人得以保全，因为道无弃人。

“**物无弃材，是谓袭明**。”“袭”是继承、沿袭的意思，“明”为道，“袭明”是指遵循着道。遵道而为的人，万物在他这里都有用，因为他并非只会乘车马行走，并非只能用言语表达，并非一定要用筹码计算，并非必须使用关钥闭藏、使用绳结捆束。也就是说，在他这里并非只有车马、言语、筹码、关钥、绳索有用。道生天地万物，没有任何物是“无用”的，只是看人会不会用，能不能用。

庄子说物有大用，有小用；有能用者，有不能用者。防手冻伤的药，小用只能用来洗丝谋生活，大用可用来灭国谋封侯。大葫芦，不会用者如惠施，只能砸碎弃之；会用者如庄周，可系腰间畅游江湖（见《庄子·逍遥游》“不龟手之药”）。圣人以道治理天下，则万物各因其性，各归其位，各得其用，而无所弃。

“**故善人，善人之师，不善人，善人之资也**。”所以善人之用，在于为师；不善人之用，在于为资。第六十二章说：“道者，万物之注也，善人之宝也，不善人之所保也。”不善人因道而得以保，善人则以道为宝。

那为何说“善人，善人之师”呢？有两个原因：其一，唯善人能识善人；其二，唯善人能传善道。

善人，指贵道之士、有道之人，如上文所说善行者、善言者。这类人，唯善人可以得识，因为他们行无迹，言无声，被褐而怀玉，故“不善人”不能识。所以才有“列子居郑圃，四十年人无识者”。

不能识，是因为具有完全不同的思维方式和思想高度。如老子在第二十章所说“俗人昭昭，我独若昏呵。俗人察察，我独闷闷呵”，识都不能识，又如何为师？善人若为不善人之师，可谓自寻烦恼。俗人昭昭察察，要如何才能教授他们无为大道？这种逆势努行之举，非善人之所为。

有些人，无论怎么讲他也不会明白，如同思想上的聋子与瞎子；有些人，讲清楚前因后果与内在逻辑他就明白了，听得懂道理；再有些人，打个比方他就明白了，看得懂寓言；还有些人，做个动作他就明白了，心领神会，如“拈花一笑”；更有些人，一个眼神他就明白了，心有灵犀，如“相视而笑，莫逆于心”。

很明显，不同的对象，沟通的效率与深度也完全不同。所以《庄子》说：“曲士不可语于道者，束于教也。”姜太公直钩钓鱼，未尝不是对周文王的一种考校，是可教之人他才会教。黄石公三试张良，最后认为“孺子可教”，才传下兵书。善人之所能教者，亦为善人。

善人能驾御万物，能用人，如第七十章所说：“是谓用人，是谓配天，古之极矣也。”不善人自也在其中，在其中而不自知，曰：我自然。所以“不善人，善人之资也”，就如那防冻手的药方和大葫芦一样，都是为善人所用的资材。

“**不贵其师，不爱其资，唯智乎大迷，是谓妙要**。”“唯”，只是，表达肯定。“乎”，于、在，如“隳突乎南北”。“智乎大迷”是指在大迷糊中发扬小聪明。不珍视他的师友，不爱惜他的资材，终不过是大糊涂中的小聪明而已，这是个精深微妙的道理。

七十二、如何具备“恒德”？（今 28 章）

帛书版：

知其雄，守其雌，为天下溪。为天下溪，恒德不离。恒德不离，复归于婴儿。知其荣，守其辱，为天下谷。为天下谷，恒德乃足。恒德乃足，复归于朴①。知其白，守其黑，为天下式。为天下式，恒德不忒。恒德不忒，复归于无极。朴散则为器，圣人用则为官长。夫大制无割。

传世版：

知其雄，守其雌，为天下溪。为天下溪，常德不离，复归于婴儿。知其白，守其黑，为天下式。为天下式，常德不忒，复归于无极。知其荣，守其辱，为天下谷。为天下谷，常德乃足，复归于朴。朴散则为器，圣人用之则为官长。故大制不割。

版本重大差异：

①复归于朴：从“知其荣”到“复归于朴”，传世版更改了这段话的位置，把它调到了“朴散则为器”之前，或是为了用“朴”承接下文。但这样的变动是很不妥当的，如《道德经》第五十四章中，“修之身，其德乃真”“修之家，其德有余”“修之乡，其德乃长”“修之邦，其德乃丰”“修之天下，其德乃博”，也是在描述“德”之貌，然而每一句都呈递进关系，又怎知本章不是如此呢！传世版中，调换语序的情况并非个例，可见后人为追求所谓对仗、承接、工整等表面精致竟不惜篡改经典，已到了狂妄的地步。

直译：

深知雄强，而安守雌弱，成为容纳天下水流的溪谷。成为天下水流的溪谷，恒德就不会失去。恒德不会失去，就能复归于婴儿的纯真柔和之境。深知荣华，而安守浊辱，成为畜养天下万物的空谷。成为畜养天下万物的空谷，恒德也就得以充足。恒德得以充足，就能复归于朴实的浑然如一之境。深知清白，而安守暗昧，成为天下清明的范式。成为天下清明的范式，恒德也就不会差失。恒德不会差失，就能复归于无极的深远无限之境。素朴破散则成为器，圣人用朴就能成为众器之官长。所以真正完备的制度，是不会对万物进行分割裁裂的。

解读：

“**知其雄，守其雌，为天下溪**。”深知雄强，而安守雌弱。雄强具备以下几个特征：1. 刚强；2. 躁动；3. 处上。而相应地，1. 柔弱胜强；2. 静为躁君；3. 高，下之相盈也。

柔弱、安静、处下，恰好是雌的特性，因此第六十一章说：“牝恒以静胜牡，为其静也，故宜为下。”为静、处下、守柔，即“守雌”。天下所有的雄，其母都为“雌”，因此守住了雌弱，也就是把握住了雄强的根本，而能使雄强为我所用，如天下水流交归于我，即“为天下溪”。

“**为天下溪，恒德不离**。”第六十一章说：“大邦者，下流也，天下之牝，天下之交也。”因为处下，所以“下流”；因为安静，所以安然为下，而能汇聚成“天下溪”。这里的“天下之牝”，即为天下之溪谷。我若为天下之溪谷，就不能失去安静、处下、柔弱之德，此德常备于我，即“恒德不离”。

“**恒德不离，复归于婴儿**。”守持此德，则可复归于婴儿的纯真柔和状态。关于婴儿的状态，《道德经》中第十章“抟气致柔，能婴儿乎”，主讲婴儿之柔弱；第二十章“我独泊焉未兆，若婴儿之未咳”，主讲婴儿之安静；第五十五章“骨弱筋柔而握固……终日号而不嗄，和之至也”，主讲婴儿之柔和。

婴儿终日号，可谓强；然而不嗄，是谓强而不伤。强（雄）被柔弱（雌）降服，正如激流勇下，入溪则并流无碍，是谓和，正合婴儿柔和之境。

“**知其荣，守其辱，为天下谷**。”深知荣华，而安守浊辱。因为华丽出于敦厚，显荣出于素朴，所以我“见素抱朴”，则天下百姓俱得繁荣；我受邦之垢、受邦之不祥，则天下百姓俱得吉祥。

我们知道，奢华的器物都是由素材加工而来，尊贵的地位都是以低下为基础而成就。因此不追求荣华，而是安守素朴；不自命高贵，而是处下处后，这样就能成为畜养天下万物的空谷，成就万物之荣华、生发。

“知其荣，守其辱”，帛书甲本为“知其日”，高明认为“日”假借于“荣”，显达荣耀之义，这里取高明之说。帛书乙本为“知其白”，高明认为“白”字是误写。只是因为《道德经》有“大白若辱”一词，“白”与“辱”存在相对关系；而且《庄子·天下》中又有“知其白，守其辱，为天下谷”的引文，故而此处历来争议较多。

“**为天下谷，恒德乃足**。”成为畜养天下万物的空谷，也就具备了“道生之而德畜之”的德。空谷不会竭尽，其畜养万物之德乃恒足。

“**恒德乃足，复归于朴**。”这样的德性充足，最终就能复归于本源之朴。因为万物都来源于朴、服从于朴。

“**知其白，守其黑，为天下式**。”深知清白，而安守暗昧。因为清扬出于浊重，而明白出于昏默。我安以重之，则天下清扬生机萌发；我设不言之教，则天下俱得明白；我为政闷闷，则天下之民惇惇。所以我守暗昧，就能成为天下清明之范式。

“**为天下式，恒德不忒。恒德不忒，复归于无极**。”“忒”，误差、差失。成为天下清明之范式，也就具备了天下之正德，可正天下万物。正，即中正无偏之义，没有差失，所以叫“恒德不忒”。正德无有差失，就能复归于无穷无极之境。《道德经》形容为“玄”，无限深远之义，“玄德深矣，远矣”，而至于无极。

为什么要知雄守雌，知荣守辱，知白守黑？第五十二章作了说明：“既知其子，复守其母，没身不殆。”知子而守母，这就是原因。雄之母为雌，荣之母为辱，白之母为黑，所以要“知其雄，守其雌”，“知其荣，守其辱”，“知其白，守其黑”，如此才能“没身不殆”，终身都不会有失败的危险。

“**朴散则为器，圣人用则为官长**。”我们对素材进行加工，以制成器具，器成则朴散。所以任何器具，都来源于素朴，素朴破散之后成为器，圣人用朴则为器之官长。因为朴为众器之母，故器服从于朴，守朴则为众器之官长。所以第三十二章说：“朴唯小，而天下弗敢臣。”

“**夫大制无割**。”“制”是“裁、切割”的意思，引申为“法令、制度”。“大制”，就像大音希声、大象无形一样，指的是完备的、高明的制度。真正完备的制度，是不会对万物进行分割裁裂的，而是保有其“朴”——“镇之以无名之朴”；保全其“一”——“圣人执一，以为天下牧”。

七十三、天下不可平，为者败之（今 29 章）

帛书版：

将欲取天下而为之，吾见其弗得已。夫天下神器也，非可为者也。为者败之，执者失之。物或行或随，或嘘或吹，或强或羸，或培或堕。是以圣人去甚，去泰，去奢。

传世版：

将欲取天下而为之，吾见其不得已。天下神器，不可为也。为者败之，执者失之。故物或行或随，或歔或吹，或强或羸，或挫或隳。是以圣人去甚，去奢，去泰。

版本重大差异：

无。

直译：

想要强行掌握天下，我看他不可能成功。天下是有自己运行规律的宏伟之器，不是我们可以强行施为的。强行施为，就会失败；强力抓取，就会失去。天下万物有的在前行走，有的在后跟随；有的性情温和，有的性情冷漠；有的刚健有力，有的瘦弱单薄；有的善于培育，有的善于毁坏。所以圣人去除过分的、放纵的、没有节制的行为与状态。

解读：

“**将欲取天下而为之，吾见其弗得已。**”“取天下”，陈鼓应解为“治天下”，造成对后文“为者败之，执者失之”不得其义，而认为前文还缺了一句“不可执也”。《道德经》被后人或增或删不断修改，或许这便是其中一个原因。其实，只要把“取天下”理解为“主持、主掌天下”，本章就豁然开朗了。

“持”，拿着，好比手中托举、平放，第十三章说“若可以托天下矣”，即此义。只有安稳的天下才可以拿得住，所以需要通过让天下安稳无事来“持天下”。而“执”是用强力去抓取、控制，天下本不安稳，又强行去掌控，这叫“为之”。用“有为”的方式去“取天下”，即为“执天下”，“为者”即是“执者”。因此后文“为者败之，执者失之”，其实描述的是相同的对象。

“弗得已”，“已”是完结的意思，表示状态得以完成；“弗得”也就是“不得、不能”，“弗得已”，即不可能实现的意思。这句话是说，如果想通过强行施为的方式来掌控天下，我看他不可能成功。因为太过有为的手段只能扰乱天下，而无法取得天下。

“**夫天下神器也，非可为者也**。”“神”指隐藏的运行，在背后发挥作用的运作。看不见的运作永不停息，所以叫“神”。我们说一个人眼中有“神”，其实是说他的内在活泼，如第六章“谷神不死”、第三十九章“神得一以灵”、第六十章“其鬼不神”等中的“神”都表示这种不停歇的隐藏的运作。如果动力停歇，运作停止，就是“不神”。

“器”，指器物，有具体功能的用具。这样的用具一般都是人力塑造之物，故“朴散则为器”，原始素材由于有人的意志施加而散朴。天下同样具备功用，可畜养万物，但是它有自己的运转规则，不是人可以施加意志的，故称“神器”。

对于神器，“**为者败之，执者失之**”。强行施为，就会失败；强力抓取，就会失去。

“物或行或随，或嘘或吹，或强或羸，或培或堕。”“嘘”字，帛书甲本为“炅”，乙本为“热”，而传世版是“歔”，亦有版本作“煦”的，高明校订为“嘘”。河上公注本解释“歔”字为“温”，正好与帛书甲、乙本意义相合。

这里的“嘘”字，本义是缓缓吐气使之暖和，就像我们冬天手冷，会用口呵出热气使之暖和，如“嘘寒问暖”。而“吹”字则是指急促吹气，比如想要让热的东西快速冷却，就会对着它急促吹气。这里一热一寒，指的是万物性情各自不同，有的让人温暖，有的待人冷漠。

“培”字，本义是给植物或墙堤等的根基垒土，“栽培”就是这个意思。“堕”字读“挥”音，毁坏的意思，如孔子“堕三都”，即为此义。这句话的意思是，天下万物有的喜欢在前行走，有的喜欢在后跟随；有的性情温和，有的性情冷漠；有的刚健有力，有的瘦弱单薄；有的善于培育，有的善于毁坏。

天下万物的性情、习惯、行为方式各不相同，如果主掌天下，要如何伸张自己的意志呢？让万物都争先向前？可有的事物天性只喜欢跟随。让万物都热情奔放？可有的事物天性喜阴喜凉。让万物都强健阳刚？可有的事物天生羸弱。让万物都培育劳作？可有的事物只会猎杀破坏。

让该行的行该随的随，该强的强该羸的羸？最好的方法是“恒无心，以百姓之心为心”，不要把自己的主观意志强行施加给他们。“居无为之事，行不言之教”，这样“我无为而民自化”，万物各因其性，各得其所。

“是以圣人去甚，去泰，去奢。”“泰”，帛书甲、乙本均作“大”。何琳仪说：“典籍之中，大、太、泰三字往往通用。大为象形，太为分化，泰为假借。”段玉裁认为古“大”字分化出“太”字，“言大而以为形容未尽则作太”。不过“太”字出现的时间较晚，在此之前都是用“大”来记录的。“太”字本义指程度深，引申为“过”“甚”。而本句已经有了一个“甚”字，再解出“过”“甚”则语义重复，因此原文的“大”当为“泰”，傲慢、骄纵之义。

“泰”字最早见于战国文字，战国秦汉文字中常假借“大”为“泰”。如睡虎地秦简“吏有五失，……二曰贵以大（泰）”；上博简“有大道焉，必恭俭以得之，而骄大（泰）以失之”。包括本章，以及第三十五章“往而不害，安平泰”中的“泰”字，帛书也写作“大”。

这里的“甚”是过分的意思，“泰”是骄纵的意思，“奢”是无节制的意思，三字连用，表示“超出常态”。既然万物各有其常态，那就应当适可而止，不要试图用自己的意志去主宰它们，强制它们，从而使它们超出各自的常态。所以圣人会去除过分的、骄纵的、无节制的行为与状态，即在自然规则面前，知道约束自己，知道尊重自然，“知止”而已。

七十四、真正的强者，不会逞强（今30章）

帛书版：

以道佐人主①，不以兵强于天下，其事好还。师之所居，楚棘生之。②善者果而已矣③，毋以取强焉。果而毋骄，果而勿矜，果而勿伐，果而毋得已居，是谓果而不强④。物壮而老，是谓之不道，不道早已。

传世版：

以道佐人主者，不以兵强天下，其事好还。师之所处，荆棘生焉。大军之后，必有凶年。善有果而已，不敢以取强。果而勿矜，果而勿伐，果而勿骄，果而不得已，果而勿强。物壮则老，是谓不道，不道早已。

版本重大差异：

①以道佐人主：传世版多了一个“者”字，主语就成了“辅佐人主之士”，后文讲的“不以兵强于天下”“果而不强”等都变成了“士”的所作所为。跟第十五章“古之善为道者”一样，传世版也是把这句话改成了“古之善为士者”。“以道佐人主”，即以道为“佐”之“人主”，意思是选择“道”来辅佐自身的君王。

②［大军之后，必有凶年］：本句见于传世版，帛书版未见，高明与陈鼓应皆认为是后人添加，言劳健说：“《汉书·严助传》淮南王安上书云：‘臣闻军旅之后，必有凶年。’又云：‘此《老子》所谓师之所处，荆棘生之者也。’按其词意，军旅凶年当别属古语，非同出《老子》。又王弼注止云：‘贼害人民，残荒田亩，故曰荆棘生焉。’亦似本无其语。”

③善者果而已矣：传世版为“善有果而已”，指“善于达到目的而已”，与帛书版表达的完全是两个意思。帛书版“善者果而已矣”，意思是有道的君王，用兵只是为了解决危难，达到目的就停止了。表达的思想是不好战，不滥战，不得已而战，而不是善于利用战争达到目的。

④是谓果而不强：传世版缺少了“是谓”二字，造成与前文“果而毋骄，果而勿矜，果而勿伐，果而毋得已居”呈并列关系。而帛书版“是谓果而不强”，则表示前文所说的“果而毋骄，果而勿矜，果而勿伐，果而毋得已居”统称为“果而不强”，非并列关系。

直译：

选择用道来辅佐自身的君王，不会用兵事横行于天下，因为恶果很容易落在自己身上。大军所到之处，荆棘丛生。以道来行事的人，即使用兵也只是为了解决危难，达到目的就停止了，并不逞强。达到目的也不要骄傲，达到目的也不要自鸣得意，达到目的也不要自夸自赞，达到目的只是出于不得已，这就是通过战争达到目的而不逞强的表现。事物太过壮盛便容易困顿，这叫不合于道，不合于道就会早早消亡。

解读：

“**以道佐人主，不以兵强于天下，其事好还**。”“以道佐人主”，即“以道为佐之人主”，选择道来作为自身辅佐的君王。“不以兵强于天下”，即不用兵事强横地在天下（行事）。“于”是“在”的意思，表范围。

“其事好还”，“还”字本义是“回到原处、返回”，比如我扔一个东西出去，然后这个东西又回到我这里，就叫“还”。“其事好还”是说兵事不能轻动，这一次我发动了战争，下一次战争就可能落回到我身上。而且打仗是很凶险的事，会有众多生命死伤，一打仗就会耕地撂荒，田地毁坏而荆棘丛生，这些恶果都要自己来承受，这便是“其事好还”。

“**师之所居，楚棘生之**。”“楚棘”即荆棘，荆棘丛生也就意味着田地荒芜，林木毁坏，长满杂草荆棘。大军所到之处，遍地荆棘丛生，而民不聊生，对民生造成了很大的破坏。

“**善者果而已矣，毋以取强焉**。”“果”，达到目的，预期得以实现。“已”，停止。“善者”也就是有道的人，以道来行事的人。这样的人，即使用兵，也只是为了解决危难，达到目的就停止了，并不好战，也不逞强。

“**果而毋骄，果而勿矜，果而勿伐**。”达到目的了也不要骄傲，因为毕竟使用了战争这种不祥的方式，根本称不上高明。所以达到了目的也不要觉得自己很了不起，自认为得计，更不要自夸自赞。

“**果而毋得已居**。”“居”，处在、处于。发动战争是出于不得已，采用了最下乘的方法解决问题，又有什么值得骄傲、值得自夸的呢？

“**是谓果而不强**”，这就是使用战争达到目的而绝不逞强的表现。

“**物壮而老，是谓之不道，不道早已**。”“壮”是“强盛、壮大”的意思，“老”是“困乏、衰竭”的意思，如《国语·晋语四》：“且楚师老矣，必败，何故退？”所谓“飘风不终朝，暴雨不终日”，逞强的结果就是容易困顿而不能长久，会很快消亡，因为不合于道。

七十五、杀伤之器勿轻用，更不能喜欢用（今 31 章）

帛书版：

夫兵者[①]，不祥之器也。物或恶之，故有欲者弗居[②]。君子居则贵左，用兵则贵右，故兵者非君子之器也[③]。兵者不祥之器也，不得已而用之，铦袭为上，勿美也[④]。若美之，是乐杀人也。夫乐杀人，不可以得志于天下矣。是以吉事上左，丧事上右。是以偏将军居左，上将军居右。言以丧礼居之也。杀人众，以悲哀莅之[⑤]。战胜，以丧礼处之。

传世版：

夫佳兵者，不祥之器。物或恶之，故有道者不处。君子居则贵左，用兵则贵右。兵者，不祥之器，非君子之器。不得已而用之，恬淡为上，胜而不美。而美之者，是乐杀人。夫乐杀人者，则不可以得志于天下矣。吉事尚左，凶事尚右。偏将军居左，上将军居右，言以丧礼处之。杀人之众，以哀悲泣之。战胜，以丧礼处之。

版本重大差异：

①夫兵者：传世版为“夫佳兵者”。“佳”字放在这里有些莫名其妙，引起了很多猜测。有人认为是“唯”字，有人认为是“嘉”字，也有人认为是“善、美”之义，河上公注本认为是“修饰”的意思，而王弼注本这一章空缺，有学者据此认为这一章可能是后人掺入的。直到帛书版出土之后，人们才发现这个字原本是没有的。北大汉简本为“夫觟美，不恙（祥）之器也”。“觟”指有角的母羊，虽美而不祥，因为本来代表

慈和的母羊，却长出了具有杀伤性的羊角。

②故有欲者弗居：此处，传世版的改动与第二十四章相同，都是把“有欲者”改成了“有道者”，好像“欲”是洪水猛兽一般。北大汉简本尚无此病，仍为“有欲者”。对于欲，老子反对的是私欲，说“少私而寡欲”，又说“欲不欲”。欲不欲本身就是有欲，只不过是以“不欲”为欲，而“不欲”的“欲”指的正是个人私欲，偏私、主观之欲。至于说“欲”通假为“裕”，“裕”再通为“道”，如此强解就完全没必要了，《道德经》全文那么多“欲”字和“道”字，又何须独此一处假借别字。

③故兵者非君子之器也：这句话在帛书版中上承“君子居则贵左，用兵则贵右”，然后引出“故兵者非君子之器也”，前后成因果关系，表示“就算从礼法来看，兵器也非君子之器”。在北大汉简本中为“兵者非君子之器也”，少了个“故”字。而在传世版中直接把因果关系修改了，改成“兵者，不祥之器，非君子之器”，因为不祥而非君子之器，巧妙地避开了礼法的问题。为何要避开呢？大概是当时提倡礼法的那些人，也提倡君子佩剑吧，而老子对此是明确反对的。如第五十三章所说的“盗竽”，就有“服文采，带利剑”的描述。

④铦袭为上，勿美也：为什么兵器非君子之器呢？因为兵器是以锋利为美，便于杀伤为上，所以不要去称赞它，称赞它也就意味着喜欢杀人。而传世版把“铦袭”改成了“恬淡”，把“勿美也”改成了“胜而不美”，意义相去何止千里。“铦”指锋利，“袭”指重复，二字合用表示“锋利再锋利”，越锋利越好。改成“恬淡”，则与文义不合，哪有“恬淡”地使用兵器杀人的？“勿美”本来是指不要喜欢兵器，改成“胜而不美”，就变成用兵胜利也不要自得，同时与“恬淡”配合起来，可谓极尽穿凿之能。北大汉简本为“恬倭为上”，“倭”指迅疾、快，形容刀刃锋利就用“快”；“恬”如果取本义则与“倭”字不合，故而通“铦”，也

是锋利的意思。

⑤以悲哀莅之：北大汉简本为“以悲哀立之”，“立”通“莅”；传世版为“以哀悲泣之”。悲哀是一种氛围，所以用莅之，表示悲哀笼罩的意思。而“哀悲泣之”，却变成了情绪，或是丧葬礼仪？事实上，“哀兵”之哀，是无声的、沉默的，在沉默中又蕴含着爆发的力量，并非集体哭丧。

直译：

兵器是不祥的器物，众生都很厌恶被它伤害，所以想要有所作为的人，不会使用它。君子日常生活中以左为尊位，而用兵打仗则以右为尊位，所以兵器不是君子日常需要的器物。兵器是不祥的器物，不得已才会使用，它以锋利便于杀伤为上，不要去称赞它。如果称赞它，就是喜欢杀人，而喜欢杀人，是不可能得志于天下的。所以办喜事以左边为尊位，办丧事以右边为尊位。偏将军处在左位，而上将军处在右位，说是用丧礼来对待兵事。杀人众多，用悲哀的心情来对待；打了胜仗，用丧礼的规制来处理。

解读：

“**夫兵者，不祥之器也**。”这里的“兵”，应是指“兵器”，以“不祥之器”来称呼，表示器物之属。兵器为何不祥？因为兵器被打造出来就是为了制造杀伤，哪里有伤亡，哪里就有它，所以不祥。

“**物或恶之，故有欲者弗居**。”“物”，指自己以外的人、事、物，多指众人、众生。众生没有谁愿意被杀伤，所以“物或恶之”。“有欲者弗居”，在第二十二章中出现过，“有欲者”指想要有所作为、有所成就的人。但凡想要做事成功，就别去干“物或恶之”的事，因为你要“用人”，要让物为你所用，如果遭到他们的厌恶，就难以成事了。

“**君子居则贵左，用兵则贵右，故兵者非君子之器也**。”“居”指饮食起居、日常生活。按照当时的礼仪，君子在日常生活中以左为尊位，而在用兵打仗时，是以右为尊位。因此，生活与用兵，在礼仪上是完全不同的，而且在本质上也有所区别。

老子说：“以正治国，以奇用兵。”因为生活是贵生、养生，而用兵是害生、杀生，所以兵器是杀生之凶器，不是常伴君子左右之器，不应该带入日常生活中。就像我们用于丧葬的物品一样，也不会在日常生活中使用。

“**兵者不祥之器也，不得已而用之，铦袭为上，勿美也**。”从这一段话推测，老子生活的时代，可能出现了君子佩剑并攀比的风气。中国的十大名剑，至少有八把是来自春秋末期的记载。对于这种风气，老子的回应是“勿美也”。不要去赞美兵器，它是不祥的，代表杀伤与死亡。即便使用兵器，也是不得已而用之。兵器以锋利为美，以方便杀伤为上，不要去赞美它。

“铦”是指锋利，“袭”是指重复、重叠，二字合用指“锋利再锋利”，越锋利越好，所以叫“铦袭为上”。而帛书乙本是“铦㦀”，《集韵》：“㦀悷，很也。”㦀悷有凶狠难驯的意思，“㦀”用在这里表示锋利的程度；“铦㦀”二字合用，也是“非常锋利”的意思，而不是什么“恬淡”。

“**若美之，是乐杀人也**。”如果赞美它，就是喜欢杀人。兵器之用，在于其锋锐，在于其杀伤性，称赞兵器的杀伤性，也就意味着喜欢杀人。

“**夫乐杀人，不可以得志于天下矣**。”而喜欢杀人，是不可能得志于天下的，就和喜欢强行用兵事横行天下一样，“其事好还”，很容易招来被杀的恶果。

“**是以吉事上左，丧事上右。是以偏将军居左，上将军居右**。”所以按照礼仪，办吉事的时候以左边为尊位，办丧事的时候以右边为尊位。而行兵事的时候，是右边为尊位，上将军居右，偏将军居左。为什么呢?

“**言以丧礼居之也**”。说法是，按丧礼来对待兵事。因为只要一打仗，就会死伤众多，所以用悲哀的心情，用丧事的礼仪来对待。如果面对死伤反而心生喜悦，用喜庆的礼仪去赞美庆祝，那就成了“乐杀人”。

“**杀人众，以悲哀莅之。战胜，以丧礼处之**。”因为死伤众多，所以用悲哀的心情去对待。即使战胜了，也用丧礼的规制去对待。杀伤生命是不得已的，是内心悲哀的，这才是“哀兵”，因为心中有慈，不忍死伤。而正因为心中有慈，才能生出莫大之勇，才能战无不胜，守无不固，故有“哀兵必胜”之说。但是“乐杀人”者，是没有慈德的，失去了慈德也就失去了道，必不能得志于天下。

七十六、面对自然规则，人要学会知止（今32章）

帛书版：

道恒无名，朴唯小[①]，而天下弗敢臣。侯王若能守之，万物将自宾。天地相合，以雨甘露，民莫之令而自均焉。始制有名，名亦既有，夫亦将知止，知止所以不殆。譬道之在天下也，犹小谷之与江海也。

传世版：

道常无名，朴虽小，天下莫能臣也。侯王若能守之，万物将自宾。天地相合以降甘露，民莫之令而自均。始制有名，名亦既有，夫亦将知止。知止可以不殆。譬道之在天下，犹川谷之于江海。

版本重大差异：

①朴唯小：传世版是“朴虽小”。“唯”与“虽”，古时二字通用，以至于在《道德经》中也造成了部分意义不明的情况。比如第二十六章“唯有环观，燕处则超若”中的“唯”，传世版也作“虽”，但对理解文义的影响就很大。理解成“唯”，是表示只有环观拱卫才能燕处超若，而理解成“虽”，则表示就算有环观也超然处之。一字之差，意义迥然。本处的“朴唯小”，“唯”是对“小”表达肯定，与“唯恍唯忽”用法相同，改成“虽”字，侧重点就变了。

直译：

道从来都是没有名字的，质朴从来表现得很低微，可天下都不敢让它臣服。侯王如果能够持守于朴，万物都将自行归从。地气升腾于天而降下雨露，没有人发号施令但自行分布均匀。万物始生即有规制形成，规制既然已经有了，人也应当知道适可而止，不违逆它就不会遭受失败。如果把道在天下比作江海，那么万物的规制就好像小溪流，统归于江海。

解读：

“**道恒无名，朴唯小，而天下弗敢臣**。”这句话，断句存在争议。包括陈鼓应在内的部分学者，主张断为“道恒无名朴”，依据是第三十七章的“无名之朴”。但帛书版第三十七章开头就是“道恒无名”，与本章开头一样，只不过传世版改成了“道常无为而无不为”。由此观之，一处篡改，造成的影响可能会波及全书。

《道德经》第一章说“无名，万物之始也”，在天地万物产生之前就有道了，说明道的本然状态是“无物”。“名”是命名、定义的意思，“无名”就是没有定义，因为无物，故而无法用语言描述。语言，一定是要言之有物的，无物也就无可言说。《庄子》说“道在蝼蚁、在稗草、在瓦壁”，然而蝼蚁之道、稗草之道、瓦壁之道都非“恒道”，“恒道”无名。

“朴”是道生天地万物而赋予它们的初始之状，“小”是“微小、低微”的意思。为什么说“朴”是低微的？因为它是天地万物生来就拥有的，起步就具备的东西。就好像我们玩游戏，系统赠送给零级小号的初始装备一样，都是最低微的东西。但是“天下弗敢臣”，天下谁也不敢让它臣服，因为它上承于道，由道所成。

有人工，有天工；人工所成之器为小，天工所成之器为大。“朴”是道以天工所成，素朴之精巧，远非人工所能及。我们对树木精雕细琢，但无论手法有多高超，也比不上树木本身精妙。蝼蚁虽小，草木虽微，人可随意践踏，人力却无法制造。我们取用万物，破朴为器，并不是令朴臣服，就像我们登顶山峰也并非征服大自然一样，自然伟力之精妙，“天下弗敢臣”。

“**侯王若能守之，万物将自宾**。”侯王如果能够守住这自然之朴，万物都将自行依从。所从者，道也；所依者，本也。朴是众器之母，圣人用之则为器长，侯王守之则为天下王。

“**天地相合，以雨甘露，民莫之令而自均焉**。”对于下雨，在我国古代也早有认识，认为是由于“积水上腾”而造成的。汉代王充在《论衡》中对此有明确的表述：“雨露冰凝者，皆由地发，不从天降也。”水汽上腾至天，叫作“天地相合”；落而为雨，也就是“以雨甘露”。没有人对雨发号施令，但它下落的时候却分布得非常均匀，这就叫“**始制有名**”。

任何事物在初始生发的时候，针对它的规制就已经形成了，所以才会“民莫之令而自均焉”。我们把规则、制度制定好落于纸上，叫作“名”，表示即定存在，事物本有的规制存在就叫“始制有名”。

“**名亦既有，夫亦将知止，知止所以不殆**。”既然这个规制已经有了，那我们也就应该知道适可而止，不要去触犯、违逆它，这样才不会遭受失败。

“**譬道之在天下也，犹小谷之与江海也**。”万事万物，生来而有规制，这个规制是从哪里来的呢？来源于道。道在天下，就好像江海一样，而万事万物的规制就像小溪流，统归于江海。

七十七、知人与自知，哪个更高明？（今 33 章）

帛书版：

知人者，智也。自知者，明也。胜人者，有力也。自胜者，强也。知足者，富也。强行者，有志也。不失其所者，久也。死而不亡者，寿也。

传世版：

知人者智，自知者明。胜人者有力，自胜者强。知足者富，强行者有志，不失其所者久，死而不亡者寿。

版本重大差异：

无。

直译：

能看清别人，说明十分聪慧；能看清自己，才是真的通明。能战胜别人，说明很有力量；能战胜自己，才是真的高强。知足的人，才是真的富有；行而不止的人，说明心志强盛。不失去身体这个居所，方能生命长久；身体死去而精神不消亡，才是真正的长寿。

解读：

“**知人者，智也。自知者，明也**。”知人与自知，有什么本质上的不同呢？知人，运用的是心智；而想要自知，心智就不起作用了。庄子在《列御寇》篇中列出了识人的九种方法：

远使之而观其忠：让人远离自己任职而观察他们是否忠诚。

近使之而观其敬：让人就近办事而观察他们是否恭敬。

烦使之而观其能：让人处理纷乱事务观察他们是否有能力。

卒然问焉而观其知：对人突然提问观察他们是否有知见。

急与之期而观其信：交给期限紧迫的任务观察他们是否守信用。

委之以财而观其仁：把财物托付给他们观察是否有仁德。

告之以危而观其节：把危难告诉他们观察是否持守节操。

醉之以酒而观其侧：用醉酒的方式观察他们的仪态。

杂之以处而观其色：使男女杂处以观察他们对待美色的态度。

这九种方法试下来，人是贤还是不肖就一目了然。但问题在于，我们不能使用这九种方法来认知自己。“知人”，可以通过观察人的行为举止来判断他的品性、能力，但是不能通过观察自己的行为举止来“自知”。“知人”与“自知”，运用的是两种完全不同的方法，一种叫作“智”，运用心智；一种叫作“明”，运用天道。

“**胜人者，有力也。自胜者，强也**。”《韩非子》说，乌获有千钧之力却不能提起自己，离朱能够看清百步之外的毫毛却不能看清自己的眼睫毛。这也是为何智巧可以研究别人，却不能研究自己；力量可以战胜别人，却无法战胜自己。因为目光、智巧、力量，都是由我们自身所作所发，无法返照于自身。正如手电筒可以照亮四周，却不能照射到自己；镜子可以照出万物，却不能照出自身。

因此，依托于我们自身的手段，不能用来解构、明析自身，就像我们不能用思维来解构思维的运作原理，不能用物质定律来探究万物起源一样。同理，哲学终极三问“我是谁，我从哪儿来，我要到哪儿去”，才会无解。因为用“我”来思考，就不能知道“我”自身的真相，更不能知道无“我”之前、无“我”之后是什么状态。

《庄子》说“物物者非物，生生者不生”，唯有上升一个层级，用造生“我”的那个本源来观，才能真正认知自己。所以,《庄子》中描述的真人境是“吾丧我”，不以“我”来思考，方能得知“真”我。

《庄子》说，人不能用快跑来甩掉自己的影子，不能用有为来消除自己的痕迹，唯有“处阴以休影，处静以息迹”，从日光下回到阴影中，从有为复归于无为，即从“白”到“黑”，从“动”到“静”。这便是上升了一个层级，复守于本源之母的位置，以“母”来胜“子”。

《道德经》说“知其雄，守其雌”“知其荣，守其辱”“知其白，守其黑”，唯有如此，方能得“明”，方能自知，方能自胜。“自胜者，强也”，又有“守柔曰强”，二者的内在联系在这里。

“**知足者，富也**。”第四十六章作了详细的解释：“罪莫大于可欲，祸莫大于不知足，咎莫憯于欲得。故知足之足，恒足矣。”“恒足”，无论什么时候都不缺，都充足，这才叫“富”。而有了还想要更多，永远得不到满足，当然也就称不上“富”，因为一直处于“缺少”“不足”的状态，而知足之足，才是真正的富有。

“**强行者，有志也**。”“强”，坚强，意志力强。“强行”与“知足”正是一对比关系。行而不止，作而不休，谓之强行。这样的人只能说心志强盛，而谈不上富有，因为一直在向外求，说明内在一直有欠缺。真正富有的人，都是知足、知止的人，他们内在丰足而不逐求于外。这样的人，内心宽广无边而不求积求多（圣人无积），表现出来反而是清虚的状态，好像胸无志向一般，故“大盈若盅”。

“**不失其所者，久也**。”所，住所，指根本、依托。第十章说：“载营魄抱一，能毋离乎？”身体是魂魄的居所，让魂魄不失去居所，人就可以活得长久，也就是善于养生，善于护持自己身心的人，生命得以长久。

“**死而不亡者，寿也**。”“死而不亡”，在帛书甲、乙本中均为“死而不忘”，与第五十四章“善建者不拔，善抱者不脱，子孙以祭祀不绝”相呼应。子孙不忘的前提是祖先未“亡”，其建树与持守恒在，所以“忘”在古文中又通“亡”，遗失、灭亡的意思。身体死去，而精神不灭亡者，才是真正的长寿。比如老子，他已经逝去两千多年了，但对我们来说，好像仍然活着。我们仍然聆听着他的教诲，追寻着他的指引，他的精神仍然在人世间流传，这就叫“死而不亡”。

七十八、无私欲，才能成就伟大（今 34 章）

帛书版：

道氾呵，其可左右也。成功遂事而弗名有也①，万物归焉而弗为主②，则恒无欲也，可名于小。万物归焉而弗为主，可名于大。是以圣人之能成大也③，以其不为大也④，故能成大。

传世版：

大道泛兮，其可左右。万物恃之而生而不辞，功成不名有，衣养万物而不为主。常无欲，可名于小；万物归焉而不为主，可名为大。以其终不自为大，故能成其大。

版本重大差异：

①成功遂事而弗名有也：传世版把这句话改为“功成不名有”，并在前面加上一句“万物恃之而生而不辞”，与传世版在第二章中增加的“万物作焉而不辞”相呼应。可同样的问题在于，“不辞”二字词不达意（详见第二章解读）。

②万物归焉而弗为主：传世版把这句话改成“衣养万物而不为主”，变被动为主动，变无为成有为，不如“万物归焉而弗为主”契合文义。

③是以圣人之能成大也：这句话被传世版删除，这样就造成了一个主语模糊的问题。本章前文的主语是“道”，而后文是“圣人”，传世版删除了“是以圣人之能成大也”，主语就成了道，与文义不符。

④以其不为大也：传世版变成了“以其终不自为大”，加了一个“自”字。“不为大”是《道德经》全文通行的概念，如第六十三章“是

以圣人终不为大，故能成其大”，第六十四章“为之于其未有也，治之于其未乱也”。本句的“为”字是“作为、行动”的意思，但是加一个“自”字，就有人理解成“不自以为”，字义和句义都变了。

直译：

道是这样的广泛啊，可左可右无所不在。功业成就了，事业做成了，道也不会去占有。万物都来归附，道也不会做它们的主宰。这是因为道从来都没有自己的私欲，可以说很低微了。万物都来归附而不做它们的主宰，又可以说是很伟大了。所以圣人能够成就伟大，是因为从来都没有追求成就伟大，因而最终能成就其伟大。

解读：

“**道氾呵，其可左右也**。”“氾”是“广泛、泛滥”的意思。“其可左右”，在这里表示道的广泛博大，无论何处均无所不能及。《道德经》第二十五章在讲道之大的时候，用到了“远曰反”，左、右，正是一组“反”，说明道无所不至，无处不在。而有意思的是，“左右”这个词也刚好可以作“反正”来用，如“左右无事”。

“**成功遂事而弗名有也，万物归焉而弗为主，则恒无欲也，可名于小**。”“弗名有”的“名”，指“以私人名义占有”，如“不名一钱”。“可名于小”的“名”，指“说出、描述”，如“不可名状”。“小”是“微小、低微”的意思。

事情做成了，功业成就了，道也不会去占有。为什么呢？如第十七章所说，“成功遂事，而百姓谓我自然”，事情做成了，百姓都说我们自己就是要这么做的，关“道”什么事呢？这都是我们自发自主而做成的，所以“道”没有功劳。

“道”的行事方式就是这样，百姓们只是“下知有之”，知道有这么个存在，却不知道它发挥了什么作用。既没见“道”发号施令，也没见“道”躬行亲为，好像啥也没干，但事情就是很顺利地做成了，这便是“无为”。“我无为而民自化”，自作自化而功成事遂，百姓得以“自然”。

“万物归焉而弗为主”，道造生天地万物，但“生而不有”，并没有把它们当成自己的私有之物。道统领天地万物，但“长而不宰”，并不会对它们随意处置，主宰它们。这是因为道从来都没有自己的私心和欲望，所以连名号都没有，可以说很低微了，我们常把地位低微的人称作“无名之辈”。

“**万物归焉而弗为主，可名于大**。”万物都来归附于道，而道却不做它们的主宰，又可以说是很伟大的。拥有万辆兵车的王者很伟大，但更伟大的是连王位都不要的有德之人，因为就算尊贵的王位，也并非他所图求。求，代表有缺，真正的“大”人，完备而无所缺，故无所求。

“**是以圣人之能成大也，以其不为大也，故能成大**。”“为”，是“做、干”的意思。圣人能成就伟大，是因为从来都不有心去追求伟大，没有一心要做成大事的欲求，没有想要成为天下之主的雄心，没有想要号令天下的野望，没有这些私心和欲望，因而最终能够成就其伟大。

七十九、道凭什么吸引人来归附？（今35章）

帛书版：

执大象，天下往。往而不害，安平泰。乐与饵，过客止。故道之出言也①，曰淡呵其无味也。视之不足见也，听之不足闻也，用之不可既也。

传世版：

执大象，天下往；往而不害，安平太。乐与饵，过客止。道之出口，淡乎其无味，视之不足见，听之不足闻，用之不足既。

版本重大差异：

①道之出言：北大汉简本也为“道之出言”，传世版变成了“道之出口”。首先，“道”不会从口出，因为“道可道也，非恒道也”，口中出的只能是语言，而不是道。其次，王弼注本同样是“道之出言”，王弼说：“而道之出言，淡然无味”；在第二十三章的注解中，他说：“听之不闻名曰希，下章言，道之出言，淡兮其无味也，视之不足见，听之不足闻。”因此，“道之出口”当为后人妄改。

直译：

持守住大道，则天下人都会前来归附。向道而往，就会安宁、平顺、和谐而互不相害。音乐和美食，可以让过客停留。而道表达出来，却是寡淡无味。看也看不见它，听也听不到它，但是用它却用不完。

解读：

“**执大象，天下往**。”“执”，固守，坚持，牢牢持守；“大象”，即“道”。大象无形，无形而无名，此处以“无形无名”来象征道。执守住大道，则天下人都会前来归附，如第三十四章所说，“万物归焉”。

“**往而不害，安平泰**。”“泰”字帛书为“大”，通“泰”，安定平和的意思，如“国泰民安”。向道而行，所有人都能并行不悖，互不相害，和谐通达。道之在天下，“犹小谷之与江海”，天下万物都被道赋予其规制，遵从于道，则可以各行其道，并行不悖。

“安平泰”，“安”字本义是“平静”，在这里表示互不干扰，各自安宁。“平”字是指平顺舒畅，在这里表示各行其是，互不妨碍。“泰”字指安定平和，在这里表示各安其位，和谐顺遂。“安平泰”三字合用，描述的正是“往而不害”的场景。《道德经》中，常三字合用来表达同一个意思，比如“微、希、夷”“甚、泰、奢”“逝、远、反”。

“**乐与饵，过客止**。”“乐”指音乐，“饵”指食物。动听的音乐和美味的食物，可以让路过的人停留下来，因为它们对人很有吸引力。古人以礼乐治国，一度令人向往得到拥护，因为过程非常享受，但是“道”就不一样了。

“**故道之出言也，曰淡呵其无味也**。”“言”，是表达的意思，如“诗以言志”。而表达的方式有很多种，并不局限于语言，音乐、舞蹈等都可以。因此，“道之出言”，并不是特指通过“口”来表达的语言，而是具备多样的表现形式。比如治国，用道来治国，呈现出来的状态是寡淡无味的清静淡然。“为无为，事无事，味无味”，既不像音乐听着悦耳，也不像美食吃着可口，得不到任何的感官享受。那么，道又凭什么吸引人来归附呢？

肯定不是凭美好的色彩和动听的声音，因为它“**视之不足见也，听**

之不足闻也”。与音乐和美食不一样，道是看也看不见，听也听不到的，无法用声色去吸引人，但是“**用之不可既也**”。“既”是“尽、完”的意思，这里表示道的功用无穷，不可竭尽。所以道用来吸引人的，是让人得以长久的东西。靠引发感官欲望来吸引人，终究是落了下乘，非道所为。

八十、失去德，道术也就成了阴谋（今 36 章）

帛书版：

将欲翕之，必固张之。将欲弱之，必固强之。将欲去之，必固举之①。将欲夺之，必固予之。是谓微明。柔弱胜强。鱼不可脱于渊，邦利器不可以示人。

传世版：

将欲歙之，必固张之；将欲弱之，必固强之；将欲废之，必固兴之；将欲夺之，必固与之，是谓微明。柔弱胜刚强。鱼不可脱于渊，国之利器不可以示人。

版本重大差异：

①将欲去之，必固举之：传世版为“将欲废之，必固兴之”。帛书“举”字原本是“与”，按高明所言，“举”和“与”二字通用，比如古文中“选贤与能”实为“选贤举能”。又，“与”字繁体“與”和“兴”字繁体“興”字体相近，后人误作“兴”。又，“去”“兴”二字义不相反，所以改“去”为“废”，成“将欲废之，必固兴之”，其实并非老子原文。

直译：

将要收拢的，必然是原本已经得到了扩张。将要削弱的，必然是原本已经得到了加强。将要去除的，必然是原本已经得到了推举。将要剥夺的，必然是原本已经得到了给予。这是很容易被忽视的道理。持守柔弱，要好过逞刚强。大鱼不能脱离深渊，国家的利器不能随意示人。

解读：

“**将欲翕之，必固张之**。”“翕”是“合拢、收敛”的意思，“张”是“扩张、放开”的意思，“固”是“原来、本来”的意思。这句话的意思是说，将要收拢的，必然是原本已经得到了扩张。

“**将欲弱之，必固强之**。”将要削弱的，必然是原本已经得到了加强。

“**将欲去之，必固举之**。”将要去除的，必然是原本已经得到了推举。

“**将欲夺之，必固予之**。”将要剥夺的，必然是原本已经得到了给予。

很多人把这部分内容解读成了阴谋论，尤其是韩非子，他在《喻老》篇中说：“越王入宦于吴，而观之伐齐以弊吴。吴兵既胜齐人于艾陵，张之于江、济，强之于黄池，故可制于五湖。故曰：将欲翕之，必固张之；将欲弱之，必固强之。”

韩非子以“吴越争霸”来做说明：当初越国败给吴国之后，越王勾践作为战俘，来到吴国服侍吴王夫差三年。为了削弱吴国军力，勾践鼓动夫差早日伐齐，于是吴军在艾陵战胜了齐军，势力扩张到长江、济水流域，又在黄池盟会上扬威。由于长期出兵在外张扬逞强，久战力衰，所以才会在太湖地区被越国打败。这就是“将欲翕之，必固张之。将欲弱之，必固强之”。

他又列举了“假道伐虢”和“知伯送钟伐仇由”的例子：“晋献公将欲袭虞，遗之以璧马；知伯将袭仇由，遗之以广车。故曰：将欲取之，必固与之。”

晋献公向虞国借道讨伐虢国，就赠送虞国国君美玉宝马，结果灭掉虢国之后，回来顺手又把虞国给灭了，美玉宝马又重新回到了自己手中。知伯想要讨伐仇由，但是道路难行，就铸了一口大钟送给仇由国君。仇由国君非常高兴，只是这口大钟大到要两辆大车并排才能装载起运。仇由国君当即命人凿山填沟，铺路架桥，修一条大道来迎纳大钟。于是知伯的军队很顺利就到达了仇由，仇由就此灭亡了。

越王勾践只是鼓动口舌就能让吴国自耗国力，晋献公和知伯只是用贵重的礼物做饵，就能很顺利地灭了他国，所以韩非子用“起事于无形，而要大功于天下”来解释“微明”。

韩非子的解读听起来很有道理，可是也开了一个很不好的头，让后人用“阴谋论”的视角去解读《道德经》，把煌煌正道读成了邪僻小道。更有人进一步发挥，把“道”与私邪之“阴”联系在一起，与“贼”“盗”“奸”“害”等字眼相勾连，道者成了见不得人之隐者、贼者。

朱熹就称“老子心最毒，其所以不与人争者，乃所以深争之也，其设心措意都是如此”，“老氏之学最忍，它闲时似个虚无卑弱底人，莫教紧要处发出来，更教你枝梧不住”。

这也是为什么老子说：“吾言甚易知也，甚易行也。而人莫之能知也，而莫之能行也。”世人常怀有为之心，以智巧为能，也就读不懂《道德经》，行不了道。因为失去了德作为根本，一走就偏。老子说“大道甚夷，民甚好径”，十分贴切。

其实，道家忌讳阴谋，即使运用道，也是“坦而善谋”“谋于未兆”，堂堂正正地顺应规律行事。汉朝开国功臣陈平说：“我多阴谋，是道家之所禁。”所以用阴谋论去解《道德经》，只能说是得其绪余而失其要旨。

“**是谓微明**。”“视之而弗见，名之曰微”，“微明”也就是视之不见的“明”，被众人所忽视的“明”。在一翕一张之中，一弱一强之中，一去一举之中，一夺一予之中，有“道”，但是很容易被人忽视。因为人们普遍追求的是张扬、强盛、推举、得到，却不知这些都是祸患来临的征兆。

老子在第九章中说：“持而盈之，不若其已。揣而锐之，不可长保也。金玉盈室，莫之守也。贵富而骄，自遗咎也。”都是在讲张扬逞强会给自身带来祸患，但世人却认知不到这个道理。所以“**柔弱胜强**”，持柔处下，要好过逞强居上。

“**鱼不可脱于渊，邦利器不可以示人**。”就像大鱼一样，只有在不知边际的深渊之中才能得到成长，如果脱离了深渊，也就只能成为渔夫的猎物了。国家的利器，要在暗昧不可测的领域中藏养，这样才能不断发展壮大，而保持它的作用。如果随意动用，示人逞威，也就不复为利器了，必将很快失去力量。有句名言说“原子弹的最大威力是在发射架上，而不是飞出去之后”，正是此义。

事物的根本，一定是要藏养之、守护之，而不能勤用之、动摇之。作为镇国之本的利器，更要小心蕴养，慎重使用。就如同大树之根，必要潜藏于地下养之蓄之，而不能随意动摇使用，到了动用根本的时候，也便是危机将要到来的时候。“将欲翕之”“将欲弱之”“将欲去之”“将欲夺之”，原因就在于此前动摇挥霍了根本。

八十一、真实，是中正的基础（今 37 章）

帛书版：

道恒无名[1]，侯王若能守之，万物将自化。化而欲作，吾将镇之以无名之朴。镇之以无名之朴[2]，夫将不辱[3]。不辱以情[4]，天地将自正[5]。

传世版：

道常无为而无不为，侯王若能守之，万物将自化。化而欲作，吾将镇之以无名之朴。无名之朴，夫亦将无欲。不欲以静，天下将自定。

版本重大差异：

①道恒无名：传世版改成了“道常无为而无不为”，意义相差甚远。“道恒无名”，侯王守的是“无名”之道；而改成“道常无为而无不为”，侯王守的则是“无不为”之道。“无名”“无不为”都是道的属性，但侧重各有不同。守“无名”，是无为、无功、无言；而守“无不为”，则可能就会被偏解成“无所不为”，以至于“为所欲为”。

②镇之以无名之朴：传世版去掉了“镇之以”。本来这里表达的意思，是侯王以“无名之朴”治理天下而呈现的效果，去掉“镇之以”，就变成描述百姓保有“无名之朴”的状态，二者意义有偏差。

③夫将不辱：传世版为“夫亦将无欲”。“辱”是玷污的意思，古人把白布染黑叫作“辱”，指质朴遭遇污染。“不辱”正与上文“镇之以无名之朴”相应。

④不辱以情：传世版为“不欲以静”。“情”指实情，真实的呈现。

“不辱”，则真实的情状得以呈现。每个人都展现出真实，天地便得以保持正态。

⑤天地将自正：传世版为“天下将自定”。“天地”代表整体大环境，而“天下”侧重于“治下”，“天地正”与“天下定”，格局大小一目了然。《道德经》全文多处讲“正”，比如“侯王得一而以为天下正”，“我好静而民自正”，均可与此处相对应。另《庄子·天运》说：“孔子见老聃而语仁义。老聃曰：‘夫播糠眯目，则天地四方易位矣。’”天地四方易位，正是天地失正的表现，源于仁义对人心的侵扰，百姓真情常性的丧失，与此章相应。

直译：

道从来都是没有名字的，侯王如果能够持守它，万物就会自行化育。化育的过程中有私欲出现，我就要用道的本源之朴来安定他们。用本源之朴安定了他们，也就不会再沾染私欲。不沾染私欲，他们就能保持情真质朴的面貌。如此，天地将自行回归正态。

解读：

“**道恒无名，侯王若能守之，万物将自化**。”第三十二章第一句也是“道恒无名”，道从来都是没有名字的。“道恒无名”出现在三十二章中，是为了承接“朴”之低微，就像我们常把地位低微之人称作“无名之辈”；而出现在本章中，则是为了承接侯王之无为，无为则无功，无功则无名。

“化”字本义是变化，引申为通过教育使风俗、人心发生改变，即教化。而“自化”，是指不需要有意设教，风俗、人心自然就会向着我想要的方向发展；“自作”，是指不需要发号施令，大家自然而然就知道该怎么做。

老子以“道”为范式，道从不发号施令，从不以自身的力量亲力亲为，但是天地自行运转，万物自作自化。所以“侯王若能守之，万物将自化”，正是告诫侯王不要用自己的意志强行作为，干扰万物的自然运转。老子提倡不言之教，提倡无为，正是为了达到“自作自化”的效果，如此则“成功遂事，而百姓谓我自然”。

《庄子·大宗师》中有这样一段话：“俄而子来有病，喘喘然将死，其妻子环而泣之。子犁往问之。曰：‘叱！避，无怛化！’”子来快要病死了，他的妻子围着他哭泣，子犁就斥责她让她避远点，不要因为哭泣惊扰了子来的“化”，体现的也是遵从“自化”的意思。

“**化而欲作，吾将镇之以无名之朴**。”在自化的过程中，就会有私欲出现。比如子来之妻，在子来将要死去的时候，哭泣着不想让他死。希望自己亲近的人长生而不死，这可以说是人最朴素的私欲了，但是遭到了子犁的斥责。人还有口腹之欲、男女之欲、财货之欲、权贵之欲，数不胜数，在这些欲望刚刚出现的时候，就要“镇之以无名之朴”。

“镇”是“安宁、安定”的意思，“无名”指代道，以“无名之朴”让人安定下来，复归于本然的状态。万物本然的状态，就是遵从道所赋予的规制运作的状态。在这个时候，万物遵从规则而行事，也就不会有私心之欲产生，因此说“**镇之以无名之朴，夫将不辱**”。

“辱”，玷污。《仪礼》注曰：“以白造缁曰辱。”把白布染黑叫作“辱”，用在这里是指失去了本色，失去了原有的质朴。“不辱”，则是质朴得以保有。

第六十四章说“是以圣人欲不欲，而不贵难得之货。学不学，而复众人之所过”，便是“镇之以无名之朴”。“不贵难得之货”“不上贤”“不见可欲”，也是圣人在以无名之朴镇之，如此众人才不会产生私心欲望。“绝圣弃智”“见素抱朴”“不以智治国”，也同样是在以无名之朴镇之，令众人不产生智巧机心，以保持纯真朴实。

“**不辱以情，天地将自正**。”“情”，实情、真实。万物都呈现出真实，表现出质朴，那么天地也就自然而然回归到正态了。

天地失正，是因为人心失正，如第五十八章“其无正也。正复为奇，善复为妖”，说的便是人心失正的结果。《黄帝内经》“以酒为浆，以妄为常”，亦如是。老子说，“清静可以为天下正”，道理即在于此。